KB273569

크레타섬 주요 지역

키도니아
조민토스
이다산
크노소스
말리아
아르카네스
갈라타스
딕테산
구르니아
모클로스
팔라이카스트로
페트라스
자크로스
아기아트리아다
파이스토스
미르토스
이에라페트라

처음 만나는
미노아 크레타

여신이 이끈 예술과
평화의 문명

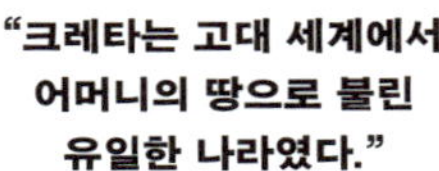

"크레타는 고대 세계에서
어머니의 땅으로 불린
유일한 나라였다."

김신명숙 지음

처음 만나는
미노아 크레타

돌고래

차례

일러두기

1. 이 저서는 2021년 대한민국 교육부와 한국연구재단의 저술출판지원사업의 지원을
받아 수행된 연구다. (NRF-2021S1A6A4049229)
2. 단행본은 『 』로, 기사, 논문, 예술 작품 등은 「 」로, 잡지 등 연속간행물은《 》로 표시
했다.

포도주처럼 짙은 바다 한가운데 크레타라는 땅이 있습니다. 그곳은 아름답고 풍요로운 땅으로 물결에 둘러싸여 있으며, 셀 수 없이 많은 사람들이 살고 있습니다. 90개의 도시가 있지요. 그들의 언어는 모두 같지 않고 뒤섞여 있습니다. 그곳에는 아카이아인, 친절한 크레타 원주민(에테오크레타인), 키도니아인, 도리아인, 그리고 멋진 펠라스기인들이 살고 있습니다.

—『오딧세이아』 중에서

역사는 과거를 토대로 존재하지만 결코 과거의 것이 아니다. 과거의 시공간에서 발생한 온갖 행위자들의 다채로운 활동과 그 연결망을 다루지만, 그것들을 만나고 이해하는 일은 현재에 속한다. 에드워드 카가 말했듯 역사란 "현재와 과거의 끊임없는 대화"이고 "역사학자와 역사적 사실 간의 상호작용이 지속적으로 일어나는 과정"이다. 이러한 맥락에서 역사는 항상 현재적 구성물이자 미래의 비전과도 관련된다. 이 때문에 발터 베냐민은 그만의 독특한 방식으로 역사를 바라보고, 과거에서 현재적 혁명의 희망을 찾으려 했을 것이다.

역사가 박제된 사실이나 교훈, 흥미로운 이야기를 넘어 혁명적 잠재력을 드러낼 때 사람들은 매혹당한다. 그리고 그 매혹이 커질수록 사회에는 새로운 현상이 부상하기도 한다. 역사가 추동한 이러한 움직임은 르네상스를 비롯해 지난 역사 각각의 굴곡들에서 어렵지 않게 찾아볼 수 있다.

매혹의 역사, 미노아 크레타

미노아 크레타는 20세기 서구 사회를 가장 강렬하게 매혹시킨 역사일 것이다. 매혹된 이들의 부류는 다양하지만, 여성들의 경우 특히 그렇다.

그리스 남쪽, 지중해 동부에 위치한 섬 크레타에서 꽃핀 미노아 문명은 세계적으로 유명한 청동기 문명이다. 20세기의 시작과 함께 수천 년간의 잠에서 깨어나 모습을 드러낸 이 문명은 특유의 독창성과 아름다움, 여신 중심 신앙, 선진적 기술 수준으로 단박에 주목받았다. 무엇보다 다른 청동기 문명들과 뚜렷이 구별되는 문화의 질적 차이가 충격을 주었다. 대표적으로 평등한 젠더관계와 자연에 대한 찬미, 평화 지향적 성격이 그러했다.

지중해 동부에 동서로 길게 자리한 크레타는 에게해와 리비아해 사이에 디딤돌처럼 자리한다. 지중해를 둘러싸고 이집트와 근동, 유럽 세 지역이 교섭하는 공간의 한가운데에 있다. 이런 지리적 이점 덕분에 크레타는 섬이지만 고립되지 않고 주변의 선진 문명들과 두루 교류할 수 있었다.

미노아 문명은 흔히 유럽 문명의 원류로 불린다. 19세기 후반 하인리히 슐리만의 트로이와 미케네 발굴이 있기 전까지만 해도 서구 문명의 토대는 고전기 그리스로 인식되었다. 그리스의 역사는 첫 번째 올림피아드가 열린 기원전 776년에서 더 나아가지 못한 채 머뭇대고 있었고, 근동과 이집트의 고대 문명에 젖줄을 댔던 것으로 여겨졌다.

당시 세계를 제패한 유럽이 고대사에서는 우위를 차지하지 못했던 것이다. '빛은 동방에서 온다ex oriente lux.'라는 유명한 문구는 당시의 상황을 잘 보여준다.

그런데 크레타에서 미노아 문명이 모습을 드러내면서 오래전 선사시대의 문이 갑자기 열렸으니 놀라운 일이 아닐 수 없었다. 특히 근대를 연 '위대한 유럽'의 고유한 기원을 찾는 유럽 지식인들에게는 가히 새 시대가 열렸다고 할 만했다.

그러니 미노아 크레타에 대한 서구인들의 뜨거웠던 관심은 이해할 만하다. 고고학과 역사학을 비롯한 여러 학문 영역에서뿐만 아니라 문학과 예술, 건축과 패션, 종교와 영성 등 다양한 분야에서 미노아 크레타를 향한 뜨거운 열정이 분출했다. 이미 제1차 세계대전 이전, 이른바 벨 에포크 시대에 미노아 예술품들과 그 장식적 요소들이 비엔나, 뮌헨, 파리 등 문화적 수도들을 매혹시키며 일련의 문화현상을 만들어냈다. 프랑스 작가 폴 모랑은 1960년 이 현상을 '크레토마니아Cretomania'라 칭하며 하나의 문화사적 사건으로 가시화했다.

확산 중인 크레토마니아

이 흥미로운 움직임은 두 번의 세계대전에도 불구하고 현재까지 이어지고 있다. 특히 21세기 들어 서구에서는 문화의 전 영역에서 크레토마니아 현상이 재등장했다. 전통적 문화 영역만이 아니라 축제, 패션, 보석디자인, 놀이공원, 만화, 게임, 심지어 코카콜라의 광고에도 미노아 유산들과 이미지들이 활용되었다. 또 새로운 영성 운동의 한가운데에서 미노아 여신들이 부활했다.

현재 우리가 알고 있는 미노아 크레타는 기원전 3500년경 시작되어 2000년가량 존재했던 역사적 사실에 그치지 않는다. 지금까지 120여 년간 이어진 수많은 발굴과 축적된 학문적 성과, 다양한 해석, 사람들의 수용과 반응, 예술적·종교적 재창조 등이 얽히고설키며 구축된 문화적 구성물이기도 하다. 이 구성물은 미노아 크레타를 이해하는 데 있어 그들이 남긴 물질적 유산만큼이나 중요하게 작동한다. 유적과 유물은 물질의 차원에서 거의 변함이 없지만, 문화적 구성물로서의 미노아 크레타는 지금도 끊임없이 변화하며 움직인다.

청동기시대 크레타인들은 세 종류의 문자를 남겼다. 크레타 전역에서 사용되었던 선형문자 A, 미노아 문명의 중심지였던 크노소스와 그리스 본토의 필로스 등지에서 발견된 선형문자 B, 그리고 가장 오래된 크레타 상형문자다. 미노아인들이 주로 사용했던 건 선형문자 A이고, 선형문자 B는 기원전 1450년경부터 크노소스를 지배했던 미케네인들이 남긴 문자다. 그리스어의 초기 형태인 선형문자 B는 해독이 되었으나 선형문자 A는 아직도 수수께끼로 남아 있다.

문자가 해독되지 않았기 때문에 미노아 문명에 대한 우리의 이해는 일차적으로 그들이 남긴 이미지들에 의존한다. 그동안 미노타우로스 신화 등 후대의 기록들이 큰 영향을 미쳐왔지만, 그 의미는 매우 제한적일 수밖에 없다. 고려할 가치가 거의 없다는 목소리도 크다. 문헌학자이자 종교사학자로서 미노아-미케네 종교 연구에 큰 족적을 남긴 마르틴 닐손은 이러한 상황을 "텍스트 없는 그림책"을 보는 일에 비유했다. 미노아 문명에 대한 해석이 그만큼 모호하고 다양할 수 있다는 의미다. 실제로 학자들의 인식과 견해는 합의를 도출하기 어렵게 갈라지는 경우가 많다.

그래도 다행인 것은 지속적이고 광범위한 발굴 과정에서 무수한 유물과 유적이 모습을 드러냈다는 사실이다. 프레스코화, 도자기, 인장과 반지, 의례용구, 조소상 등의 유물들, 크노소스궁을 비롯한 궁전과 맨션과 빌라 등의 건축물,[1] 무덤, 여러 종류의 성소, 주거지 등 연이은 발굴 성과들은 미노아 물질 문화의 큰 그림은 물론 세세한 성격과 특징을 다채롭게 보여준다.

사람들은 왜 미노아 크레타에 매혹되고 열광하는 것일까? 가장 큰 이유는 미노아 문명의 유니크한 존재감과 그 가치일 것이다. 유럽, 아프리카, 아시아 세 대륙의 가교로서 창조한 혼종적이고 개방적인 문화에 끌리는 사람도 있고, 서구 문명의 요람으로서의 가치에 주목하는 사람도 있다. 또 미노아 예술의 자연주의 미학에 대한 관심과 고대의 미스터리가 드리운 미노타우로스 신화의 매혹 등이 사람들을 크레타로 이끈다. 특히 인류 문명의 미래 비전과 관련한 역사적 탐색으로서 크레타를 찾는 사람들이 적지 않다.

여신을 통해 크레타를 만나다

나는 고고학자도 역사학자도 아닌 여성학자다. 그런 내가 미노아 문명에 매혹된 것은 청동기시대 크레타의 여신신앙 때문이었다. 남성 중심적인 주요 종교들이 부인하고 억압해 온 여성적 신성에 관심이 깊었던 나는 크레토마니아 현상의 한 부분을 이루는 현대 여신 운동을 통해 미노아 크레타를 만났다.

여신 운동은 1970년 전후 미국을 중심으로 시작된 페미니스트 영성 운동이다. 성적 차이에 기반한 여성적 신성을 추구하는 움직임으

---

1 미노아 빌라와 맨션은 작은 규모의 궁전이라고 할 만한 복합건축물이다. 각 지역사회의 거점 역할을 했던 것으로 추정된다.

로, 인류 역사상 존재해 온 유서 깊고 다채로운 여신신앙의 전통들을 주요한 자원으로 삼는다. 이들에게 미노아 문명의 여신신앙과 여신 문화는 독보적일 정도로 중요한 가치를 지닌다. 뚜렷하게 전해진 여신 이름은 없지만 무수한 유물들이 강력한 여신 중심 신앙을 증언하기 때문이다. 미노아 종교에는 남신도 존재했지만, 최고의 지위는 여신에게 부여되었다.

여신신앙은 미노아 사회의 문화적 패러다임으로 작동했을 뿐 아니라 포괄적인 사회 조직 및 운영의 원리이기도 했던 것으로 추정된다. 달리 말해 신성한 여성성이 사회문화적·정치적 규범의 토대였다. 세계적 베스트셀러 『성배와 칼』을 쓴 리안 아이슬러는 미노아 사회의 이러한 특성이야말로 역사 속 다른 사회들과 크레타를 구분 짓는 "본질적" 차이라면서 "성배"라는 유명한 상징으로 미노아 크레타를 표상했다. 그녀는 남성이 지배하는 칼의 문화에서는 성적 위계가 중시되지만, 성배의 문화에서는 성평등이 실현된다고 주장했다.

여신 운동에 매력을 느낀 나는 2009년 10월 크레타섬에서 2주일간 진행된 여신순례에 참가했다. 유명한 여신운동가이자 종교학자인 캐럴 크리스트가 이끌었던 순례로, 섬 곳곳을 돌며 미노아 여신신앙을 이해하고 체험하는 프로그램이었다. 순례 참가는 나에게 개인적·학문적으로 깊은 흔적을 남겼고, 언젠가 미노아 여신에 대한 책을 쓰고 싶다는 소망을 갖게 했다.[2] 다른 가부장제 사회들과 마찬가지로 여성

---

2 나의 크레타 여신순례 체험은 2018년에 출간한 『여신을 찾아서』(판미동)에 자세히 담겨 있다. 간단히 소개하자면 나는 이 순례 여행을 통해 여성 몸의 신성함과 신성한 모녀관계의 오랜 전통을 만났다. 그리고 여성인 나 자신에 대해, 여성 간의 관계와 여성의 역사에 대해 새로운 눈을 뜨게 됐다. 땅속 깊이 자리한 거대한 동굴의 막다른 공간에서는 내 인생의 화두였던 삶과 죽음에 대한 새로운 실마리를 만나기도 했다.

적 신성이 억압되거나 주변화된 한국 사회에서 미노아 문화가 던지는 울림이 결코 작지 않을 것이라고 생각했다. 비록 우리의 역사는 아니라 할지라도 인류사라는 보편의 관점에서 우리는 어느 지역의 역사와도 의미 있고 생산적인 만남을 도모할 수 있다.

이 책은 순례 참가 이후 꾸준히 모아온 미노아 크레타 관련 단행본과 논문, 각종 온라인 자료를 섭렵한 후 '여신과 여성'에 초점을 맞춰 다시 정리한 것이다. 한국 사회에 미노아 문명의 실체가 잘 알려지지 않은 상황에서 국내 저자에 의해 쓰인 첫 단행본이 될 것이다. 고맙게도 한국연구재단의 저술출판지원사업에 선정되어 미루던 작업에 박차를 더할 수 있었다.

왜 지금 '미노아 여신'인가

미노아 문명은 20세기 후반, 여신 운동에 관심을 갖거나 동참한 서구 여성들에게 열렬한 사랑을 받았다. 이들은 유례를 찾기 힘든 미노아 문명의 특성들을 여신신앙의 가치와 세계관의 산물로 이해했다. 그리고 선사시대 여신 문명이 이후의 5000년 가부장제가 낳은 치명적 질환들을 치유할 해독제가 될 수 있다고 기대했다. 여신 운동에 강력한 동력을 제공한 고고신화학자 마리야 김부타스는 책 『여신 문명 The Civilization of the Goddess』에서 다음과 같이 말했다.

학자들은 문명이란 위계적인 정치적·종교적 조직과 전쟁, 계급분화, 노동의 복잡한 구분을 함의한다고 생각해 왔다. 이 패턴은 인도유럽족 같은 남성 지배 사회들에서는 전형적으로 나타나지만 이 책에 기술된 여성 중심적 문화들에는 적용되지 않는다. 기원전 6500년에서 3500년

사이 구유럽Old Europe에서, 그리고 1450년까지 크레타에서 번성한 문명
은 오랫동안 변함없이 평화로웠다.[3] 그리고 우아한 아름다움과 세련미
가 담긴 예술적 표현들이 등장했다. 이는 남성 지배적이고 계급화된 다
수의 사회들보다 구유럽과 크레타가 더 높은 삶의 질을 누렸다는 사실
을 보여준다.

나는 문명이 오로지 남성 지배적 전사 사회warrior society를 가리킨다
는 가정을 거부한다. 어떤 문명이든 그것을 발생시키는 토대에는 예술
적 창조와 미학적 성취, 비물질적 가치, 모든 시민의 삶을 의미 있고 즐
겁게 만들어주는 자유, 그리고 양성 간의 힘의 균형이 있다. 신석기시대
유럽은 '문명 이전'의 시간이 아니었다. 오히려 문명이란 단어가 갖는 최
선의 의미에서 진짜 문명이었다.

김부타스는 현대인들이 선사시대 유럽의 집단적 기억을 되살려야
한다고 주장했다. 이는 발전과 진보라는 이름으로 지구의 생명들을
위협하는 이 시기에 너무나 중요한 과업인데, 특히 '전쟁 없는 세상'이
라는 비전과 관련해 그러하다. 평등하고 협동적인 젠더관계라는 측
면에서도 마찬가지다.

아이슬러는 『성배와 칼』에서 미노아 크레타를 인류 문화의 진화라
는 관점에서 조명했다. 그리고 미노아 크레타야말로 역사가 선물한
특별한 진화의 사례라고 극찬했다. 그녀에 따르면 미노아 문명은 기
술적, 문화적으로 진보한 문명으로서 생명과 자연에 대한 사랑이 넘
쳤으며 호모 루덴스(놀이하는 인간)로서의 삶을 구가했다. 또 권력이 모

3 구유럽은 신석기시대와 금석병용기의 유럽을 말한다. 주로 동남부 유럽을 가
리킨다.

성의 책임감과 동일시되면서 부를 공평하게 분배했고 협력적 젠더관계를 형성했다.

물론 미노아 크레타가 이상적인 사회는 아니었을 것이다. 아이슬러도 그렇게 생각하지는 않았다. 아무리 놀라운 문명이라도 불완전한 인간이 살았던 사회였고, 동시대 주변 지역에 남성 지배가 뿌리내리며 전쟁이 반복되었던 상황도 고려해야 한다.

그럼에도 군림하는 남성 지배자의 도상이 없고, 전쟁과 정복을 이상화하는 예술적 표현을 찾기 힘들다는 건 정말 특별하다. 아이슬러는 미노아 문명이 보여주는 차이가 미노아인들이 "문화적으로 얼마나 진화했던 사람들인가"를 알려준다고 주장했다.

미노아 여신을 찾는 여성들은 꾸준히 늘고 있다. 그녀들은 자신을 긍정하며 힘을 얻기 위해, 묻어둔 상처를 치유하기 위해, 혹은 아름다운 세상의 비전을 포기하지 않기 위해 미노아 여신을 부른다. 여신이 응답할 때 여성들은 지배와 차별 체제들, 환경파괴와 전쟁 문화, 무한 경쟁과 폭력 등이 인류의 불가피한 숙명이 아닐 수 있다는 희망을 갖게 된다.

'미노아' 문명은 잘못된 용어

미노아 문명을 세상에 본격적으로 드러내고 기본적인 해석 틀을 제공한 사람은 영국인 고고학자 아서 에번스다. 그는 20세기 전반의 수십 년간 크노소스 발굴과 복원 작업을 주도했으며, 탄탄한 전문지식과 통찰력으로 미노아 문명의 밑그림을 완성했다.

그런데 에번스가 활동하던 시기는 아직 고고학이 학문적으로 성숙하지 못한 때였다. 게다가 슐리만의 트로이와 미케네 발굴 이후, 신화를 역사로 증명하고자 하는 열정이 지식 사회에서 분출하고 있었다. 슐리만에 대한 여러 비판에서 알 수 있듯, 현대 고고학의 시각으로 보자면 위험한 상황이 전개되던 시기였다.

크노소스를 발굴하기 전 에번스 역시 그리스인들이 크레타를 배경으로 만들어낸 신화들과 전설들에 사로잡혀 있었다. 잘 알려져 있듯이 이야기들엔 미노스왕을 비롯해 아리아드네와 테세우스, 미노타우로스와 다이달로스 같은 매혹적인 인물들과 사건들은 물론 제우스나 포세이돈 같은 신들도 등장한다. 슐리만을 동경했던 에번스는 신화에서 역사를 건져낸 그의 업적을 잇고 싶었던 것 같다.

그는 크노소스에서 발굴을 시작하기 전부터 자신이 호메로스가 노래한 미노스왕의 유적을 마주하고 있다고 믿었다. 그래서 전모를 드러낸 거대한 건물 단지를 '궁전'이라 불렀고, 일부 구역을 왕과 왕비의 거주 공간으로 지정했다. 또 크노소스 궁전을 반인반우의 괴물 미노타우로스가 갇혀 있었다고 전해지는 미궁의 기원으로 여겼다. 결국 에번스는 자신이 발굴한 청동기 문명에 미노스의 이름을 따서 '미노아 문명'이라 이름 붙였다.[4] 선입견에 근거해 이루어진 발굴이 스스로를 정당화하는 웅장한 마침표였다. 이로써 에번스는 자신의 방식으로 신화를 역사화하는 데 성공했다.

그러나 미노스왕이 실존했던 인물인가에 대해서는 회의적인 시각이 많다. 크레타를 남성왕이 통치했다고 알려주는 고고학적 증거마저도 확실한 게 없다. 에번스가 '궁전'이라고 한 건물 단지도 사원으로 봐야 한다는 견해가 유력하며, 도시 공동체의 허브로서의 성격이 점점 더 부각되고 있다. 이처럼 에번스가 틀 지은 미노아 문명에 대한 비판이 강해지면서 일각에서는 "미노스왕이 죽어야" 역사적 실제에 더 가까워질 수 있다고 주장한다.

동시에 '미노아'란 명칭 자체를 문제 삼는 사람들도 늘고 있다. 남성왕이 다스리는 가부장제 사회체제를 함의하는 이 명칭이 고고학의 성과와 어긋나기 때문이다. 김부타스는 '미노아 문명'이 오칭誤稱으로서 크레타 문명의 이해에 큰 걸림돌이 된다고 비판했다.

하지만 학계의 변화는 아직 대중에게 닿지 않은 듯하다. 지금도 크노소스 유적지를 찾는 관광객들은 대개 에번스의 눈으로 유적을 바라본다. 한국인들도 예외가 아니다. 언론매체에서든 개인 블로그에서든, 크노소스를 방문한 기록은 예외 없이 미노스왕이나 미노타우로스를 우선적으로 언급한다. 유물들 소개에 있어서도 같은 시각을 벗어

---

4 엄격하게 말하자면 19세기 독일학자 칼 회크가 '미노아'란 용어를 먼저 썼다. 그러므로 에번스가 그의 용례를 참고했다는 게 정확한 표현이다. 에번스에 의하면 크레타뿐 아니라 에게해 일대에서 'Minoa'라는 용어가 전통적 정착지와 도시 등의 이름에 사용돼 왔다. 미노스왕이 죽은 곳으로 알려진 시칠리에도 'Minoan Herakleia'란 지명이 있다고 한다.

나지 못하는 경우가 많다. 안타깝게도 미노아 문명의 실제를 제대로 보지 못하고 있는 셈이다.

에번스는 위대한 고고학자였다. 그가 이룬 놀라운 성취는 고고학 역사에 기념비로 우뚝 서 있다. 하지만 그의 유산이 남긴 부정적 측면들도 적지 않다. 미노아 문명의 진실은 아직도 숨바꼭질 중이지만, 이 책이 그것을 찾는 데 조금이라도 도움이 될 수 있기를 바란다.

나의 관점과 사회적 위치

앞서 언급했듯 미노아 문명의 전반적 성격이나 개별 주제들에 대한 이해뿐 아니라 유물 및 유적에 대한 해석에 있어서도 학자들의 견해는 다양하게 갈린다. 양립할 수 없는 주장들이 맞서는 경우도 꽤 있다. 이러한 상황에서 미노아 여신과 여성에 대해 소개하는 일은 취사선택의 어려움에 직면한다. 취사선택의 문제는 어떤 역사 서술도 피할 수 없지만 해독된 문자가 없는 경우 더 까다롭다.

이와 관련해 학자로서 나의 사회적 위치를 미리 밝혀둘 필요가 있다. 그래야 독자들과 보다 정직한 소통이 가능할 것이다. 전통적으로 학문은 객관적이어야 한다고 하지만 가치중립적 객관성이 이성의 신화에 불과하다는 사실은 잘 알려져 있다. 신이 아닌 이상 인간의 모든 조건을 초월한 인식은 불가능하며, 모든 지식은 결국 상황적이라는 사실이 페미니즘이나 포스트모더니즘의 등장으로 드러났다. 결국 이 책이 전달하는 정보는 내가 처한 사회적·문화적·정치적 상황과 무관하지 않다는 사실을 고백해야 한다.

나는 한국에서 태어나 긴 세월을 살아온 중산층 이성애자 기혼 고학력 페미니스트 여성이다. 또 여신학[5] 연구자이기도 하다. 페미니스

　　　　들어가며

트로서 나는 잊히거나 주변화된 여성적 신성이 회복되어 남성적 신성과 균형을 이뤄야 한다고 믿으며, 김부타스나 아이슬러의 여신문화론을 더 나은 세상을 위한 이론적 자원으로 적극 수용한다.

또 여신문화론과 함께 주목받고 있는 현대 가모장제 이론에도 관심이 크다. 이에 대해서는 앞으로 요지를 소개할 것이다. 여기서 짧게 말하자면 "어머니란 존재가 인간 및 신성의 원형으로 상상되고, 여성적 특성들이 사회를 움직이는 원리로 작동하는 사회"와 관련된 개념이다.

100년이 넘는 세월 동안 미노아 연구의 다양한 분야에서 축적된 자료들을 선별하거나 경중을 가리는 데 있어 연구자로서 나의 사회적 위치는 나름의 판단 기준들을 생산했을 것이다. 그것들은 의식적일 수도 있지만 부지불식간에도 작동되었을 수 있다.

하지만 이 고백이 입맛에 맞는 자료들을 편향적으로 소개했다는 의미는 결코 아니다. 자료를 선별하는 데 있어 가장 중시한 기준은 어떤 견해가 다수의 학자들에 의해 받아들여지는지 여부였다. 문자가 해독되지 않았어도 풍부한 유물과 유적을 바탕으로 학계가 공유하는 기본적 인식들은 적지 않다. 자료 선별에서 저자의 명성과 권위도 중시했으며, 서로 다른 견해들이 충돌할 때는 요약해 소개함으로써 균형 잡힌 정보를 제공하고자 했다.[6]

전통적 객관성을 강조하지 않는다고 학문적 규범이 무시되는 것은 아니다. 오히려 객관성에 대한 문제의식이 자신의 관점에 갇히지 않

---

5 Goddess Studies 혹은 Thealogy. Thealogy란 '여신'을 뜻하는 고대 그리스어 'thea'에서 유래한 것이다. 신학theology이란 말을 구성하는 'theos(신)'는 고대 그리스어에서 남성명사다.
6 이 책에 소개된 학자들 중 특별한 언급이 없는 경우는 고고학자들이다.

고 더 큰 영역을 포섭해 나가는 새로운 객관성의 공간을 만든다. 역설적이게도 학문의 주관성을 인식할수록 객관의 가능성은 커질 것이다. 검증할 수 없는 객관성을 전제로 자신의 위치를 숨기는 일은 이미 구시대적이다.

미노아 크레타와 신라

미노아 크레타를 연구하는 고고학자나 역사학자가 아니기 때문에 나의 생각을 드러내는 일은 최대한 삼갔다. 그럼에도 독자들은 책의 전반적 서사를 통해 나의 입장을 느낄 것이다. 글쓰기란 본래 그러하기 때문이다. 그런데 내가 바라는 것은 독자들이 내 입장에 동의하는 게 아니다. 수용이든 비판이든, 자신의 생각과 비전을 만들어나가는 데 이 책이 조금이라도 도움이 될 수 있다면 그걸로 충분하다.

그러한 맥락에서 강조하고 싶은 부분은 다소 어색하게 붙어 있는 부록이다. 「다시 보는 신라의 여신과 여왕」이라는 제목으로, 미노아 크레타를 거울 삼아 신라 문화를 재탐색해 본 내용이다. 유독 수수께끼가 많은 독특한 신라사를 여신 문화라는 새로운 틀로 이해해 보고자 시도했다. 아직 우리가 보지 못한 신라 문화의 숨겨진 측면 혹은 새로운 정체성을 드러내 보일 수 있기를 기대한다. 우리의 역사인 만큼 어쩌면 이 책의 화룡점정일 수도 있다. 자신하건대 아마 가장 놀랍고 새로운 신라를 만나게 될 것이다.

들어가며

1장

크레타, 여신이 품은 공동체 문명

1. 아서 에번스, 크노소스를 발굴하다

에번스가 크노소스에서 발굴을 시작한 때는 20세기가 막 시작된 1900년이었다. 옥스퍼드 대학에서 역사와 고고학 등을 공부한 그는 당시 48세로 축적된 지적 역량과 다양한 인생 경험으로 잘 벼려진 열정적 지식인이었다. 발굴단을 꾸려 유적지를 찾은 그는 곧 자신의 인생에 새로운 장이 펼쳐질 것이라 예감했다.

에번스의 크노소스 발굴 여정은 쉽지 않았지만 운명의 여신이 그를 도왔다. 처음부터 집념을 갖고 오랜 시간 추구한 과업이 아니었는데도 결국 그에게 발굴권이 주어졌다. 이 역사적 사건이 일어나기까지 당시 크레타의 불안정한 정치적·사회적 상황을 배경으로 여러 복합적 사건들이 선행했다. 시대의 변화와 우연과 필연이 얽히면서 공교롭게도 에번스에게 기회의 문이 열렸다.

첫 발굴자는 따로 있다

잘 알려지지 않았지만 크노소스 발굴을 처음 시작한 사람은 에번스가 아니다. 골동품을 사랑했던 크레타의 사업가 미노스 칼로카이리노스였다. 그가 크노소스의 케팔라언덕에 첫 삽질을 한 때는 1878년으로, 당시는 슐리만이 트로이와 미케네를 발굴하면서 사람들이 고대 유적지를 발굴하는 일에 열광할 때였다. 칼로카이리노스 역시 호메로스의 서사시들이 역사적 사실들을 담고 있다고 믿으며, 심상치 않은 느낌을 주는 케팔라언덕에서 엄청난 것들을 발굴할 수 있으리라 기대했다.

놀랍게도 그의 기대는 어긋나지 않았다. 얼마 지나지 않아 땅 아래 묻힌 큰 건물의 벽들이 모습을 드러냈다. 또 커다란 항아리와 토판 등 고대 유물들도 등장했다. 흥분 속에 발굴을 이어가면서 그는 전설 속 미노스왕의 궁전을 찾아냈다고 생각했다. 돌에 새겨진 낯선 상징과 항아리에 담긴 콩과 보리 등을 보면서 그의 추정은 확신으로 바뀌어 갔다.

이 놀라운 소식은 급속도로 퍼져 크레타 의회에까지 이르렀다. 문제는 당시 크레타가 튀르키예의 지배하에 있다는 것이었다. 튀르키예인들이 발굴 유물들을 빼앗아갈까 두려웠던 의회는 칼로카이리노스에게 발굴 중단을 명령했다. 안타까운 일이 아닐 수 없었다. 그는 이 소식을 세상에 알리려 백방으로 노력했으나 튀르키예와의 갈등으로 불안한 정세 속에서 별다른 성과를 얻지 못했다.

그러나 놀라운 발굴 소식은 사그라들지 않았고 결국 슐리만의 귀에까지 들어갔다. 티린스 발굴을 마무리하며 새로운 장소를 찾던 슐리만은 그 소식에 반색했고, 1886년 크레타를 방문했다. 칼로카이리노스는 그를 맞이해 현장으로 안내했으며, 집에 보관 중인 유물들도

❖ 크노소스 궁전의 첫 발굴자인 미노스 칼로카이리노스(좌)와 그의 뒤를 이어 기념비적 성과를 이룬 아서 에번스.

보여주었다. 그의 집에 있던 상당량의 유물들은 후일 크레타인들과 튀르키예인들이 싸우는 와중에 대부분 불에 타버리고 말았다.

유적지를 둘러본 슐리만은 흥분해서 곧바로 발굴 작업에 착수하고자 했다. 그러나 큰 문제가 생겼다. 발굴 허가를 얻으려면 그 일대의 땅을 사야 했는데, 땅 주인이 거짓말까지 해가며 땅값을 너무 비싸게 불렀던 것이다. 화가 난 그는 땅 매입을 포기했고 그로부터 얼마 지나지 않아 갑자기 세상을 뜨고 말았다.

에번스와의 운명적 만남

에번스는 1883년 슐리만을 만난 적이 있었다. 트로이 유물 전시회를 보고 깊은 인상을 받은 그는 아테네에 있는 슐리만 자택을 방문했다. 둘은 슐리만이 소장 중인 유물들을 감상하며 환담을 나누었다. 당시 그들 사이에 크레타에 대한 이야기가 오갔는지에 대해서는 알려져 있지 않다.

에번스가 크레타에 첫발을 디딘 때는 1894년 3월이었다. 당시 그는 40대 초반의 옥스퍼드 대학 부설 애슈몰린 박물관의 관장이었다. 에번스를 크레타로 이끈 것은 그가 아테네의 골동품 상점에서 얻게 된 고대의 작은 돌들이었다. 크레타에서 왔다는 그 돌들에는 문자로 보이는 낯선 상징들이 새겨져 있었다. 고고학과 고전학에 조예가 깊었던 에번스는 특히 고대문자에 큰 흥미를 가지고 있었다. 헤라클리온의 작은 항구에 내렸을 때만 해도 그는 크레타에서 거래되는 고대의 인장석에 관심이 컸을 뿐 유적을 발굴할 생각은 없었다. 하지만 크레타 체류 중 칼로카이리노스를 만나 유물들을 직접 보고 유적지도 방문한 후 생각이 바뀌었다. 칼로카이리노스가 발굴품이라며 보여준 토판에 자신

의 일차적 관심사인 고대문자들이 쓰여 있었기 때문이다.[1]

이후 에번스는 나머지 발굴을 이어가겠다는 야망을 키워나갔다. 그는 이미 영국에서 철기시대 묘지를 발굴한 경력이 있었다. 그의 아버지 역시 부유한 사업가이면서 지질학과 고고학 분야에서 여러 권의 책을 출판한 전문가였다. 에번스는 어린 시절부터 아버지를 도우며 관련 지식을 습득할 수 있었다.

발굴 작업을 시작하기 위해서는 먼저 케팔라언덕의 땅들을 사들여야 했다. 그 무렵에는 크노소스 유적지의 소문을 듣고 프랑스, 미국, 이탈리아 등에서 온 고고학자들이 발굴권을 얻기 위해 노력 중이었다. 에번스는 길고 지루한 협상과 여러 우여곡절 끝에 발굴권을 따냈다. 전략적 노력 덕분이기도 했지만 유력한 조력자의 공이 컸다. 땅의 매입 비용은 에번스가 사재를 털어 마련한 '크레타 탐사기금'으로 충당했다.

3주 만에 모습을 드러낸 왕좌실

발굴이 시작된 날은 1900년 3월 23일, 에번스가 크레타에 첫발을 디딘 후 6년이 지난 때였다. 그는 고고학자 덩컨 매켄지 등의 도움으로 수십 명의 발굴단을 꾸려 칼로카이리노스가 발굴하다 중단한 곳에서 작업을 시작했다. 당시 추정된 건물의 크기는 남북으로 55미터,

---

1 칼로카이리노스는 에번스라는 거인의 그림자에 가려져 거의 주목받지 못했다. 그러나 최근 들어 첫 발굴자로서 그의 업적을 부각시키려는 움직임이 그리스를 중심으로 커지고 있다. 2019년에는 크노소스 유적지 입구, 에번스의 흉상이 있는 곳 가까이에 그의 흉상이 세워졌다. 2023년에는 애슈몰린 박물관에서 크노소스 발굴의 역사를 제대로 조명하는 전시가 개최됐다. 「미궁: 크노소스, 신화와 현실」이라는 제목의 이 전시는 '최초 발굴자'로서 칼로카이리노스의 역할을 부각했다.

❖ 크노소스 궁전 왕좌실.

동서로 43미터 정도에 불과했다. 그래서 슐리만은 100명의 인부로 일 주일이면 발굴을 끝낼 수 있을 것이라고 생각했었다.

크노소스 궁전의 놀라운 전모가 드러나고서야 알게 된 사실이지만, 처음 발견한 건물은 전체 건물의 서쪽 부분에 불과했다. 그러나 이 건물에는 훗날 미노아 문명의 아이콘이 된 중요한 유물들과 함께 문자가 기록된 토판들이 쌓여 있었다. 게다가 기적이라고 할 만큼 후대에 의한 손상이 적었다.

발굴을 시작한 지 불과 3주 만에 에번스는 역사적 순간을 마주하게 된다. 그가 '왕좌실'이라고 이름 붙인 방이 불쑥 모습을 드러낸 것이다. 프레스코화가 장식된 벽에는 설화석고로 만든 아담한 의자가 붙어 있었다. 구불구불한 등받이를 지닌 독특한 형태였다. 에번스와 발굴팀은 순간 당대의 시간이 눈앞에서 펼쳐지는 듯한 감격을 느꼈다. 의자 맞은편으로는 지하에 설치된 러스트럴 베이신[2]이 있어 신비를 더했다.

왕좌실이 발굴될 당시 크노소스에는 해리엇 보이드 호즈라는 여성이 있었다. 그다음 해에 구르니아 지역의 미노아 정착지를 발굴한 선구적 고고학자다. 그녀가 남긴 기록에 따르면 에번스는 처음에 이 의자를 "아리아드네의 왕좌"로 해석했다. 그는 러스트럴 베이신도 "아리아드네 여왕의 욕실"일 것이라고 추정했다. 하지만 그 생각은 오래가지 못했다. 이 유적이 미노스왕의 궁전이 되려면 "미노스의 왕좌"가 필요했기 때문이다. 결국 아리아드네는 왕좌에서 축출되었고, 발굴 중인 유적은 미노스의 궁전이 되었다.

발굴의 성과가 속속 가시화되면서 크노소스 발굴 소식은 세계 고고학계와 언론의 큰 반향을 불렀다. 신화가 역사임을 증명하는 또 한 번의 고고학적 쾌거가 이뤄진 셈이었다. 에번스는 단번에 스타 고고학자가 되었고, 크노소스는 고고학 역사에서 가장 중요한 발굴지들 중 하나로 급부상했다. 에번스는 이후 30여 년간 제1차 세계대전을 겪으면서도 크노소스궁과 그 주변 지역의 발굴, 유구와 유물의 복원 및 재구축 작업 등을 이어갔다. 이제 크노소스는 그의 삶의 전부라고 해도 과언이 아니었다.

뱀여신상의 출현

왕좌실 남쪽에는 여러 개의 방으로 구성된 폐쇄적인 공간이 있다.

---

2 Lustral Basin, 에번스가 만든 용어로 정화용 수조라는 뜻. L자형 계단으로 내려가는 직사각형의 지하 의례 공간.

주 출입구는 중앙마당을 향해 있고, 출입구 북쪽으로 삼분구조 신전[3]
이 이어져 있다. 이 공간의 북쪽 깊숙한 지하에 귀중품들을 보관해 둔
보고寶庫가 마련되어 있었는데, 이곳에서 유명한 뱀여신상들이 출토
되었다. 오랜 잠에서 깨어난 미지의 문명이 자신의 종교가 무엇이었
는지 보여준 것이다. 1903년의 일이었다.

그 보고는 지하에 설치된 2개의 커다란 직사각형 석궤였다. 이 돌
상자의 윗부분에는 다량의 그릇들이 쌓여 있었고, 아래로는 문자가
새겨진 토판과 원판, 흙에 찍힌 인장 자국, 상아와 크리스털, 금으로 만

3   tripartite shrine, 전체가 세 부분으로 구성된 신전 형태.

든 소품, 의례용 테이블 등이 어지럽게 섞여 있었다. 파이앙스제[4] 해양 생물 모형들과 꽃들, 채색된 조개껍데기들도 무더기로 나왔고, 십자 형태의 대리석 제품도 출토되었다. 여신에게 바친 제물이었던 듯 미니어처 크기의 파이앙스 드레스와 거들도 모습을 드러냈다. 또 멋진 파이앙스 동물상들도 나왔다.

뱀여신상들은 이 석궤의 아랫부분에서 나왔다. 수천 년 전 생산품이라고 믿기 힘들 정도로 정교하고 세련된 파이앙스제 형상이었다. 모두 3개로 추산되었으나 다 온전한 상태가 아니었다. 에번스는 그중 허리 아랫부분만 남은 것은 제외하고 나머지 둘을 복원시켰다.

하나는 셋 중 가장 컸는데(높이 34.2센티미터) 여러 조각으로 깨져 치마의 상당 부분이 훼손되었고 왼팔도 없었다. 다른 하나(높이 29.5센티미터)는 머리와 왼팔 아랫부분 그리고 치마의 상당 부분이 사라진 상태였다. 하지만 두 형상 모두 뱀을 몸에 감고 있거나 손으로 잡고 있어 뱀과 관련된 존재임은 분명했다. 에번스는 큰 것이 뱀여신이고, 작은 것은 뱀여신을 모시는 여사제 혹은 숭배자라고 해석했다. 하지만 현재는 후자가 뱀여신상으로 더 유명하다.

에번스는 함께 발견된 유물들로 보아 뱀여신이 신전에 모셔져 있다가 궁전이 불탔을 때 석궤에 봉인되었을 것으로 추정했다. 하지만 후대의 일부 학자들은 여신상들이 의례 절차에 따라 처리된 후 석궤에 보관된 것으로 본다. 에번스의 복원 작업이 얼마나 원형에 부합하는가에 대해서는 논란이 있지만, 문제되는 이슈들이 심각한 수준은 아니다.

4　점토 대신 석영 가루를 주재료로 형태를 만들어 건조시킨 후 유약 처리해 소성한 제품.

❖ 암소 부조판 도상.

뱀여신과 하토르

기원전 1600년경 제작된 것으로 추정되는 이 여신상들은 젊고 아름답지만 기이하다. 꿈틀거리는 뱀들뿐 아니라 트랜스 상태(비일상적 의식 상태)에 빠진 듯 크게 치뜬 눈이 두려움을 자아내는 동시에 신비로운 세계로 이끄는 듯하다. 완전히 노출된 탄력 있는 가슴과 가는 허리는 고대의 성적 매력을 어필한다.

에번스는 이 낯설고 이국적인 여신을 "미노아의 위대한 어머니 여신"이라고 판단했다. 그녀가 이집트의 어머니 여신인 하토르와 관련된 존재라고 보았기 때문이다. 함께 발견된 유물들 중 암소가 새끼에게 젖을 먹이는 모습의 부조판이 있는데, 암소는 하토르의 대표적 상징이다. 놀라운 수준의 이 유명한 부조는 양육하는 모성을 아름답게 재현하고 있다.

에번스는 뱀이 지하세계의 영혼을 상징한다고 보았다. 그리고 뱀 여신이 이집트 여신들과 관련 있을 가능성을 다음과 같이 제시했다.[5]

> 신성의 지하세계적 측면이 현현한 것을 나쁜 의미로 볼 필요는 없다. 오히려 (뱀은) 우호적이고 가정적인 측면을 지니고 있으며, 이는 아직도 유럽 땅에 남아 있는 원시적인 생각들에 익숙한 사람들에겐 매우 친숙하다. 많은 농촌에서 뱀은, 따뜻한 것을 좋아해 아궁이 근처 틈새에 출몰하는 일종의 오래되고 선한 영혼처럼 여겨진다. …… 내가 알기로 헤르체고비나와 세르비아 등지에서는 …… 그러한 뱀이 집의 어머니로 알려져 있다.
>
> …… 크노소스 여신의 머리 장식 위로 머리를 쳐들고 있는 뱀은 흥미롭게도 하토르와 다른 이집트 여신들의 머리 위에 비슷하게 자리하는 우라에우스uraeus(성스러운 뱀의 표상)를 연상시킨다. 델타의 여신인 와제트도 …… 뱀의 형태를 취할 수 있었고, 그녀의 파피루스 홀笏(권위의 상징인 지팡이 형태의 지물)은 우라에우스 뱀이 휘감고 있다.

여신상들의 풍만한 가슴은 모성적인 성격으로 해석되었다. 에번스는 크노소스 일대에서 훗날 그리스의 어머니 여신 레이아와 출산의 여신 에일레이티이아가 숭배되었던 사실 역시 뱀여신의 모성적 성격을 보여주는 근거라고 주장했다.

---

5 이하 에번스를 인용한 출처는 따로 언급이 없는 경우 『미노스의 궁전The Palace of Minos 1~4』(1921~1935)이다.

     1장 크레타, 여신이 품은 공동체 문명

주목받은 현대성 그리고 프로이트

에번스는 발굴 다음 해에 뱀여신상을 소개하는 글을 한 저널에 실었으나 큰 주목을 받지 못했다. 그러나 1921년 『미노스의 궁전』 1권이 발간된 후 대중의 관심을 받기 시작했다. 1928년 7월 13일 《데일리 메일》은 「미노스의 미스터리: 모세 이전의 페미니스트 사회」라는 제목으로 뱀여신상을 소개하는 기사를 실었다.

> 최신 연구 결과들과 가장 최근의 발굴 성과들에 따르면, 3000여 년 전 전통적인 모세의 연대 이전에, 그리고 유대인들이 아직 이집트에서 포로생활을 하고 있을 때 여성이 남성과 동등하거나 그 이상이었던 페미니스트 문명이 지중해의 크레타섬에 존재했다. 이런 사실을 알게 된 것은 정말 놀라운 일이다.
>
> …… 이 문명의 비범한 특징 중 하나는 여성의 드레스가 보여주는 현대적 외양이다. 이는 소개된 뱀여신의 의상에서 알 수 있다. 그녀들은 마치 초기 혹은 중기 빅토리아 시대의 패션 플레이트에서 걸어 나온 것처럼 보인다. 홀 박사는 "사람들이 느끼는 미노아 사회의 현대성은 자주 얘기되어 온 것"이라고 말한다.

에번스가 모성의 코드로 뱀여신을 봤다면 앞의 기사는 현대성을 강조하고 있다. 어쨌거나 뱀여신상은 현재 미노아 문명의 대표적 아이콘으로서 확고한 지위를 누린다. 미노아 문명의 정체성과 아름다움, 예술적 수준을 체화한 뱀여신상은 선사시대를 대표하는 예술품들 중 하나로 꼽힌다.

미노아 문명에 매료된 유럽의 지식인과 예술가 중에는 정신분석의 토대를 놓은 지그문트 프로이트도 있었다. 그에게는 노이로제 증세를 보이면서 그리스섬들과 미노아 크레타에 집착한 한 여성 환자가 있었다. 프로이트는 여신을 숭배하며 가모장제적이었던 크레타로부터 전승된 기억이 환자의 퇴행적 정신세계에 영향을 준다고 분석했다. 뱀의 상징성에 관심이 컸던 프로이트는 특히 뱀여신상을 얻고 싶어 했다고 한다.

신화 속 황소의 출현

발굴 초기 에번스를 놀라게 한 것은 유적의 연대였다. 미케네 시대의 왕궁이라고 생각하며 발굴을 진행했는데 막상 현장에서 나온 유물들은 그 이전 시기를 가리키고 있었다. 유물들은 당시까지 그리스 본토에서 출토된 것들과 확연히 달랐다. 특히 이집트나 근동 지역의 영향을 많이 받은 것으로 보였다.

더 놀라운 것은 벽을 장식한 프레스코화와 수많은 도자기, 여러 종류의 조소상 등 쏟아져 나온 유물들이 선진적 문명 수준을 갖추고 있었다는 점이다. 특히 프레스코화들은 많이 손상되었음에도 불구하고 미노아인들의 흥미로운 삶의 단면들을 아름답게 증언했다.

흥분한 황소 위로 뛰어올라 날렵하게 재주를 넘는 사람들, 풍요롭고 생동감 넘치는 자연 풍경, 아름다운 드레스에 화려하게 치장한 여성들, 긴 머리를 늘어뜨리고 늘씬한 몸을 과시하는 남성들의 모습은 그때까지 경험하지 못한 새로운 고대의 시간을 드러냈다.

특히 에번스를 흥분시킨 건 황소 관련 유물들이었다. 황소를 그린 프레스코화나 황소 머리 형태의 리톤(액체를 담는 의례 용기), 황소 뿔 모양의 제품 등은 미노타우로스 신화를 염두에 두고 발굴을 이어가던 그의 기대에 힘을 실어주었다.

대부분의 발굴은 시작한 뒤 약 4년 후 거의 마무리되었다. 이후 에 번스는 폐허가 된 건물들과 유물들을 복원하고 보존하는 데 힘을 쏟 았다. 현재 관광객들이 크노소스 유적지에서 보는 건물과 계단, 프레 스코화는 거의 다 그의 주도하에 재탄생된 것들이다.

그런데 미노아 궁전은 크노소스에만 있는 게 아니다. 크노소스에 서 남서쪽으로 약 60킬로미터 떨어진 파이스토스에서는 크노소스 보다 먼저 발굴이 시작되어 1904년 1차 마무리가 되었다. 그러니까 1900년 이후 4년간은 크노소스와 파이스토스 두 군데에서 동시에 궁 전 발굴이 진행된 것이다. 1915년에는 크노소스 동쪽에 위치한 말리 아에서도 궁전이 발견되어 궁전 건축과 문화의 윤곽이 더 구체화되 고 풍부해졌다. 1960년대에는 섬의 동쪽 끝에 있는 자크로스에서도 미노아 궁전이 모습을 드러냈다.

이렇게 네 유적이 다수가 동의하는 대표적인 미노아 궁전들이다. 그 외 조민토스, 하니아(키도니아), 갈라타스, 구르니아, 페트라스 등지 에서 발굴된 작은 규모의 복합건물들도 궁전으로 분류된다. 크레타 전역에서 발굴이 이어지고 궁전의 범주가 확장되면서 '100개의 궁전 을 가진 크레타'라는 표현도 등장했다.

미노아 크레타 시기 구분

에번스는 미노아 문명의 이해에 단단한 초석을 놓은 사람이다. 네 권에 이르는 기념비적 저작인 『미노스의 궁전 1~4』가 이를 뒷받침한 다. 그는 청동기시대 크레타의 기념비적인 건축물을 세상에 소개했 고 도자기의 변천 과정을 분석했을 뿐 아니라 미노아인들이 남긴 문자들도 연구했다. 선형문자 A와 B를 구분해 이름 붙인 사람도 에번 스다. 그가 남긴 방대한 저작과 논문, 세세한 발굴기록 들은 그의 넓 고 깊은 지적 역량과 철저한 노력, 천재성을 드러낸다. 어쩌면 그에 대한 비판들은 선구자가 겪어야 하는 운명인지도 모른다.

에번스는 신석기시대 이후 철기시대가 도래하기까지 크레타섬에 서 꽃핀 문명이 적어도 2000년은 지속되었다고 추산했다. 그리고 그 긴 세월의 변화와 발전 과정을 설명하기 위해 단계별로 시기를 구분 했다. 그가 택한 방법은 크레타와 교류가 활발했던 이집트의 연대표 를 참고하는 것이었다. 크레타에서 발굴된 이집트 도자기들과 이집 트에서 발굴된 미노아 도자기들이 자료로 활용되었다. 아울러 도자 기 스타일과 관련한 층서법[6]을 활용해 미노아 크레타의 역사를 크게 초기, 중기, 후기로 구분했다. 그리고 각 시기를 여러 하위 수준에서 세분화했다.

예를 들어, 초기 미노아 시기를 I, II, III기로 구분한 후 각각을 다 시 A, B, C로 나누고 거기서 또다시 각 항목을 1과 2로 세분한다. 가 령 초기 미노아 I A1, II B1처럼 구분하는 식이다. 에번스에 따르면 후 기 미노아 시대의 초반기인 기원전 16~15세기에 미노아 문명의 황금 시대가 꽃피었다.

그러나 에번스의 시대 구분은 여러모로 쓸모는 있지만 문제도 많 았다. 도자기 스타일을 시대 구분의 근거로 삼은 것이나 크노소스 궁 전의 경우를 일반화한 것이 그렇다. 크레타 자체의 내적 변동에 근거 한 게 아니라 이집트의 시기 구분을 모델로 했다는 점도 문제였다. 게

---

6 유적지에 쌓여 있는 지층의 순서와 관계를 분석하여 각 층의 상대적 연대와 형성 과정을 밝혀내는 고고학 방법론이다.

 1장 크레타, 여신이 품은 공동체 문명

다가 고고학 기술이 다방면으로 발전하면서 에번스의 판단이나 분류에 존재하는 오류들이 점점 수면 위로 떠올랐다. 그래서 학자들은 에번스 사후 새롭게 시기를 구분해 사용하기 시작했는데, 현재는 이 방식이 더 선호되고 있다. 하지만 에번스의 시기 구분도 여전히 함께 사용된다. 이 책에서도 필요에 따라 둘을 혼용할 것이다.

새로운 구분은 궁전이 세워지거나 파괴된 시점을 기준으로 삼는다. 학자에 따라 차이가 있지만 크게 세 시기로 나뉜다. 궁전이 지어지기 전인 전궁전기, 궁전이 세워져 지역의 중심으로 기능하던 궁전기, 궁전이 거의 다 파괴된 이후인 후궁전기다. 궁전기는 다시 1기와 2기 혹은 원궁전기와 신궁전기로 나뉜다. 미노아 크레타의 시기 구분은 합의된 대표 모델도 없고 시기별 추정 연대도 학자에 따라 조금씩 다르다. 뒤에 소개한 표는 명망 있는 학자인 난노 마리나토스가 최근에 제시한 것을 편의상 살짝 손본 것이다.

미노아 문명의 절정기: 신궁전기

2000년 미노아 역사에서 이 책이 다루는 시기는 주로 신궁전기다. 가장 많은 유물과 유적이 남아 있기도 하고, 여신신앙을 비롯해 미노아 문화의 정체성이라고 할 만한 특성들이 이 시기에 꽃을 피웠다. 기원전 1700년경 시작된 신궁전기는 미노아 문명의 절정기였다. 크노소스와 파이스토스, 말리아 등지에 등장했던 최초의 궁전들이 대규모 지진으로 파괴된 후 더욱 웅장한 규모로 재건되며 번성하기 시작했다.

이 시기에 생산된 인장 및 금은 장신구와 프레스코화, 도자기와 각종 용기는 예술과 공예에서 최고의 성취를 보여준다. 특히 인장은 복합적 장면을 정교하게 표현해 내는 데 있어 동시대 근동의 수준을 넘어섰다. 여신 문화 역시 이때 활짝 피어나 우리가 알고 있는 수많은 걸작이 탄생했다.

파괴된 궁전들이 더 웅장하고 화려하게 재건되고, 기술과 예술의 비약적 발전이 이뤄진 배경에는 경제적 번영이 있었다. 이 시기 크레타는 가까운 섬들은 물론 이집트, 근동 지역, 그리스 본토 등과 무역을 확대하면서 문화적으로도 영향력을 높였다. 북쪽에 자리한 테라(산토리니)섬의 경우 아크로티리 유적지를 통해 미노아 문화가 전면적으로 침투했음을 잘 보여준다. 키테라섬에서도 미노아식 신전이 발견됐다.

신궁전기가 끝난 것은 기원전 1450년경이다. 무슨 이유에선가 궁전들은 파괴되고 버려졌다. 크노소스궁만 살아남아 1370년경까지 크레타의 종교적·행정적 중심지로 기능했던 것으로 보인다. 그런데 이 시기 궁전의 주인은 본토에서 건너온 미케네인들이었다. 그들은 선형문자 B 토판 등 많은 흔적을 남겼는데, 왕좌실의 최종적 모습도 이 시기에 형성되었을 것으로 판단된다.

미노아 문명이 몰락한 원인은 대체로 세 가지로 추정된다. 하나는 기원전 1600~1500년경 발생한 테라섬의 화산 폭발이 낳은 대재앙 때문이라는 설, 또 하나는 미케네인들의 침략 때문이라는 설이다. 마지막으로 크레타 내부에서 원인을 찾는 견해도 있다. 자연재해 때문이든 외침 때문이든, 삶이 피폐해진 사람들이 대규모 봉기를 일으켜 체제가 붕괴되었을 것이라는 추정이다.

어쨌거나 크레타는 대규모 파괴와 화재의 흔적을 남긴 채 주저앉았고 아름다웠던 황금기는 점차 사람들의 기억에서 잊혀갔다.

연대	에번스식 시기 구분	새로운 시기 구분
3650-3000 BCE 2900-2300 BCE 2300-2160 BCE 2160-1979 BCE	초기 미노아 I 초기 미노아 II 초기 미노아 III 중기 미노아 I A	전궁전기
1979-1700 BCE	중기 미노아 I B -중기 미노아 III A	원궁전기(구궁전기)
1700-1425 BCE	중기 미노아 III B 후기 미노아 I	신궁전기
1425-1370 BCE	후기 미노아 II 후기 미노아 III A1	후궁전기

▶ 미노아 크레타 시기 구분[7]

2. 미노아 여신: 위대한 어머니, 자연, 재생

미노아 종교의 가장 독특한 측면은 신앙의 중심에 여신이 있었다는 사실이다. 크레타의 최고신은 여신이었다. 남신도 일부 있었으나 여신의 강력한 존재감은 누구도 부인할 수 없다. 이러한 인식은 에번스 이래 120년이 지난 현재도 별로 달라지지 않았다. 일례로 마리나 모스는 2005년 출간된 『미노아 판테온The Minoan Pantheon』에서 미노아 만신전에서 더 우위에 있던 것은 여신이라고 확실히 말했다.

그러나 여신의 개념과 성격이 어떠했는지, 유일신이었는지 여럿이

---

7   Marinatos, *Minoan Kingship and the Solar Goddess.*

공존했는지, 역할과 기능은 무엇이었는지, 남신과의 관계는 어떠했는지 등에 대해서는 다양한 의견이 있다. 미노아 여신의 성격은 시기에 따른 변화를 보이는데, 이 절에서는 신궁전기를 중심으로 소개한다.

위대한 어머니 여신

에번스는 미노아 여신을 어머니 여신으로 보았으며, 미노아 종교 역시 모성적 종교라 이해했다. 크노소스 뱀여신상에 대한 그의 해석이 이러한 관점을 잘 보여준다. 그는 미노아 여신을 중세 그리스도교의 성모 마리아에 비유하기도 했다.

에번스가 상상한 '미노아의 위대한 어머니 여신'은 땅과 하늘, 지하 세계 전체를 다스리며 다산과 재생 그리고 생명의 모든 측면을 관장하는 존재였다. 사람이든 동물이든 모든 생명체는 그녀의 자식이었다. 또 정치적·사회적 측면에서 사제-왕의 어머니이기도 했다. 그는 미노아 여신을 그리스의 레이아, 프리기아의 키벨레에 비유했다. 미노아 여신이 키벨레처럼 사자의 호위를 받았기 때문이다. 그리고 여러 관련 연구들을 바탕으로 미노아 여신 역시 키벨레처럼 아들이자 연인인 젊은 남신과 함께했다고 주장했다. 키벨레는 매년 죽었다 살아나는 아티스를 아들이자 연인으로 거느렸다.

이러한 에번스의 견해는 현재도 타당하다고 인정받는다. 아도니스 바실라키스는 미노아 종교가 여성 중심적이었으며 위대한 어머니인 자연과 매년 죽었다 다시 태어나는 젊은 남신으로 인격화된 식물, 즉 자연신과 식물신을 주로 숭배했다고 보았다. 영국의 지리학자이자 역사 연구가인 로드니 캐슬던도 미노아 종교를 지배한 것은 어머니 여신 혹은 위대한 여신이라고 확언했다. 또 아프로디테와 아도니

     1장 크레타, 여신이 품은 공동체 문명

스의 관계처럼, 매년 죽었다 다시 살아나는 젊은 남신이 여신에게 종속되어 있었다고 주장했다. 그에 따르면 젊은 남신은 벨카노스란 이름으로 불렸다고 한다.

그런데 '어머니 여신'이란 용어의 함의는 시대와 학자에 따라 다른 의미를 갖는다. 다산이나 모성을 중시했던 에번스와 모성이란 개념의 제한을 넘으려는 학자 사이에는 큰 차이가 있다. 김부타스는 미노아 여신을 비롯한 선사시대 여신을 언급할 때 '어머니'란 용어를 쓰면서도 조심스러운 태도를 보였다. '어머니 여신'을 관용적으로 사용하면 여신의 역할을 다산과 양육으로 축소시킬 수 있다고 우려했기 때문이다.

그래서 그녀는 "선사시대 여신은 어떤 측면에서 어머니가 아니다."라고 말하기도 했다. 또 '위대한 여신'이란 용어를 선호했는데, 이는 모든 생명과 자연을 창조하는 강력한 여성적 힘, 최고의 창조주를 의미한다. 창조는 파괴와 함께하므로 죽음 역시 여신의 중요한 관장 영역이다.

자연의 여신, 재생의 여신

미노아 여신을 모성과 관련시킬 때 제기되는 문제 중 하나는 어머니로 표상된 여신상이 매우 드물다는 사실이다. 이시스처럼 아들인 호루스를 안고 있거나 튀르키예 차탈회위크의 여신상처럼 출산하는 모습이 보이지 않는다. 오히려 대부분의 미노아 여신은 독립적인 젊은 여신이다. 김부타스는 이들을 재생의 여신이라고 보았다. 이들은 죽음 이후 생명을 발생시키며 생사의 순환을 이어가는 존재다.

그런데 에번스도 미노아 여신을 모성적 측면으로만 이해하지 않았다. 그는 위대한 어머니 여신을 전체 우주적 차원에서도 인식해 '자연의 여신'이라 칭하기도 했다. 이후 많은 학자들이 같은 견해를 공유한다. 자연의 여신으로서 미노아 여신을 잘 소개한 학자로는 마리나토스가 있다. 그녀는 자연의 현상들과 미노아 여신이 상징적으로 연결되어 있음을 설득력 있게 분석했다. 그녀의 관점은 김부타스와 유사하지만, 여신의 양육 기능을 강조한다는 차이가 있다.

미노아 여신들은 고대 동방이나 고전기 그리스의 신들처럼 웅장한 신전에 자리하거나 왕 같은 권력자와 함께 등장하지 않는다. 그 대신 주로 야외에서 꽃과 나무, 사자나 염소 혹은 그리핀 같은 동식물들과 함께한다. 천상을 상징하는 새와 돌고래를 비롯한 해양생물들도 그녀와 함께 있다. 지하세계를 표상하는 뱀 역시 그녀의 상징이다. 즉 미노아 여신은 땅과 하늘, 바다와 지하세계 등 자연의 모든 영역을 관장하는 우주적 신성을 드러낸다.

해여신, 여성적 원리의 여신

미노아 여신을 자연의 여신으로 규정했던 마리나토스는 최근 일정 부분 입장을 바꾸어 미노아 최고의 여신은 해여신으로서 왕권과 관련되어 있었다는 새로운 견해를 제시했다. 해여신도 생명을 키우는 자연의 여신이기는 하나, 왕권과의 연관성은 새로운 차원의 해석이었다. 해여신은 왕의 어머니로서 왕권의 보증자였으며 아마도 '아-사-사-라'라는 이름으로 불렸을 것이라고 한다.

그녀의 주장은 두 가지 추정과 전제에 기반한다. 하나는 미노아 종교와 근동의 종교가 공통의 어휘를 활용했으므로 근동의 해여신이 크레타에도 존재했을 것이라는 추정, 다른 하나는 크레타에 남성왕이 존재했다는 전제다. 그런데 둘 다 근거가 불충분하기 때문에 동의보다는 비판을 많이 받았다.

미노아 여신에 대한 새로운 차원의 해석은 1960년대 후반에도 제기된 적이 있다. 여성적 원리란 개념을 통해서다. 자케타 호크스는 『신들의 새벽Dawn of the Gods』에서 미노아 여신에 대한 에번스의 견해를 받아들이면서도 여성성이란 새로운 렌즈를 사용했다. 미노아 여신에 추상적이고 문화적인 차원을 더한 것이다. 그리고 그것을 미노아 사회와 문화 전체에 대한 이해와 연결시켰다.[8]

> 크레타인들은 최고의 신성한 힘을 여성적 원리란 관점에서 보았다. 그리고 그 힘이 여성에게 육화되었다고 여겨 크레타 여성과 똑같은 모습으로 여신을 표현했다. …… 인장석들에 새겨진 장면들을 보면 여신은 항상 중심적 존재일 뿐 아니라 다양한 방식으로 모셔지고 경배된다. 그녀는 때때로 왕좌에 앉아 있는 모습으로 나타난다.

호크스에 따르면 크레타가 주변 지역과 다른 특유의 청동기 문명을 발전시킬 수 있었던 것은 여성적 원리가 종교적·사회적 가치체계였기 때문이다. 여성적 원리가 무엇인지 구체적 설명은 없으나 그녀가 말하는 여성적 성격과 관련시킬 수 있다. 서구 문화의 맥락에서 호크스가 여성적이라고 해석하는 성질들은 "자연에 대한 친밀한 사랑과 동일시, 스쳐 가는 순간에의 몰입, 춤에 대한 열정, 죄책감이나 처벌에 대한 생각이 없는 가벼운 마음", 그리고 무엇보다 "군사적 정신의 부재" 같은 것들이다.

---

8   이하 모든 호크스의 견해의 출처는 『신들의 새벽』이다.

다양해지는 여신들: 문화 창조의 여신

미노아 종교에 대한 연구가 축적되면서 여신의 속성은 점점 더 구체화되고 다양해졌다. 동물의 여주인, 산신, 도시의 수호신, 해와 달과 관련된 하늘신 혹은 우주적 신, 바다의 신 등 여신은 다양한 모습으로 해석되었다. 생명의 주기적 갱신을 관장하는 여신이나 치유의 여신, 입사의례와 관련된 여신도 등장했다.

예컨대 산꼭대기 성소들에서 한쪽 다리가 부은 여성상 등이 출토되면서 치유의 여신을 추정하게 됐다. 산정 신전이 치유의례의 중심지였다는 사실도 드러났다. 월경, 임신, 출산 등 여성 몸에서 생기는 변화들 역시 여신들이 관장하는 영역이었다. 왕권 혹은 통치 체제와 여신이 맺었던 관계, 직업이나 산업과의 관계 등도 중요한 관심사다.

한편 크리스트는 기술과 문화를 창조하는 여신의 측면을 강조했다. 미노아 크레타가 놀라운 기술적 발전을 이뤘을 뿐 아니라 평화로운 공동체를 건설한 문명사회였다는 데 주목한 견해다. 그녀는 구유럽 여신과 미노아 여신을 창조성과 지성 및 지혜를 겸비한 존재로 상정한다. 직물을 짜고 도자기와 공예품을 만들며 생계 활동과 사회조직을 관장하는 일, 더욱이 궁전을 건축하고 상징과 문자를 사용하는 일은 창조적 지성과 지혜가 없으면 불가능하다.

미노아 여신은 하나인가, 여럿인가

미노아 여신신앙과 관련한 주요 논쟁들 중 하나는 신관神觀에 대한 것이다. 모든 것을 통합하는 하나의 위대한 여신이 있었는지, 혹은 관장하는 영역이나 층위가 다른 여러 여신이 존재했는지의 문제다. 에번스는 어머니 여신을 유일신적 존재로 보고 다음과 같이 설명했다.

> 확실히 여신은 최고신이었다. 그녀가 실질적으로 천상과 지상, 지하의 여러 측면을 모두 아우르는 하나의 존재든 혹은 서로 별개이거나 부분적으로 차별화된 신성한 존재들이든 상관없이. 현재의 작업 가설로는 전자가 맞는 것 같고, 동일한 위대한 여신이 (다양하게) 표상된 것 같다.

에번스에게 미노아 여신은 전체 우주를 통합하는 상징이었다. 그는 여신의 도상들이 서로 구별되기보다 같은 원칙들을 반복하고, 같은 상징들을 활용한다는 점에 주목했다. 그런데 에번스의 유일신론은 여신이 하나밖에 없었다는 뜻이 아니다. 미노아 만신전에 서로 다른 존재인 여러 신들이 있었으나 결국 최고의 여신에 통합되는 구도였다는 의미다. 즉 여신은 다중적 측면들을 드러내는 유일신이다. 마리나토스도 이 견해에 동의한다.

김부타스가 본 미노아 여신도 유일신적 성격이 강하다. 그녀에게 미노아 여신은 구유럽의 여신처럼 생명을 부여할 뿐 아니라 거두어

가고, 이어서 다시 발생시키는 위대한 존재이자 모든 생명의 근원이
다. 그녀는 미노아 여신 역시 생명을 탄생시키는 자, 죽음을 가져오는
자, 그리고 재생시키는 자로서 세 측면이 통합된 신성이라고 보았다.

에번스의 유일신론은 비교적 이른 시기부터 도전받았다. 대표적으
로 닐손은 미노아 종교에서 여신이 더 중요했다는 데는 에번스와 같
은 의견이었지만, 유일신 여부에 대해서는 다른 입장을 취했다. 그는
어머니 여신의 존재에 대해서도 의문을 제기했으며, 이집트 종교가
아니라 그리스 종교와의 관계에서 미노아 여신을 보고자 했다.

에번스와 달리 닐손은 미노아 종교가 원시적 단계였다고 주장했
다. 식물 숭배와 자연의 순환이 신앙의 근간이었으며 서로 다른 자
연 요소와 동물이 각각 다른 신적 존재와 연관되어 있었다고 본다. 원
시적 다신교 상황에서 성격이 다른 다양한 여신들이 공존했다는 것
이다.

미노아 종교를 다신교로 이해하는 사람들은 유일신론자에 비해 많
다. 이들은 크레타에 매우 다양한 신들이 있었고, 남신뿐 아니라 여신
의 경우도 마찬가지였다고 본다. 미노아 신들을 연구한 모스는 새여
신, 죽은 자들의 여신, 비둘기여신, 해여신, 산 어머니, 갱신의 여신, 뱀
여신, 별여신, 식물과 농업의 여신 등이 필요에 따라 숭배되었다고 분
석했다.

선형문자 B 토판에 기록된 신들의 이름이 20개에 가깝다는 사실도
다신교의 방증으로 제시된다. 토판들에는 제우스, 포세이돈, 헤르메
스 등 남신들과 포트니아, 에일레이티아 등 여신들의 이름을 비롯
해 정체를 알 수 없는 여러 신들의 이름이 기록되어 있다. 이 다신적
상황은 미케네 신들과 토착 미노아 신들이 섞인 것으로 여겨진다.

3. 시기별 여신상들

미노아 종교가 어떻게 시작되었는가에 대해서는 아직 정설이 없다. 에번스 이래 북아프리카, 아나톨리아, 발칸반도, 중동 등이 기원지로 관심을 받아왔으나 최근에는 자생적 측면이 강조되고 있다. 미노아 여신신앙을 알려주는 주요 유물들은 신궁전기에 생산되었으나 여신에 대한 숭배는 신석기시대(기원전 7000~3300년)에도 존재했다. 아나톨리아나 에게해 일대, 메소포타미아에서 출토된 원초적인 형태의 여신상들이 크레타에서도 발굴되었다. 여신들은 쭈그리고 앉거나 웅크린 자세를 취하고 있고, 동물과 합쳐진 형태로도 나타난다.

신석기시대 여신상

크레타의 신석기시대 여신상들 중 유명한 것은 이에라페트라에서 출토된 뱀여신상(기원전 6000~5500년경)이다. 이 여신상은 뱀과 새, 인간의 혼종으로 머리에는 관을 쓰고 있다. 김부타스는 이 여신상이 유럽 설화에서 보이는 마술적 왕관을 쓴 뱀 여왕 이야기를 연상케 한다고 말했다.

크레타에서는 신석기시대 인물상도 다수 출토되었다. 마리아 미나는 이 시기 인물상 110개의 성별을 분석했는데 전체의 63퍼센트 정도가 여성상이거나 그렇게 볼 수 있는 것들이었다. 남성상이거나 그렇게 여겨질 만한 것은 4퍼센트 미만이었다. 이들 중 다수는 제작 시기가 신석기시대 말기에 속하며 주로 크노소스 지역에서 출토되었다. 크노소스가 신석기시대에도 크레타의 중심지였음을 방증한다.

크레타 여성상들의 몸에는 갈매기형, V자, M자, 지그재그, 삼중선,

삼각형, 마름모, 동심원 등 김부타스가 여신의 상징으로 해석한 다양한 기호들이 장식되어 있다. 미나는 이 여성상들이 여신상일 가능성을 시사했다.

❖ 이에라페트라에서 출토된 뱀여신상.

크레타의 신석기시대 여성상들이 여신상이라는 주장을 하는 학자들은 크게 두 가지 근거를 든다. 첫째, 여성상들이 여러 상징들과 함께 성기와 가슴을 강조해 여성 몸의 생산과 양육적 특성을 우선시하고 있으며 둘째, 크노소스와 파이스토스 등 미노아 궁전이 있는 곳들에서 발굴되었다는 점이다. 이 지역들은 고래로 의례의 중심지였다.

초기 미노아 종교와 장례의식

신석기시대가 끝나가면서 크레타에는 미노아 문명이 발아하기 시작한다. 기원전 3500년경 야금술의 도입으로 초기 청동기시대가 열렸다. 이 시대는 급속한 기술 발전과 농업 기술의 진전, 활발한 교역 활동으로 사회가 복잡해지면서 앞으로의 궁전시기를 예비했다. 에번스의 구분에 의하면 초기 미노아 시기에 해당하는 때다.

이 시기 미노아 종교는 장례의식에서 발전한 것으로 보인다. 당시 미노아인들은 섬 곳곳에 대규모의 무덤들을 건설했다. 오랜 시간에 걸쳐 한 가문이나 공동체의 구성원들을 계속해서 안치한 공동무덤이었다. 가장 거대한 건축물이었던 이 무덤들에는 금, 상아, 돌로 만든 귀중품들도 함께 묻혔다. 동시대 이집트에도 존재했던 사자死者 숭배의 흔적들이다.

이 무덤들은 당시 미노아인들이 발전시킨 공동체 신앙의 중심지이기도 했다. 사람들은 공동묘지에 모여 장례의식이나 조상 숭배와 관련된 의례를 치렀을 것으로 추정된다. 장례는 2차 매장까지 이어지는 긴 과정이었다. 이 의례들은 죽음 이후에도 지속되는 삶을 긍정하고 풍요와 재생을 기원하는 성격도 포함하고 있었다. 이들이 남긴 황소와 새 모양 용기 등은 그러한 상징적 의미들을 담고 있는 것으로 여겨진다.

당시 미노아인들은 무덤 주위의 공간에 모여 헌액의례를 치렀다. 다양한 용기에 물이나 포도주, 올리브 기름, 우유 같은 액체들을 담아 망자와 신에게 바치거나 땅에 부었다. 다산과 재생을 기원하는 의미였을 것이다. 과일이나 빵, 고기 같은 것들도 제사상에 올렸다.

초기 미노아인들이 남긴 유물 중에는 여신상으로 해석되는 여성 형상의 용기들이 있다. 이 여성상들은 넓은 종 형태의 짧고 풍만한 몸집에, 용기를 들고 있거나 구멍이 뚫린 젖가슴을 달고 있다. 양육과 다산을 기원하는 이 특징들은 미노아인들이 여신을 무엇보다 생계 유지라는 측면에서 숭배했음을 보여준다. 여신이 주는 풍요로운 먹거리들에 기대서 살고 있다고 인식했던 것이다. 이 시기 여신상들 중에는 미르토스, 모클로스, 말리아에서 발굴된 것들이 유명하다. 미르토스 여신상은 마을의 신전에서 발굴되었고, 나머지 둘은 공동묘지에서 출토되었다.

초기의 여신상들: 다산과 양육

미르토스 여신상은 크레타의 동남쪽 해변에 위치한 미르토스 지역의 미노아 정착지에서 발굴되었다. 푸르누코리피언덕에 자리한 이 정착지에는 작고 독특한 여신상을 모신 소박한 신전이 있었다. 이 여신은 왼팔로 '저그'라고 불리는 주전자 같은 용기를 안고 있다. 몸통은 밥사발을 엎어놓은 듯한 모양이고 얼굴은 목을 길게 내놓은 거북을 연상시킨다. 눈을 크게 뜨고 놀란 듯한 표정을 하고 있어 유머러스해 보이기도 한다.

몸통에는 작은 돌기처럼 갖다 붙인 두 가슴이 있고 그 아래에는 성기를 상징하는 삼각형이 강조되어 있다. 삼각형을 채운 그물 무늬는 양수나 음모를 의미하는 것으로 해석된다. 삼각형 양옆으로는 그물망 같은 무늬로 채운 사각형들이 그려져 있다. 확실치는 않으나 옷과 관련된 표현으로 보는 견해가 있다. 이 유적지에서는 가락바퀴와 베틀 추 등 방적 관련 유물들도 출토되었다. 일부 학자들은 이 여신상의 긴 목과 얼굴을 남성 성기로 해석하기도 한다. 이 경우에는 남성과 여성의 성기가 합쳐진 혼성적 신상으로 이해된다.

크레타 동북부 해안의 항구인 모클로스의 묘지에서 출토된 여신상은 양손으로 젖가슴을 받치고 있다. 젖가슴에는 구멍이 나 있어 그 안의 액체를 흘려보낼 수 있다. 적갈색 몸통에는 흰색 나선과 지그재그 문양이 있고, 머리에는 뱀이 휘감은 듯한 장식이 둘러져 있다. 용기로 쓰였을 이 여신상의 손잡이는 등에 달려 있다.

말리아 공동묘지에서 발굴된 여신상은 전체적으로 모클로스 여신상과 유사하나 첫눈에 새를 연상시킨다. 부리가 있는 얼굴과 축약된 날개처럼 표현된 양팔이 그렇다. 이 여신은 머리에 터번을 쓴 듯하고

   1장 크레타, 여신이 품은 공동체 문명

❖ 미르토스 여신상.　　　　❖ 모클로스의 묘지에서 출토된 여신상.

마찬가지로 구멍이 뚫린 젖가슴을 달고 있다.

　젖가슴이 강조된 이 여신상들은 뒷날 프레스코화나 인장에 등장하는 가슴을 노출한 여신들을 떠올리게 한다. 크노소스궁에서 출토된 뱀여신상들도 마찬가지다. 시간이 흘러도 여신의 본질적 특성이 젖가슴으로 표상되었다는 걸 알 수 있다. 생명의 양육에 최고의 가치를 부여한 것인데, 미노아 여성들에게도 똑같이 적용되었다.

　초기 미노아인들은 여신상을 무덤에 함께 묻음으로써 죽은 이의 재생을 기원했던 것으로 보인다. 생명을 주고 키우는 존재로서의 여신에 대한 인식이 죽음 이후 재탄생까지 자연스레 연결되었던 듯하다.

　　원궁전기 여신상 : 계절의 순환과 재생

　초기 미노아 시대는 발전이 거듭되고 사회가 복잡해지면서 새로운 단계로 진입했다. 크노소스, 파이스토스, 말리아 등 주요 정착지에 전에는 볼 수 없었던 거대한 건물, 즉 궁전들이 들어선 것이다. 뒷날에 세워진 것에 비하면 소박한 규모와 수준이었지만, 궁전의 등장은 미노아 사회가 질적으로 변화했음을 알려준다.

기원전 1900년경 시작된 이 시기는 원궁전기, 구궁전기, 제1궁전기 등으로 불린다. 이때 도시화가 시작되었고 정치와 행정이 조직화되었으며 건축과 공예의 비약적 발전이 이루어졌다. 도자기 제작에도 물레가 도입되어 정교하고 세련된 작품들이 등장하기 시작했다. 또 이 무렵 크레타 상형문자에 이어 선형문자 A도 출현했다.

원궁전기의 여신상은 쉽게 찾기 힘들다. 무슨 이유에선지 흙으로 빚은 여신상도 출토된 게 없고 인장에도 여신의 모습은 보이지 않는다. 그 대신 여신이 그려진 기물들이 드물게 모습을 드러냈다. 대표적인 것이 파이스토스 궁전 서쪽 성소 건물에서 출토된 여신상들이다. 건물의 서로 다른 방에서 그릇과 원형 테이블이 출토되었는데, 여기에 같은 형상의 여신상이 그려져 있다. 그릇은 손잡이가 달린 바가지처럼 생겼고, 테이블은 원형의 상단부와 받침을 둥근 기둥이 연결한 형태다. 둘 다 의례용구로, 테이블은 과일 스탠드라 불리기도 한다.

그릇의 가운데에는 캐리커처 같은 느낌을 주는 여성 형상이 자리하고 그 양옆으로 벌 같은 모습의 여성 둘이 춤을 추는 듯하다. 오른쪽 아래로는 백합꽃 하나가 솟아 있다. 원형 테이블 윗면에 묘사된 세 인물 또한 구도나 형태가 그릇의 경우와 매우 유사하다. 가운데 여성에게 팔다리가 달려 더 사람 같다는 점과, 양손에 백합을 든 것 정도만 다르다.

두 경우 모두 가운데 인물은 여신으로, 좌우의 여성 둘은 그녀의 현시에 즐거워하는 숭배자들로 판단된다. 특히 테이블의 경우 옆면과

　　　1장　크레타, 여신이 품은 공동체 문명

❖ 원궁전기 여신상이 그려진 원형 테이블.

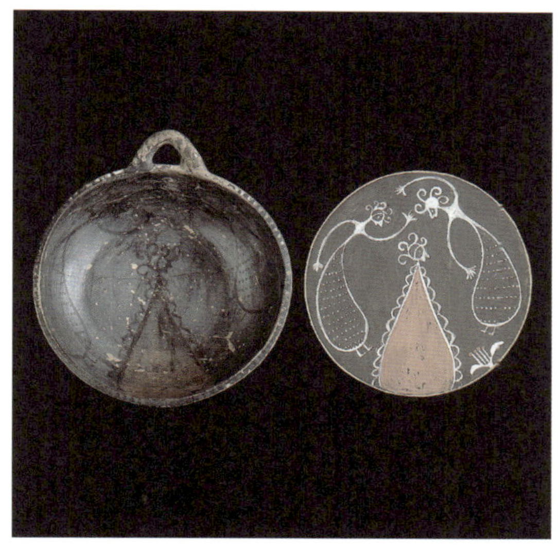

❖ 여신상이 장식된 둥근 그릇. 오른쪽은 흐릿해진 이미지를 복원한 작품이다.

둥근 받침대에도 같은 여성상들이 여럿 그려져 있어 여성들의 흥겨운 군무를 연상시킨다. 이 그림들은 전체적으로 봄날의 약동하는 생명력을 드러낸다. 이전 시기 다산과 양육의 여신들과는 확실히 달라진 성격과 분위기를 자아낸다. 상징도 다르다. 여신신앙의 내용이나 의례가 상당한 정도로 변화한 것이다.

학자들은 이 장면들을 대체로 봄맞이 의례나 부활과 관련해 이해해 왔다. 여기서 백합꽃은 식물과 여신을 관련시키며 계절의 순환도 암시한다. 요컨대 겨울을 보내고 봄을 맞아 피어난 백합꽃은 재생의 여신을 상징한다. 몇몇 학자들은 그리스 신화 속 여신인 페르세포네가 봄을 맞아 지하에서 땅으로 귀환하는 장면과 관련시키기도 한다. 이 경우에 여신들은 식물의 여신으로 해석된다.

한편 다른 해석들도 있다. 그릇에 그려진 여신의 경우 몸통 양쪽에 붙은 구불구불한 긴 선이 뱀을 상징한다고 보아 뱀여신으로 보기도 한다. 또 다른 두 여성상들이 벌을 닮았다고 보아 벌여신으로 보는 사람도 있다. 그 속성이 식물이든 뱀이든 벌이든 이 새로운 여신은 자연의 여신으로서 진화하는 과정에 있다. 그녀의 숭배자들이 추는 춤은 이어지는 신궁전기에 의례의 핵심적 요소가 되고, 백합꽃은 그녀의 대표적 상징 중 하나로 부상한다.

신궁전기 여신상: 자연의 여주인

기원전 1700년경 시작되어 1450년경 끝이 난 신궁전기에는 궁전에 영향력이 집중되면서 궁전의 엘리트 그룹에 의해 신앙생활이 조직되고 실천되었던 것으로 보인다. 그러면서 여신신앙은 이전 시기와 비교할 수 없이 화려한 꽃을 피웠다. 프레스코화에 여신을 비롯한 인물상들이 화려하게 등장한 것도 이 시기부터다.

궁전과 빌라 등의 화려한 벽화들, 크노소스궁의 뱀여신상들과 신전들, 의례 장면을 묘사한 수많은 인장반지들과 용기들, 다채롭고 세련된 의례 용품들은 이 시기 여신신앙의 발전된 수준과 내용을 증언한다. 신들에게 바쳐진 봉헌물들도 금과 은을 비롯해 값비싼 재료들로 제작되었다.

신궁전기에 이르러 여신은 마침내 온전한 인간의 형상을 취하게 되었다. 뱀여신상이나 벽화와 인장반지 속 여신들은 더 이상 동물과 합성되거나 축약된 형상이 아니다. 그 대신 여왕처럼 권위 있고 화려하게 꾸민 자태를 드러낸다. 이렇듯 급작스러운 변화가 왜 이루어졌는지에 대해서는 여러 의견이 있다. 이집트 벽화의 영향이라거나 인간 형상의 신에 대한 개념이 정립되었기 때문이라고도 한다.

그런데 이 변화는 크노소스궁과 그 영향 아래 있던 주요 지역의 건물들에 집중되어 있다. 다른 궁전들의 경우는 약간의 변화만 이루어졌다. 그래서 이 시기에 등장한 여신의 이미지들이 크노소스 궁전의 생산물로 보인다는 견해가 등장했다. 여신이 여왕 같은 형상을 보이는 것도 그 이유라는 것이다. 이들은 크노소스가 신궁전기 초기부터 크레타 전체를 정치적·경제적으로 지배하게 되었고, 그와 함께 종교적 헤게모니도 쥐게 되었다고 본다. 이러한 상황에서 크노소스 궁전을 세운 세력의 조상신이 크레타 전역에서 수용되는 '위대한 여신'으로 부상하게 되었다는 것이다. 동시에 종교적 실천도 다양하게 편재했던 애니미즘이나 조상신 숭배에서 벗어나 중앙화·제도화되기 시작했다. 이 시기 여신의 이미지가 개별화되지 않고 단일한 형상인 것도 이러한 이유에서라고 한다.

신궁전기의 여신상이 온전히 인간화되기는 했어도 인간 중심적 성격이었던 것은 아니다. 그녀들은 항상 수많은 동식물과 함께하며 자연을 환기한다. 마리나토스는 신궁전기 여신은 주로 자연의 여주인으로 숭앙되었다고 설명했다.

후궁전기 여신상의 변화

미케네인들의 지배가 시작된 후궁전기에도 여신신앙은 지속되었다. 하지만 신궁전기 후기부터 조금씩 진행되던 변화가 사회의 변동으로 인해 급격히 이루어졌다. 자연재해와 내부의 갈등에 따른 위기에 대응하기 위해 종교적 변화가 추동되었던 것으로 보인다.

후궁전기 시절 산꼭대기나 동굴 같은 과거의 성소들은 대체로 쇠퇴했다. 러스트럴 베이신 같은 크레타 특유의 성소들도 마찬가지였다. 여신상을 표현하는 매체로는 소조상이 새롭게 각광받았고, 여신의 형상도 확연히 달라졌다. 이 시기를 대표하는 '양팔을 든 여신상'은 과거보다 크기가 많이 커졌으며 도식적이고 표준화된 특성을 보인다.

그러나 본질적으로 이전 시기와 달라진 것은 없었다. 여신은 여전히 신앙의 중심에 있었고, 성격이나 상징도 큰 변화를 보이지 않았다. 본래 신앙 같은, 문화의 심층적 차원은 쉽사리 변하지 않는다. 크노소스궁의 프레스코화 연구에 평생을 바친 마크 캐머런에 따르면 같은 주제로 먼저 그려진 프레스코화와 마지막 작품 사이에 별 차이가 없다고 한다.

미노아 종교는 미케네의 영향하에서도 살아남았을 뿐 아니라 거꾸로 미케네 종교에 큰 영향을 끼쳤다. 그 결과 그리스 본토에서는 크레타의 영향을 받은 종교가 나타나기도 했다. 양자의 관계에 대해서는 차이를 강조하는 입장도 있지만 유사 범주로 인식해 온 전통도 강하다. 미케네 종교에도 강력한 여신이 존재했고, 여사제들의 활약이 컸다.

후궁전기 미노아 종교의 실질적인 내용이 별로 달라진 게 없다는 것은 이 시기의 유물인 아기아트리아다의 석관을 통해서도 알 수 있다. 마차를 타고 가는 여신과 장례의식을 집전하는 여사제들이 그려진 이 유명한 석관에 대해서는 뒤에서 자세히 소개한다.

❖ 양팔을 든 여신상. 경직되고 양식화된 모습이다.

특기할 것은 후궁전기 이후 여신 관련 유물들이 전브다 후퇴한 수준을 보인다는 사실이다. 프레스코화나 인장반지의 생산은 드물어졌고 스타일은 조악해졌다. '양팔을 든 여신상'만 봐도 낮아진 수준을 바로 느낄 수 있다. 경직되고 양식화된 몸을 지닌 이 여신들은 더 이상 화려한 드레스 사이로 풍만한 가슴을 과시하지 않는다. 굳은 표정의 얼굴은 가면처럼 어색하다. 사이즈는 커졌지만 우아하고 세련된 미노아식 아름다움은 사라져 버렸다.

여신상 구별하기

신궁전기 미노아 여신은 완전한 인간 여성의 모습이다. 그래서 여신과 인간 여성을 구별해 내는 일은 학자들의 중요한 관심사이자 연구 과제였다. 남신과 인간 남성의 경우도 마찬가지다. 이와 관련해 많이 참조되는 콜린 렌프류의 견해를 소개하면 다음과 같다.

우선 신전 같은 종교 유적에서 발굴된 인물상의 경우, 크기가 사람보다 크고 성소의 중심에 단독으로 표상되었다면 신격으로 볼 수 있다. 크기가 크지 않더라도 성소에서 홀로 주목받는 위치에 있고 봉헌물들이 있는 경우도 마찬가지다. 제스처를 해석하는 게 쉽지는 않지만, 힘을 과시하는 제스처도 중요한 기준이다. 또 신성과 관련된 특수한 상징을 갖고 있거나 해와 달 같은 천체와 함께하는 경우, 신화적이거나 상상적인 동물들을 지배하거나 거느리는 경우도 신상일 가능성이 크다.

미노아 종교의 경우 여신들은 흔히 양날도끼나 새와 뱀, 나무와 꽃, 그리핀이나 사자 등과 함께 등장한다. 또 풍만하고 큰 몸집에 화려한 드레스를 입고 단상이나 바위 위, 혹은 나무 아래 당당한 포즈로 앉아 있는 경우가 많다.

미노아 신들이 보여주는 특징적 장면에 '허공으로부터의 출현'이 있다. 흔히 에피파니(현시)라고 불린다. 주로 인장반지들에서 허공에서 아래로 하강하는 듯한 작은 인물 형상으로 나타난다. 대개 여신이지만 남신인 경우도 있다.

4. 여신신앙의 상징들: 양날도끼의 미스터리

자연의 여신이었던 미노아 여신은 자연처럼 다채로운 상징들로 표상되었다. 여러 동식물들뿐 아니라 생명 에너지와 재생, 자연 요소 및

　　　1장　크레타, 여신이 품은 공동체 문명

순환을 의미하는 추상적 기호나 문양들도 있다. 또 의례용구와 건축적 요소 등도 상징의 차원에서 많이 거론된다. 이 상징들은 인장, 반지, 프레스코화, 도자기, 여신상, 용기 등에 형상화되었을 뿐 아니라 단독으로 제작되기도 했다.

동식물 상징으로는 새, 뱀, 황소 머리와 뿔, 벌, 사자, 염소, 그리핀, 꽃, 나무, 바위, 해양생물 등이 꼽힌다. 양날도끼, 신성한 매듭, 나선, (역)삼각형, 로제트(장미 문양) 등도 중요한 상징이다. 해와 달 같은 천체들은 물론 여러 헌액 용기, 의례용 테이블, 장구형 제단(장구를 세로로 세워놓은 형태), 원뿔형 컵 등도 여신의 신성을 표상한다. 상징 활용에 능했던 미노아인들은 다채로운 상징을 개별적으로 다루기보다 서로 교환하거나 조합해서 혹은 혼종적으로 사용했다.

미노아 종교의 성격과 의례를 파악하기 위해서는 상징들에 대한 이해가 필수적이다. 그런데 상징을 제대로 이해하는 작업은 결코 만만치 않으며 어쩌면 불가능할지도 모른다. 상징 자체가 다의적이고 시공간의 맥락에 따라 그 의미가 달라지기 때문이다. 미노아인들이 공유했을 상징들의 의미와 관계, 심리적·정서적 환기에 현대인들이 얼마나 접근할 수 있을지는 미지수다.

이러한 이유로 상징에 대한 연구 결과는 매우 다양하다. 범주 및 분류는 물론 함의에 대한 견해까지 학자에 따라 다르다. 예를 들어, 양날도끼 상징이 정말 도끼인지, 뿔이라고 불리는 게 정말 뿔인지를 두고 논쟁은 계속되고 있다. 황소가 남신의 상징인지 여신과 관련된 것인지에 대해서도 의견이 엇갈린다. 양날도끼와 축성祝聖의 뿔은 미노아 종교에서 가장 두드러지는 상징이지만 여전히 수수께끼로 남아 있다. 이 책에서는 수많은 상징들 중에서 대부분의 학자들이 중시하고, 한국 여신 전통과 관련해 더 주목할 만한 것들을 추려서 소개한다.

양날도끼

양날도끼는 미노아 유적과 유물에서 빈번히 등장하는 대표적 여신 상징이다. 도끼날 2개가 붙어 있는 모양새라 그런 이름이 붙었지만, 실제 도끼와의 관련성은 알 수 없다. 양날도끼는 초기 미노아 시대에 처음 등장한 후 마지막 순간까지, 나아가 그 이후에도 계속해서 살아남았다. 닐손은 『미노아-미케네 종교와 그리스 종교로의 계승The Minoan-Mycenaean Religion and its Survival in Greek Religion』에서 양날도끼에 대해 다음과 같이 썼다.

> 미노아 문명에서 보이는 모든 종교적 상징과 엠블럼들 중 양날도끼는 가장 두드러지는 미노아 종교의 진정한 기호다. 마치 기독교의 십자가나 이슬람교의 초승달처럼 보이지 않는 곳이 없다.

양날도끼는 크레타 상형문자에도 나타난다. 그리고 도시의 신전뿐 아니라 무덤이나 동굴에서 무수히 발견되었다. 신궁전기에는 청동이 아닌 금과 은으로도 제작되었고, 돌기둥이나 건물 벽들에 도식화되어 새겨졌으며, 항아리나 관 등에 그려지기도 했다. 또 인장들과 반지들에도 자주 등장한다. 크노소스 궁전 북쪽의 공동묘지에서는 특이하게도 금으로 만든 양날도끼.형태로 판 돌구덩이가 있는 '양날도끼 무덤'도 발견되었다.

크노소스궁에서도 '양날도끼 신전'으로 불리는 작은 공간이 발굴되었는데, 이곳에서 양날도끼와 함께 양팔을 든 여신상도 출토되었다. 이 여신상은 미케네 지배하에서 신전이 만들어졌음을 알려준다. 미노아 여신과 양날도끼의 뗄 수 없는 관계는 팔라이카스트로 인근에서 발견된 한 석제 주조틀에 담겨 있다. 종교 용품을 찍어내던 이 주조틀에는 양날도끼를 쥔 양손을 들고 서 있는 여신이 음각되어 있다.

양날도끼의 형태는 단일하지 않으며 여러 가지로 변형된다. 도끼날이 이중인 경우도 많다. 크기 또한 매우 큰 것에서부터 작은 것까지 다양하다. 돌이나 벽에 새겨진 경우는, 삼각형 2개의 꼭짓점이 맞닿은 지점을 짧

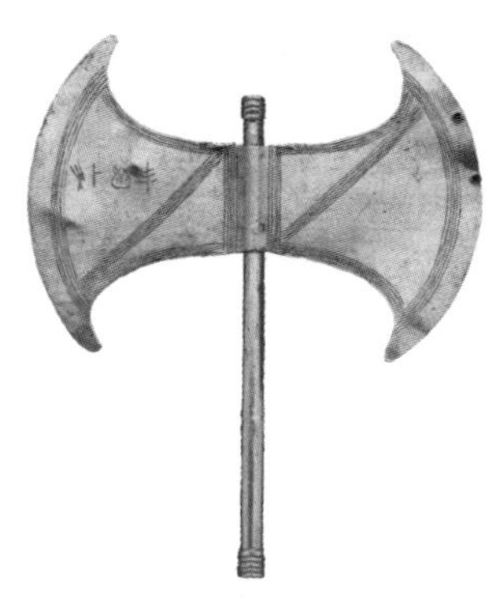

❖ 양날도끼 상징.

은 직선이 꿰뚫고 있는 단순한 형상이다. 도상에서는 황소의 뿔 사이에서 솟아나는 모습으로 종종 묘사된다.

크노소스를 발굴하면서 계속해서 양날도끼를 마주했던 에번스는

❖ 석제 주조틀로 찍어낸 양날도끼 여신상.

이 수수께끼 같은 상징의 의미를 알아내기 위해 애썼다. 처음에는 크레타 제우스의 상징일 것이라고 추정했으나 주로 여신이나 여성과 함께 등장하는 것을 보고 생각을 바꿨다.

다양하되 수렴되는 해석들

에번스는 최종적으로 양날도끼가 전체 우주를 통합하는 여신의 유일신적 성격을 표상한다고 보았다. 천상 세계를 상징하는 비둘기여신과 지하세계를 상징하는 뱀여신은 위대한 여신의 서로 다른 측면인데, 그 이중성을 양날도끼를 통해 통합했다는 주장이다. 또 여신과 그녀의 아들을 이중적으로 표상한 것으로도 보았다. 그의 견해는 다음 문장에 잘 드러나 있다.

> 미노아 최고신을 인간이나 동물이 아닌 비성상적aniconic 형태로 특별히 표상한 것이 양날도끼였음은 분명하다. 그녀에게 종속된 남신의 경우도 마찬가지였다. 특히 궁전 성소는 그 자체가 양날도끼의 집이었고, 그 신성한 상징은 수많은 더 작은 거소들에서 신앙의 중심을 형성했다.

그런데 닐손은 에번스의 추상적 해석을 받아들이지 않았다. 그는 단순한 도구였던 양날도끼가 동물들의 희생제의에 사용되기 시작하면서 신성한 의미를 얻게 되었다고 주장했다. 그러나 이런 류의 주장을 뒷받침하는 고고학적 증거는 부실한 편이다. 양날도끼 유물들은 너무 크거나 장식성이 강해 실용적 도구로 보기 힘들고, 희생제의에서 사용되었다고 볼 만한 증거도 없다.

김부타스는 양날도끼의 의미를 신석기시대 여신신앙에서 찾았다.

당시 모래시계 모양으로 표현되었던 죽음과 재생의 여신이 양날도끼 형태로 발전했을 수 있고, 나비를 묘사한 것일 수도 있다고 보았다. 전자일 경우 양날도끼는 자연의 재생력을 의미한다. 나비 역시 생명의 부활을 상징하므로 비슷한 의미를 지닌다. 김부타스의 견해는 '양날도끼 무덤'의 존재나 양날도끼가 무덤에서 많이 발굴된다는 점에서 설득력을 얻는다.

모스는 양날도끼가 갱신의 상징이라고 해석했다. 죽음으로부터 새로운 생명이 발생하거나 통과의례 등을 통해 새로운 지위로 전환하는 이치를 드러내는 여성적 상징이라는 것이다. 그래서 다양한 종류의 갱신의례에서 양날도끼가 갱신의 여신을 상징했을 것으로 추정했다.

마리나토스는 양날도끼를 들고 다니는 인물이 모두 여성이라는 점에 주목했다. 그 의미에 대해서는 알 수 없다고 유보적 태도를 보이다가, 최근에 양날도끼가 해의 상징이라는 새로운 주장을 펼쳤다. 이집트와 근동의 종교 상징들을 참조할 때 양날도끼가 지평선에서 떠오르는 해를 표상하는 것으로 보인다는 이유다. 이때 해는 재생력과 관련된다. 덧붙여 그녀는 서쪽으로 졌다가 동쪽에서 다시 떠오르며 지하와 천상을 모두 품는 해의 이중성을 양날도끼로 표상했다고 보았다. 이중성의 의미로 양날도끼를 해석한 에번스의 견해도 받아들인 셈이다.

이처럼 양날도끼에 대한 해석들은 제각각이다. 그럼에도 불구하고 수렴되는 지점은 있다. 그것이 재생력이나 갱신과 관련되어 있다는 것이다. 또 도상에서 흔히 소나 소뿔과 함께 등장한다는 사실도 자주 언급된다.

축성의 뿔과 황소 머리

황소는 미노아 종교에서 가장 중요하고 신성하게 여겨진 동물이다. 황소 머리를 본떠 의례 용기들이 제작되었고, 황소 뿔로 해석되는 축성의 뿔이 주요 의례 용품으로 활용되었다. 또 황소 재주넘기[9]가 의례의 일부로 수행되었으며 황소를 희생물로 바치기도 했다.

에번스는 황소 뿔이 어떤 대상이나 공간을 성스럽게 만드는 기능을 했던 것으로 보았다. 미노아인들은 궁전 등의 건물과 제단, 성소의 벽이나 지붕에 축성의 뿔을 장식해 그곳이 신성한 영역임을 표시했다. 또 의례가 수행되는 곳임을 알리는 표지로도 사용했다.

축성의 뿔은 초기 미노아 시대에 처음 등장했으며 양날도끼처럼 상형문자에도 나타난다. 황소 머리 역시 마찬가지다. 이 뿔은 2미터가 넘는 큰 것부터 작은 것까지 다양한 크기로 제작되었고 인장 및 반지와 용기, 프레스코화 등에도 자주 등장한다.

황소 뿔의 상징적 의미

황소 뿔은 흔히 남성성의 상징으로 이해된다. 하지만 황소 머리와 뿔은 구유럽과 아나톨리아의 여신신앙에서도 두드러지는 상징으로 활용되었다. 그 이유는 무엇일까? 김부타스는 황소 머리가 자궁 및 나팔관과 형태적 유사성을 갖는 데 주목했다. 둥근 머리는 자궁과, 양쪽으로 뻗은 뿔은 나팔관과 유사하다. 그녀는 선사시대 사람들이 주검의 처리 과정에서 드러난 내장을 보고 양자 간의 유사성을 발견했

9　bull-leaping. 성난 황소 등 위로 뛰어올라 재주를 넘는 놀이.

 　　　1장　크레타, 여신이 품은 공동체 문명

을 것이라고 추정했다.

차탈회위크의 신석기시대 유적지에는 여성의 하반신 안에 황소 머리가 교묘하게 배치된 프레스코화가 있는데, 이는 황소 머리와 자궁의 관계를 보여준다. 흥미롭게도 황소 머리가 배치된 곳이 자궁의 위치에 해당한다. 이 유적지에서는 흙으로 빚은 황소의 머리와 뿔도 다수 발굴되었다. 구유럽 지역에서도 황소 머리와 뿔이 무덤이나 신전 등지에서 발굴된 것을 보면 여신의 재생력을 상징했던 것으로 해석된다.

이집트 여신들을 참조해 축성의 뿔의 의미를 유추하려는 입장도 있다. 이들은 특히 하토르 여신의 도상에 나타나는 소뿔과의 관련성에 주목한다. 하토르는 새벽에 다시 떠오르도록 해의 신을 보호하고 죽은 자들을 재생시키는 능력이 있었다. 크레타에서도 축성의 뿔이 무덤에서 출토된 것을 보면 황소 뿔이 유사한 상징적 의미를 지녔던 것 같다. 크레타 북부 지역 가지에서 발굴된 '양팔을 든 여신상'의 머리에는 축성의 뿔이 장식되어 있어, 크레타에서도 소뿔이 여신과 관련되어 있었음을 말해준다.

반면 축성의 뿔이 뿔이 아니라는 전혀 다른 견해도 있다. 마리나토스는 미노아 종교에 대한 에번스의 해석을 대부분 옹호하면서도 이 문제에 있어서는 그가 틀렸다고 주장했다. 그녀는 이 상징이 2개의 뿔이 아니라 두 산봉우리를 형상화한 것이라고 본다. 이집트를 비롯한 지중해 지역 종교들에서 그러했듯, 해가 떠오르는 우주적 산을 형상화한 상징이라는 것이다. 해여신 숭배와 관련된 것으로, 이때 해는 양날도끼로 상징되었다는 주장이다.

다른 한편 축성의 뿔이 황소 뿔이 아니라 암소의 뿔일 것이라는 견해도 있다. 흔히 뿔 달린 소는 황소라고 단정 짓지만, 암소 뿔도 고대 유물들에서 쉽게 찾아볼 수 있다. 암소로 표상되었던 하토르 여신은 큰 뿔로 머리를 장식했고, 크노소스궁에서 뱀여신상과 함께 출토된 부조판의 암소는 우아하게 굽은 긴 뿔을 과시한다.

크리스트는 축성의 뿔을 얼마든지 암소 뿔로 볼 수 있다고 말했다. 축성의 뿔이 어머니 여신과 관련되어 있으므로 양육하는 여신을 상징하는 암소로 보는 것이 더 적합하다는 것이다.

크노소스궁의 소 관련 유물들

크노소스 궁전은 소 관련 유물들을 많이 남겼다. 대표적으로 「황소 재주넘기」 프레스코화들, 북쪽 입구 외벽에 크게 그려진 돌진하는 황소상, 소머리 형태의 석제 리톤 등이 유명하다. 크노소스궁 북서쪽에 떨어져 있는 리틀 팰리스에서 발굴된 '황소 머리 리톤'은 미노아 예술의 최고봉을 보여주는 걸작 중 하나로 꼽힌다. 현대 작품이라 해도 믿을 정도로 세련된 감각과 기술 수준을 자랑하기 때문이다.

크리스트는 이 리톤을 비롯한 동류의 유물들이 이름과는 달리 암소를 형상화한 것이라고 보았으며, 모스도 이에 동의한다. 하토르상에서 볼 수 있듯 이집트 예술에서 뿔 달린 소머리는 암소를 의미했는데, 크레타에서도 같은 상황이었을 가능성이 크다는 것이다. 크레타의 주신이 여신이었고 소뿔과 소머리가 신앙의 주요 상징이었다면 암소가 황소와 함께 활용됐을 가능성은 배제할 수 없다. 모스는 더 나아가 소머리 리톤 자체가 하토르와 다르지 않은 미노아 암소여신의 존재를 시사한다고 주장한다.

크노소스에서만 소머리 리톤 11개가 나왔고, 자크로스궁에서도 돌로 만든 놀라운 수준의 리톤이 출토되었다. 이에 앞서 원궁전기에도 테라코타 리톤이 생산된 바 있어 상당히 오랜 역사를 말해준다. 소머

❖ 리틀 팰리스에서 발굴된 황소 머리 리톤.

리 리톤은 와인이나 올리브유 등의 액체를 신에게 바치는 데 쓰였던 것으로, 머리 위와 입 부분에 구멍이 뚫려 있다.

뱀

이에라페트라의 뱀여신상에서 알 수 있듯 뱀은 크레타에서 신석기 시대부터 신성시되었다. 미노아 유물들에서 뱀은 보통 여자와 함께 나타난다. 뱀과 여신의 오랜 관계는 매우 보편적 현상으로, 한국을 비롯한 동아시아에서도 예외가 아니다. 이브 신화에 등장하는 유명한 뱀 역시 유대교 이전의 여신신앙의 맥락에서 이해된다.

김부타스는 뱀이 '생명을 주는 여신'의 상징들 중 하나라고 보았다. 구유럽에서 뱀은 자연의 순환과 조화를 이루며 평안과 생명을 보장해 주는 존재로 여겨졌다. 그러나 뱀은 품고 있는 독이나 겨울잠을 자는 습성 때문인지 종종 죽음과도 관련된다. 뱀이 죽은 자들을 표상하며 지하의 신들과 관련되어 있다는 증거들은 많다. 그래서 에번스도 뱀여신을 지하세계의 신으로 이해했다. 이집트 종교에서 뱀은 죽음과 재생이란 모순된 개념을 환기하는 강력한 상징이었다.

이에라페트라 뱀여신은 특이하게도 요가 자세로 앉아 있다. 새 모양 얼굴에 뱀이 또아리를 튼 듯한 모양새다. 김부타스는 이런 종류의 뱀여신상이 여신의 재생력을 상징한다고 보았다. 묵은 허물을 벗고 새 피부로 거듭나는 뱀의 생태적 특징과 여신을 연관시킨 것이다. 여신의 풍만한 몸에는 흰색 선들이 고르게 그어져 있는데, 이는 강이나 시냇물을 상징한다. 인간 여성과 새와 뱀, 그리고 강이 함께 어우러져 생명의 하나 됨을 표상하며 하늘과 땅, 지하세계가 여신의 몸에 통합되어 있다.

초기 청동기시대의 뱀신앙은 쿠마사 공동묘지에서 발굴된 여신상을 통해 엿볼 수 있다. '쿠마사 여신'으로 불리는 작은 토제 여신상은 손에서 어깨에 이르는 부분에 뱀이 흐르듯 감겨 있다. 뱀의 위치가 크노소스궁의 큰 뱀여신상과 유사하기 때문에 전 단계의 유물로 해석되기도 한다.

후궁전기 뱀여신상들

뱀은 집을 지켜주는 가신家神이기도 했다. 유럽 민속에서 뱀은 종종 집안의 수호신으로 여겨졌는데,[10] 에번스와 닐손도 이 점에 주목했다. 특히 닐손은 크노소스궁의 뱀여신상들이 가신으로서 궁전을 보호하는 역할을 했을 것으로 추정했다. 반면 김부타스는 뱀여신상들이 뱀춤을 추거나 겨울이 지난 후 생명의 재생과 관련된 의례를 수행하는 것으로 보았다.

크노소스궁의 뱀여신상들은 여전히 미스터리지만, 궁전에서 실천되었던 뱀신앙의 구체적인 모습을 보여준다. 아쉬운 것은 원궁전기와 신궁전기를 통틀어 다른 뱀여신이 아직은 보이지 않는다는 사실이다. 다른 뱀여신은 후궁

❖ 하니아의 뱀여신상.

10 제주에서도 뱀은 가신으로서 신성하게 여겨졌다. 칠성신으로 불린 뱀여신은 집안의 풍요를 관장한다.

전기의 여신상들에서 나타난다.

하니아의 한 빌라에서는 크노소스궁의 뱀여신상과 유사한 것이 발굴되었다. 여러 개의 뱀여신상이 나왔는데, 그중 하나는 들어 올린 양팔에 뱀이 감겨 있고 머리 장식 위로도 뱀들이 줄지어 머리를 내놓고 있다. 흥미롭게도 그리스 신화의 메두사를 연상시키는 형상이다. 여신 연구자들은 여신 숭배 시대의 강력했던 여신들이 뒷날의 가부장제 신화에서 괴물화된 사례들 중 하나로 메두사를 이해한다.

동크레타 북쪽 해안에 있는 구르니아 정착지에서도 성소의 벤치형 제단에서 뱀여신상이 발굴되었다. 뱀은 이 여신상의 한쪽 어깨에 감겨 있는데 함께 출토된 독특한 토기에도 붙어 있다. '스네이크 튜브'라고 불리는 그릇받침으로, 양 측면의 손잡이가 뱀 형상이다. 축성의 뿔도 장식되어 있어 뱀여신과 관련된 의례 용품으로 보인다. 이 시기 뱀여신과 스네이크 튜브는 세트로 제작되어 사용되었다.

후궁전기에 제작된 뱀여신상과 뱀 장식 그릇받침은 구르니아와 하니아 외 크레타의 다른 도시 유적지들에서도 모습을 드러냈다. 크노소스궁의 뱀여신 신앙이 후대에 대중화되어 널리 퍼졌음을 알려준다.

새와 벌

새도 미노아 여신의 주요 상징이었다. 미노아 도상들에서 새는 뱀보다 훨씬 빈번히 등장한다. 세계적으로도 새는 뱀만큼이나 오래되고 보편적인 여신 상징이었다. 특히 여신의 메신저로 여겨지곤 했는데, 한국과 중국 등 동아시아에서도 마찬가지였다.

에번스는 미노아 유물들을 보고 "영적인 존재가 새의 형태로 흔히 나무나 돌에 내려앉는다."라고 해석했는데, 특히 비둘기를 여신의 상

징으로 중시했다. 미노아 도상에 등장하는 새 종류는 비둘기, 독수리, 제비 등이 있다. 미노아인들은 의례 도중 새가 나타나면 여신이 응답한 것으로 여겼던 것 같다. 새 자체를 천상의 여신으로 인식했다는 견해도 있다. 몇 개의 인장과 인장 자국에는 상반신이 새 형상인 여신이 묘사되어 있다. 그녀들은 큰 가슴을 과시하며 춤추는 듯한 모양새다.

김부타스는 새를 생명을 가져다주는 여신의 현시로 여겼다. 새는 또 행복과 부, 운명을 가져다주는 존재이자 예언자였다. 하지만 죽음과도 깊이 관련되어 있어 독수리, 매, 올빼미 같은 맹금류들은 죽음의 여신이기도 했다. 뱀이 죽음과 재생, 두려움과 보호라는 모순적 측면을 통합했던 것처럼 새도 비슷한 신성을 부여받았던 듯하다. 새는 허공에 출현하기도 하지만 여신상의 머리 위나 신전, 양날도끼 위에 앉아 있는 경우도 많다. 또 몇몇 인장들에서는 여신이 양손에 큰 새의 목이나 다리를 움켜잡고 서 있다.

자연 만물에서 여신을 보았던 미노아인들은 벌 역시 여신이 출현한 것으로 여겼다. 벌은 신의 음식이라 불린 꿀의 생산자이자 대부분의 초목과 작물의 꽃가루 매 개자다. 벌과 벌여신 역시 인 장이나 장신구, 도자기 등에 등장한다. 김부타스는 크노소 스 근처 이소파타의 무덤에서 출토된 유명한 황금 인장반지 가 벌여신을 묘사한 것이라고 해석했다. 이 반지는 벌머리 같은 두상을 가진 네 명의 여

❖ 황금벌 펜던트.

성들이 춤추는 장면을 담고 있다. 이 반지에 대해서는 뒤에서 자세히 소개한다.

구유럽에서도 보이는 벌과 여신의 유구한 관계는 그리스 종교에도 깊은 자취를 남겼다. 아르테미스와 데메테르는 벌과 밀접한 관련이 있었고, 여사제들도 '벌'을 뜻하는 '멜리사이'나 벌과 관련된 명칭으로 불렸다.

미노아인들이 벌을 얼마나 소중히 여겼는지는 말리아 궁전 근처 무덤 유적에서 출토된 황금벌 펜던트를 통해 알 수 있다. 벌 두 마리 가 머리와 꼬리를 맞대고 꿀방울과 벌집을 들고 있는 이 작품은 3700 여 년 전에 제작되었다는 게 믿기 어려울 정도로 정교하다. 이 펜던트 는 여사제의 목걸이였을 것으로 추정된다.

나무와 바위

나무와 바위가 신성화되었던 역사는 아주 유구하다. 미노아 종교 를 포함해 거의 모든 고대 종교에서 나무와 바위는 중요한 위상을 차

지했다. 에번스는 일찍이 크레타의 나무와 기둥신앙에 주목해 그에 대한 논문을 발표한 적도 있다. 미노아 종교에서 나무는 신의 상징으로서 기둥 상징과 관련되어 있었다는 내용이다.

특히 나무는 여신이 그 아래 좌정함으로써 스스로 신전이 되었다. 또 신전 건물에 자리해 신성함을 표상하거나 의례 행위에서 적극적으로 활용되었다. 인장과 반지에는 의례 도중 황홀경에 빠져 나뭇가지를 흔들거나 껴안는 모습이 담겨 있는데, 이는 미노아 의례 중 하나인 '나무 흔들기'다. 리드미컬하고 활력적인 움직임과 가지와 잎이 내는 소리들이 어우러져 트랜스 상태를 유도한다.

그런데 도상들을 보면 신성한 나무는 종종 바위와 가까이 있다. 또 바위를 껴안거나 그 위에 엎드려 있는 사람의 모습도 보인다. 이 역시 의례의 한 형태다. 구르니아와 아기아트리아다에서는 신성한 바위였던 것으로 보이는 실제 바위들이 발굴되기도 했다.

루시 구디슨은 미노아인들이 나무나 바위와 소통하는 의례들을 통해 여신의 메시지를 들었다고 추정한다. 일종의 점술 행위가 있었다는 것인데, 인장들을 보면 이때 신을 체험하기도 했던 것으로 보인다. 나무와 바위는 신과의 소통 매체이기도 했지만 그 자체로 신앙의 대상인 경우도 있었다.

백합과 크로커스

꽃은 미노아 유물들에서 가장 빈번하게 나타나는 자연물이자 주제다. 각양각색의 꽃들이 만발한 벽화들은 미노아인들의 탐미적 취향을 잘 보여준다. 꽃 역시 나무나 바위처럼 세계적으로 신성과 관련되어 왔지만 크레타의 경우는 좀 유난스럽다. 그들이 '꽃을 사랑하는 사

람들'로 불리게 된 이유다.

수많은 꽃들 모두 자연의 여신과 관련이 있었지만, 그중에서도 백합과 크로커스는 여신과 가장 긴밀한 관계를 보여준다. 백합은 파이스토스 여신상에서 보이듯 원궁전기부터 여신과 함께 등장했다. 신궁전기의 여러 인장반지들에서도 여신 혹은 여성과 함께한다. 크노소스궁의 유명한 프레스코화 「백합 왕자」의 중심 소재도 백합이다. 그 외 여러 중요한 벽화들에도 백합은 빠지지 않고 등장한다. 마리나토스는 미노아 종교에서 백합의 위상을 이집트의 파피루스나 연꽃에 비견했다.

크로커스 역시 미노아 여신과 특별한 관계에 있던 꽃이었다. 에번스는 크로커스가 위대한 미노아 여신의 특별한 속성으로서 신성하게 여겨졌다고 설명했다. 크로커스 꽃에서 추출한 사프란은 크노소스의

    1장 크레타, 여신이 품은 공동체 문명

왕에게 큰 부를 가져다주었을 것이고, 이러한 경제적 실리가 크로커스의 위상을 더욱 높였을 것이라 추정했다.

크로커스는 벽화, 도자기, 인장, 제단 등 곳곳에 무수히 나타난다. 크노소스궁에서 뱀여신상들과 함께 출토된 파이앙스제 드레스 모형에서도 크로커스가 보인다. 넓게 퍼진 치마 앞면에 크로커스 꽃들이 화려하게 장식돼 있고, 함께 출토된 거들 모형에도 크로커스 꽃이 크게 자리한다. 여신에게 바친 의상에 크로커스가 주 모티프로 장식된 것은 그 자체로 크로커스가 여신의 꽃임을 보여준다. 아크로티리에서 발굴된 유명한 프레스코화 「사프란 여신」에서는 젊은 여성과 푸른 원숭이가 여신에게 크로커스 꽃을 바친다. 이에 대해서는 뒤에서 자세히 설명한다.

신성한 매듭

미노아인들은 긴 스카프 모양의 천을 구멍이 생기도록 매듭지어 의례에 사용했다. 구멍 아래 두 갈래로 늘어진 천의 끝단에는 긴 술이 장식되어 있다. '파리지엔느'로 알려진 크노소스궁의 프레스코화 조각은 아름다운 여성을 묘사하고 있는데, 그녀의 목덜미에 이 매듭이 장식되어 있다. 이 그림에 대해서는 뒤에서 자세히 소개할 것이다.

에번스는 이 매듭을 신성한 매듭이라고 불렀다.

신성한 매듭은 인장을 비롯해 프레스코화, 도자기 등에 나타날 뿐 아니라 파이앙스나 상아로 만들어지기도 했다. 단독인 경우도 있고 대칭적 쌍으로 나타나기도 한다. 니루 하니에 있는 빌라의 한 통로 벽에는 이 매듭이 그려져 있었다.

에번스는 신성한 매듭이 이집트에서 생명을 상징했던 앙크ankh와

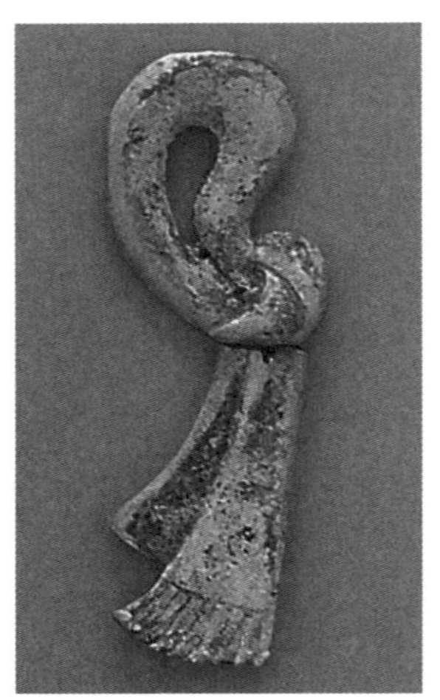

❖ 파이앙스제 신성한 매듭. 미케네 발굴.

유사하다고 보았다. 특히 양날도끼와 합쳐져 도끼 위로 둥근 고리가 솟아 있는 형태는 앙크와 매우 유사하다. 모스 역시 신성한 매듭을 앙크와 티예트(이시스의 매듭)가 변형된 것으로 본다. 그리고 앙크처럼 생명과 보호를 의미했을 것이라고 추정한다. 또 수메르의 이난나 여신 숭배에서 영향을 받았을 가능성도 상정한다. 이난나 역시 갈대로 만든 둥근 매듭으로 상징되었기 때문이다. 지하세계를 여행한 이난나는 죽음과 생명을 관장하는 여신이었다. 모스는 크레타의 신성한 매듭 또한 주기적 갱신이라는 의미를 기본적으로 품었을 것으로 보았다.

신성한 매듭은 의례 용품으로서 여사제를 장식했던 것 같다. 마리나토스는 이를 여사제와 보통 여성들을 구별하는 상징적 표식으로 보았다. 신성한 매듭과 함께 거론되는 또 다른 상징은 여성의 드레스다. 앞서 소개한, 파이앙스제 드레스 모형이 대표적 사례다. 이 신성한 드레스는 인장에도 등장해 여신의 신성을 표상한다.

해와 달

미노아 유물들에서 해와 달은 이집트나 메소포타미아 종교의 경우처럼 두드러지지 않는다. 그러나 구디슨에 의하면 초기 청동기시대 크레타의 종교 용품들에 해 상징이 반복적으로 나타난다. 특히 주목할 것은 해가 여성과 관련이 있다는 사실이다.

키클라데스제도의 초기 청동기시대 유물 중에는 프라이팬 형태의 독특한 용기들이 있다. 종교 용품인 이 용기의 중심에는 해로 해석되는 문양이 크게 자리하는데, 그 밑부분에 여성의 성기를 상징하는 역삼각형이 그려져 있다. 즉 해가 여성으로 표상된 것이다. 해 문양이 있는 용기의 둥근 부분은 자궁으로 해석된다. 그런데 크레타에서도 같은 종류의 유물을 찾을 수 있다. 또 여성의 배에 해가 있는 도상도 있어, 해가 재생의 의미를 품고 있었던 것으로 추정된다. 해의 상징적 의미가 남신과 관련되면서 바뀌기 시작한 것은 철기시대부터라는 게 구디슨의 견해다.

앞서 소개했듯 마리나토스는 미노아 크레타의 주신이 해여신이었다고 주장했다. 그리고 양날도끼를 떠오르는 해의 상징으로 이해했다. 하지만 이 견해는 비판적 논쟁의 대상이다. 모스는 크레타에서 해는 남신의 상징이었고, 여신이 해를 수호하는 역할을 했다고 보았다.

해와 달은 크노소스궁 왕좌에서도 찾을 수 있다. 왕좌의 다리 사이에 해(혹은 보름달)로 해석되는 둥근 문양이 새겨져 있고, 바로 아래에 초승달 형상이 붙어 있다. 인장과 반지에서도 해와 달과 별을 찾아볼 수 있다. 도자기에도 강렬한 햇살을 방사하는 해 문양이 장식되었다.

천체와 여신의 관계는 한 석제 주조틀에도 분명히 담겨 있다. 앞서 소개한, 양날도끼 여신상이 새겨진 주조틀과 함께 발견된 것이다. 여기서 가장 눈에 띄는 것은 가운데 크게 자리한 둥근 형상으로, 삼중의 원 안에 십자가가 뚜렷하다. 바깥 원의 둘레에는 빛살을 나타내는 톱니바퀴 같은 장식이 달렸다. 에번스는 이 형상이 해와 별을 합쳐 표상한 것이라고 해석했다.

❖ 석제 주조틀로 찍어낸 천체 관련 여신상.

중요한 것은 이 형상의 왼쪽에 서 있는 여성 인물이다. 화려한 드레스에 관을 쓴 채 양손을 들고 있어 여신상임을 알 수 있다. 마리나토스는 해와 함께 있는 그녀를 해여신으로 본다. 이 여신의 옆에 있는 작은 여성의 복부는 원반으로 표현되어 있는데 이것도 해의 상징으로 읽힌다. 이 원반 안에는 초승달 상징도 있다. 해와 달이 자궁과 관련되어 있음을 추정해 볼 수 있다. 이 주조틀은 해와 달과 별과 관련된 여신을 찍어내는 데 쓰였다.

5. 미노아 남신들: 사냥꾼, 동물의 주인

미노아 남신들은 오랫동안 큰 관심을 끌지 못했다. 수도 적은 데다 존재감도 약했기 때문이다. 닐손은 "미노아 종교에서 남신들은 놀라울 정도로 드물다.”라고 말했다. 신상으로 판단되는 소조상들의 경우 거의 모두가 여성이라는 견해도 있다. 다만 미노아 만신전에 남신이 존재했다는 데는 이견이 없다.

니콜라스 플라톤은 남신의 존재감이 약한 이유를 황소 숭배와 관련해 해석했다. 미노아 남신이 남성의 창조력을 상징하는 황소의 형태로 숭배되었을 수 있다는 것이다. 그러나 소가 숭배의 대상이었다는 증거가 없다는 반론이 있다. 또 소 상징이 여신과 연관되어 있다는 다른 견해들과도 어긋난다.

앞서 말했듯 에번스는 미노아 남신을 어머니 여신에 종속된 아들로 보았다. 그에 따르면 남신은 계절의 순환에 따라 매년 죽었다 다시 살아났고, 그때마다 축제가 열렸다. 미노아 남신은 인장들 속에 종종 무기를 든 모습으로 나타난다. 한편 고전학자 로널드 윌릿은 몇 개의 인장반지에 묘사된 의례 장면을 통해 여신의 배우자로서 죽었다 부활하는 남신을 상정했다. 레반트 지역의 그러한 남신이 크레타에도 뚜렷이 존재했고, 그 성격이 신화와 의례로 표현된 것 같다는 설명이다. 의례 장면에는 신전과 신성한 나무, 여신과 함께 죽음을 암시하는 형상들이 보인다고 한다.

그러나 마리나토스는 에번스류의 견해들에 거리를 둔다. 그녀가 보기에 죽는 남신을 추정케 하는 유물은 없기 때문이다. 반면 김부타스는 남신이 식물신이자 죽는 젊은 신으로서 여신의 상대자였다며 에번스의 견해에 대체로 동조했다.

‘마스터’ 인장 자국의 남신

미노아 남신과 관련한 유물로는 ‘마스터’ 인장 자국이 유명하다.

❖ '마스터' 인장 자국.

1983년 하니아에서 이 유물이 발굴됨으로써 남신에 대한 인식이 상당히 달라졌다. '마스터' 인장 자국에 묘사된 남신은 전례 없이 강력한 권위와 힘을 과시한다. 흔히 크노소스궁에서 발굴된 '산 어머니' 인장반지 자국 속 여신과 비견된다. 이 반지 자국은 산꼭대기에 서 있는 위엄 있는 여신을 묘사하는데 뒤에서 자세히 설명한다.

'마스터' 인장 자국의 남성은 도시 한가운데 높은 건물 위에 버티고 서서 한 손은 허리춤에 두고 다른 한 손은 지팡이를 든 채 앞으로 쭉 내뻗고 있다. 첫눈에 지배자임을 알려주는 위엄 넘치는 포즈다. 몸집도 건물들을 압도할 정도로 크고 강건하다. 건물들은 바닷가에 위치한 낮은 언덕에 자리한다. 이 남성상은 미노아 남성에 대한 기존의 인식을 깨버릴 정도로 특별하기에 큰 화제를 모았다. 이 남성을 왕으로 보기도 하지만 신으로 해석하는 경우가 더 많다.

그러나 이 유물은 예외적인 사례다. 전반적인 상황을 고려할 때 남신의 수적 열세와 주변적 위상은 부인할 수 없다. 미노아 종교의 주요 상징들도 여신과 관련되어 있다.

하지만 남신의 위상에 대해 통상적 견해보다 높은 평가를 내리는 학자도 있다. 대표적으로 마리나토스가 그렇다. 여신이 우세한 것은 반박의 여지가 없지만 그렇다고 남신이 드물다거나 중요한 존재가 아니라고 할 수 없다는 것이다. 그녀는 남신에 대한 논의에서 '마스터' 인장 자국과 포로스에서 발견된 몇 개의 반지들을 중요하게 다뤘다. 특히 '마스터' 인장 자국의 남신을 도시의 수호신으로 해석하며 위상을 높였다.

그런데 일부 학자들 사이에서 이 유물의 제작 시기와 성격에 대한 논쟁이 있다. 추정 연대가 미케네인들의 등장 시기와 엇비슷하고, 근처에서 출토된 동시대 다른 인장 자국들이 미케네 문화와 유사한 군사적 취지의 모티프들을 담고 있기 때문이다.

이러한 입장의 학자들은 인장 자국의 디테일도 낯설다고 주장한다. 남성의 몸은 통상 날렵하고 유연한 미노아 남성들에 비해 비정상적으로 건장하다. 굵은 허벅지에 근육질의 몸은 확실히 낯설다. 지배적인 한 남성을 도시 배경의 수직적 구도에서 묘사하는 장면도 다른 미노아 유물들에서 찾기 어렵다. 따라서 이들은 조심스런 태도를 취하긴 했지만 '마스터' 인장 자국이 '비미노아적'이라는 견해를 제시했다.

남신의 역할: 사냥꾼, 동물의 주인, 권위의 담지자

마리나토스에 의하면 미노아 남신들은 세 종류의 역할로 묘사된다. 동물과 함께 등장하는 동물의 주인, 창과 방패나 활을 든 사냥꾼,

권위의 상징인 지팡이를 든 손을 앞으로 쭉 뻗고 있는 젊은 남신. '마스터' 인장 자국의 남신은 세 번째 유형을 대표한다. 다른 두 유형의 남신들 또한 인장이나 인장 자국 혹은 반지에 묘사되어 있다. 남신과 관련해 주목할 것은 전쟁신은 찾아볼 수 없다는 사실이다. 창이나 활을 든 남신은 있지만, 이들은 전사라기보다는 사냥꾼으로 해석된다.

마리나토스는 미노아 남신들이 여신의 배우자에 그치지 않고 자연과 도시 모두에서 특정 영역을 관장했다고 주장했다. 남신이 자연의 신일 경우, 여신과 달리 자연을 양육하는 게 아니라 통제하는 역할이었고, 도시의 신일 경우 그 제도와 관련되어 있었다고 설명했다. 그녀는 『미노아 왕권과 해여신Minoan Kingship and the Solar Goddess』에서 남신의 비중을 한층 더 높였다. 근동 지역이 그러했듯 미노아 신권정치에서도 왕이 최고위 사제로서 신의 역할을 대리했다면서 남신을 왕의 권력과 관련시킨 것이다. 즉 그녀에 따르면 남성왕은 남신의 대리자다. 그녀는 왕을 표상하는 폭풍신이 어머니 여신인 해여신과 함께 미노아 만신전의 최고 지위에 있었을 것이라고 주장했다. 그러나 이러한 주장은 스스로 고백하듯 도상학적 분석보다 역사적 개연성에 근거한다.

모스는 유물과 유적을 포괄적으로 분석해 미노아 남신들을 구별해 냈다. 해와 하늘을 관장하는 남신, 치유의 남신, 바다의 남신 등이다. 입사의례를 관장했던 남신도 있었는데 이 남신은 산꼭대기나 동굴에서 거행됐던 남성들의 입사의례에서 숭배되었던 것으로 추정된다. 모스는 크노소스궁 근처의 육타스 산정山頂을 남성들의 입사의례가 거행된 대표적 장소로 꼽았다. 크레타에는 이 산의 꼭대기에 제우스의 무덤이 있다든가 산이 제우스의 얼굴을 닮았다는 이야기가 전해져, 모스의 주장을 뒷받침한다.

   1장   크레타, 여신이 품은 공동체 문명

미노아 남신과 크레타 제우스

에번스는 미노아 남신의 성격을 크레타 제우스와 유사하다고 보았다. 크레타 제우스는 그리스 신화의 불멸하는 제우스가 아니라, 여신의 젊은 아들이자 죽는 신이다. 그래서 육타스산 꼭대기나 이다산에 그의 무덤이 있다는 이야기가 전해져 왔다. 이는 그리스 시인 칼리마코스의 기록에도 남아 있다.

제우스란 이름은 크노소스궁과 키도니아에서 발굴된 선형문자 B 토판에 등장한다. 미케네인들이 지배하던 시기이니 고전기 그리스 문헌보다 훨씬 앞선다. 키도니아의 토판에는 제우스의 성소가 언급되며, 그곳에서 제우스와 디오니소스가 함께 숭배된 것으로 나타난다. 제우스 숭배는 미노아 문명이 몰락하던 시기에 크레타에 유입된 것으로 보이고, 이후 미노아 남신과 제우스가 습합되어 '제우스 벨카노스'가 등장했다. 크레타의 젊은 남신인 벨카노스와 제우스가 통합된 신이다. 벨카노스는 본래 식물의 신이었던 것으로 여겨진다.

제우스 벨카노스는 긴 머리의 소년으로, 벨카노스처럼 어머니 여신에게 종속되어 있었다. 파이스토스에서 발굴된 그리스 동전들에는 나뭇가지 사이에 수탉을 잡은 채 앉아 있는 그의 모습이 담겨 있다. 크레타에서 제우스는 미노아 남신들처럼 식물의 신 혹은 나무의 정령으로 여겨졌을 것이라고 한다. 제우스가 크레타에서 태어나고 죽었다는 오래된 전설들은 이러한 견해를 뒷받침한다. 헤시오도스는 『신들의 계보』에서 제우스가 탄생 후 산중 동굴에 숨겨졌다고 하는데, 크레타에서는 딕테 혹은 이다 동굴이 제우스의 탄생지로 전승되어 왔다.

제우스가 크레타에 등장한 이유

알다시피 제우스는 미노아인들의 신이 아니다. 그런데 어떻게 크레타에서 태어나게 되었을까? 이에 대해 여러 견해가 제시되었지만, 그중 얀 드리센의 분석이 흥미롭다. 그는 크레타가 전통적인 여신 숭배에서 남신 중심적 다신교로 전환하는 과정에서 제우스가 등장했다고 보았다. 테라섬의 화산 폭발과 뒤이은 대규모 화재 등 잇따른 끔찍한 재앙에 미노아인들의 신앙에 변화가 생겼을 것이라는 추정이다. 그 결과 뒷날 올림포스의 신들로 진화하게 될 새로운 신들이 등장한 것으로 보인다고 한다.

드리센에 따르면, 한 사회에 심각한 위기가 발생하면 위기관리에 실패한 기존의 신앙체계에 회의가 생겨 대안을 찾는 흐름이 나타난다. 이는 여신에서 남신으로의 전환에 대한 인류학적 자료를 제시한 문화인류학자 페기 샌데이의 통찰과도 맞닿아 있다. 그녀에 따르면 남성 지배는 종종 식량 부족이나 전쟁 등의 사회적 스트레스나 이주 혹은 문화적 교란 같은 상황에 대한 반응으로 나타난다. 그와 함께 문화가 바뀌면서 남성신들은 점차 중요한 위치로 격상된다. 실제로 화산 폭발 이후 미노아 금반지들에 남성 도상이 이전보다 많이 등장했다.

팔라이카스트로 쿠로스

미노아 문명 몰락기에 등장한 새로운 신과 관련된 유물로 1980년대 후반 팔라이카스트로 정착지에서 발굴된 젊은 남성상이 있다. 팔라이카스트로 쿠로스(높이 54센티미터)라고 불리는 조각상이다. 예술적·기술적 수준이 전례 없이 탁월한 이 특별한 조각상은 화산 폭발

1장 크레타, 여신이 품은 공동체 문명

이후인 기원전 15세기 중엽에 제작되었다. 미케네인들의 지배가 시작된 때다.

이 조각상은 귀한 상아와 금 등을 사용해 정교하게 만들어졌기에 신상일 것으로 추정되었다. 발굴자들은 이 신상이 크레타 제우스일 가능성을 제기했다. 고전기 그리스 시대 팔라이카스트로에 크레타 제우스인 '제우스 딕타이온'의 성소가 있었던 사실이 한 근거로 제시되었지만 시차가 커서 대체로 큰 설득력을 인정받지 못하고 있다.

드리센은 이 신상이 미노아인들이 화산 폭발 같은 위기에 대처하는 과정에서 만들어졌다고 보았다. 크레타 제우스인지는 알 수 없으나 새로운 맥락과 성격의 남신이 탄생했다는 것이다.

어쨌든 이 새롭고 고귀한 남성상은 미노아 문명 말기, 크레타의 종교 지형에서 일어난 의미심장한 변화를 암시한다. 흥미로운 건 팔라이카스트로 쿠로스가 산산이 부서지고 일부는 불에 탄 상태로 발견되었다는 사실이다. 이를 두고 미케네인들의 소행이라거나 여신 전통을 지키려던 미노아인들이 새로운 변화를 극렬히 거부하던 과정에서 발생한 일로 해석하기도 한다.

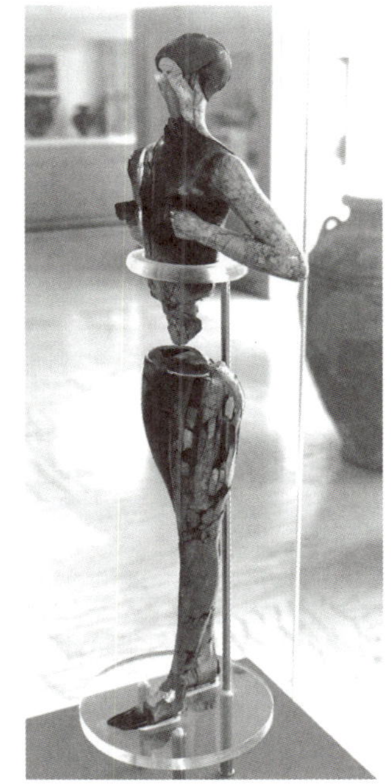

6. 성소와 의례

미노아인들이 의례를 통해 신을 숭배했던 성소들은 크게 셋으로 구분된다. 산정의 성소, 동굴 성소, 그리고 궁전을 중심으로 도시와 거주 지역 내에 존재했던 성소들이다. 앞의 둘은 비록 인공적 건축이 더해졌다 해도 자연의 성소다. 반면 후자는 나무나 바위 같은 신성한 자연물에 기댄다 해도 인간의 의도와 개념이 만들어낸 기념물적 성격이 강하다.

산정 성소

산악이 발달한 크레타에는 웅장한 산들이 많다. 가장 높은 이다산이 해발 2456미터이니 한라산보다 500미터나 높다. 그래서 산악신앙이 발달했고, 성스러운 산들의 정상부에는 신전들이 생겨났다. 산 정상부는 하늘에 가깝다는 인식과 사방이 탁 트인 광대한 시야 덕분에 세계적으로 신성한 영역으로 숭앙되었다.

크레타의 산정 신전 혹은 성소는 기원전 2000년경 등장한 것으로 추정된다. 가장 번성했던 원궁전기에는 크레타 전역에 약 25개가 있었다. 이 유적지들에서는 불을 사용했던 흔적이 발견되어 사람들이 봉화를 피워 서로 소통한 것으로 추정된다.

산정 성소라고 해서 반드시 가장 높은 곳이 선택된 것은 아니다. 높이보다는 그 산의 신이 관할하는 지역에서 잘 보이고, 주변을 잘 조망할 수 있는 장소에 성소가 자리 잡았다. 즉 산정 성소는 지역 주민들에게 지형학적·종교적 중심점이었다. 대체로 더 높은 곳에 위치해 접근이 쉽지 않았던 동굴 성소들보다 사람들의 발길이 더 잦은 곳이기도 했다.

크레타의 산정 신전으로는 크노소스궁 남쪽의 육타스산 정상에 있던 것이 유명하다. 이 신전은 제단과 3개의 테라스, 여러 개의 방으로 구성되어 있었다. 또 크노소스궁의 중앙마당과 일직선상에 놓여 있다.[11] 초기 미노아 시대부터 존재한 이 신전은 미노아 시대가 끝난 후에도 오랫동안 성소로서의 기능을 유지했다.

산정 신전의 모습은 자크로스에서 발굴된 한 석제 리톤에 담겨 있다. 미노아식 삼분구조 건물에 축성의 뿔이 장식되어 있는 모습이다. 신전의 가장 높은 곳에는 큰 뿔을 가진 야생염소 네 마리가 둘씩 대칭을 이뤄 앉아 있다. 그런데 그 사이로 크노소스궁 왕좌의 등받이처럼 구불거리는 형상이 살짝 돌출해 있다.

산정 신전에서 흔히 발견되는 유물은 작은 토제 동물상과 인물상 그리고 팔다리나 생식기 같은 인체의 일부다. 황홀경에 빠져 의례를 행하는 토우들은 미노아인들이 산꼭대기에서 코뮤니타스communitas를 형성하는, 상당히 정교화된 의례를 수행했음을 짐작하게 한다. 생식기는 다산 기원과, 팔다리는 치유의례와 관련된 것으로 이해된다.

궁전과 산정 신전은 어떤 관계였을까? 크노소스 궁전의 경우, 프레스코화가 보여주는 대규모 의례는 육타스산의 여신이 산에서 내려와 궁전으로 들어오는 과

❖ 석제 리톤 속 산정 신전의 모습.

11 파이스토스 궁전 중앙마당은 이다산과 일직선상에 위치한다.

정을 묘사한 것일 수 있다. 김부타스를 비롯한 일부 학자들은 자크로스 리톤에서 보이는 구불거리는 형상을 근거로 왕좌의 등받이를 산의 상징으로 보는데, 이러한 맥락에서 제기되는 추정이다. 육타스 산정처럼 궁전과 긴밀한 관계를 맺었던 곳에서는 귀한 재료로 만든 유물들도 다수 발굴되었다. 가령 석제 용기, 보석, 인장, 청동칼날, 양날 도끼 등이 있다.

원궁전기에 번성했던 산정 신전은 신궁전기에 들어와 6~8개로 줄어든다. 주요 궁전들의 영향력이 강화되면서 그들과 긴밀한 관계를 맺은 신전들만 살아남은 것으로 추정된다. 달리 말해 신앙 활동의 중심이 산정에서 궁전으로 상당히 옮겨갔다는 의미다.

동굴 성소

구석기시대부터 그려진 벽화가 증언하듯 동굴은 원초적 신성이 배태된 공간이다. 동굴의 신성 역시 산 정상부나 나무, 바위, 꽃처럼 세계적 보편성을 갖는다. 산악 지형인 크레타에는 무수한 동굴이 있다.

크레타에서 동굴이 신성한 용도로 사용된 것은 신석기시대부터다. 당시 사람들이 큰 동굴에서 신성한 모임을 갖고 여러 행사들을 치렀음을 알려주는 토기와 흑요석 등이 발굴되었다. 일부 동굴들은 후기 신석기에서 초기 미노아 시기 동안 매장지로도 쓰였다. 동굴은 죽은 이들의 영혼을 만날 수 있는 삶과 죽음의 경계적 공간 혹은 지하세계의 입구로 여겨졌을 것이다. 크레타에서 성소로 자리 잡은 최초의 동굴은 이다 동굴로 여겨진다. 이후 원궁전기와 신궁전기에 많은 동굴들이 중요한 성소로 활용되었다. 동굴들에서 출토된 풍부한 의례 용품들이 이를 증명한다.

동굴 성소들 역시 근처 정착지로부터 잘 보이는 위치에 자리했다. 그리고 특정한 조건들을 갖춰야 했던 것으로 보인다. 방처럼 넓은 공간들과 통로들, 신비로운 석순이나 종유석, 그리고 깨끗한 샘물을 갖추어야 했다. 모두 자궁을 연상하게 하는 특징들이다.

궁전과 가까운 몇몇 동굴들은 궁전과 특별한 관계에 있었던 듯하다. 크노소스궁 주변에는 거대한 스코티노 동굴과 출산의 여신 에일레이티이아가 숭배되었던 동굴이 있다. 또 파이스토스궁 북쪽으로는 유명한 도자기들이 대량으로 발굴된 카마레스 동굴이 있다. 에일레이티이아 동굴은 제우스가 태어났다는 딕테 동굴과 함께 동굴 성소가 출산과 관련된 상징적 공간이었음을 알려준다.

❖ 에일레이티이아 동굴 속 모녀 여신상.

동굴 성소에서 의례가 치러진 곳은 대체로 안쪽의 깊숙한 장소였다. 그러므로 횃불을 들고 그곳에 이르는 과정 자체가 극적이고 강렬한 종교적 체험이었을 것이다. 태고의 시간을 품은 동굴의 환상적인 풍경은 예측을 불허하는 신비와 경외감을 자아낸다. 박쥐와 거미 등 음습한 생물들과도 불시에 만나게 된다. 동굴 속에서는 시각이 제한되는 한편으로 다른 감각들이 예민해지므로 비일상적 체험을 할 수밖에 없다.

석순은 동굴 내 성스러운 장소를 알리는 중요한 표지였다. 스스로 여신상으로 숭배되는 경우도 있었다. 에일레이티이아 동굴의 경우 여신상으로 숭배된 석순 주위로 낮은 돌담이 둘러져 있다. 동굴 성소들에서는 술이나 우유, 꿀 등을 바치는 의례와 함께 제의적 연회도 베풀어졌다. 제단과 제물용 테이블, 그릇과 함께 곡물 다발도 발견되어 곡물 수확을 기념하는 축제도 벌어졌던 것으로 보인다.

동굴 성소들에서 자주 발견되는 유물로는 도자기와 청동제 인물상 등이 있다. 소박한 토제 유물들이 주로 출토된 산정 성소들과 대비된다. 청동 인물상뿐 아니라 금과 은, 동으로 만든 작은 양날도끼와 인장도 많이 발굴되었다. 이러한 상황을 고려할 때 동굴제의는 주변 궁전이나 빌라의 엘리트들이 주도했던 것으로 추정된다. 그들이 동굴에서 제의를 올릴 때마다 조직화된 순례단이 꾸려졌을 가능성이 높다.

이다 동굴에서 출토된 한 인

❖ 큰 트리톤 고둥 껍데기를 든 여사제.

장에는 큰 트리톤 고둥 껍데기(트리톤의 나팔)를 든 여사제가 제단 앞에 서 있다. 고둥 껍데기를 불며 의례를 이끌었던 여사제를 상상하게 한다. 그녀는 의례를 주관하며 참가자들이 황홀경의 트랜스 상태에 도달하도록 이끌었을 것이다. 동굴 속 특유의 음향과 빛의 효과는 의례의 수행에서 의식의 변환을 유도할 수 있다. 미노아 종교의 중요한 특징 중 하나가 신의 현시를 경험하는 것인데, 이런 경험은 동굴 속에서도 가능했을 것이다.

궁전과 정착지의 신전들

도시든 시골이든 크레타의 정착지에는 다양한 종류의 신전이 있었다. 신전을 건축하기도 했지만 자연 속 신전들이 더 많았던 것으로 보인다. 미노아 도상에 묘사된 여신들은 대부분 꽃과 나무가 있는 야외에 자리하며 새를 비롯한 여러 동물을 동반한다.

어떤 장소 혹은 공간이 성스러웠는지의 여부는 건축물의 특징이나 유물을 통해 추정할 수 있다. 성스러움을 표상하는 대표적인 건축 요소로는 삼분구조 신전, 벤치 형태의 제단, 러스트럴 베이신, 필라 크립트 등이 꼽힌다. 벤치형 제단에는 여신상을 비롯해 다양한 의례 용구가 놓였다. 궁전과 빌라 등 주요 건물들에 설치된 러스트럴 베이신과 필라 크립트는 미노아 사회 특유의 종교적 시설로 꼽힌다. 둘의 형태는 궁전기 초기에 출현해 신궁전기에 이르러 완성되었는데 둘 다 지하 공간이라는 점에서 미노아 종교가 지하의 어둠과 깊은 관련이 있음을 시사한다. 이와 관련해 동굴 성소가 도시의 건축물에 모방된 것으로 보인다는 견해가 지속적으로 제기되어 왔다.

미노아 궁전들과 대부분의 빌라에 설치되어 있던 러스트럴 베이신은 그리스 사원에서 가장 깊숙이 감춰져 있던 은밀한 성소인 아디톤[12]에 비견된다. 러스트럴 베이신보다 아디톤이 더 적합하다고 보고 이 용어를 사용하는 학자도 여럿이다.

에번스는 이 공간에서 성유의례가 이루어졌다고 보았고, 마리나토스는 입사의례를 언급했다. 그 외 의례용 목욕 시설이라는 견해도 있으나 설득력이 낮다. 비교적 최근에는 월경의례와의 관련성이 제기되어 관심이 큰데, 자세한 내용은 뒤에서 소개한다. 파이스토스궁에 있는 러스트럴 베이신들 중 하나에서는 소머리 리톤, 축성의 뿔, 청동 양날도끼 등이 출토되었다. 이 공간의 종교적 성격은 일부 벽에 그려진 프레스코화들을 통해서도 알 수 있다. 한편 이 공간에 들어가는 것이 "마치 땅 밑으로 내려가는 것과 같은 상징적 행위"라는 해석도 있다.

필라 크립트는 중앙에 1~2개의 사각형 돌기둥이 서 있는 지하방이다. 바로 위에는 흔히 '홀'이라고 불리는 기둥을 갖춘 큰방이나 신앙 활동을 위한 공간이 자리했다. 돌기둥 주변은 액체를 부을 수 있도록 되어 있어서 이곳에서 그러한 의례가 수행되었음을 알 수 있다. 돌기둥에는 양날도끼가 새겨진 경우가 많으며, 실제 양날도끼를 세워놓았던 스탠드도 발견되었다. 그 외 소머리 리톤 등 의례 용기들이 출토되었고, 곡식과 동물을 바친 흔적들도 발견되었다.

---

12 adyton, 내부 성소로서 그리스와 로마 사원의 제한 구역이다. 사원 입구에서 가장 멀리 있는 성소 끝에 있는 작은 영역을 뜻한다.

❖ 크노소스궁 북쪽 건물에 설치된 러스트럴 베이신.

❖ 말리아 궁전의 필라 크립트.

에번스를 비롯한 여러 학자들은 돌기둥이 신을 표상한다고 해석했다. 무엇보다 양날도끼가 새겨져 있기 때문이다. 기둥신앙에 주목한 에번스는 신성한 동굴의 종유석이 숭배 대상이었듯, 돌기둥 역시 숭배되었을 것이라고 추정했다. 이는 필라 크립트가 동굴 성소를 닮았다고 본 김부타스를 비롯해 많은 학자들이 수긍하는 견해다.

필라 크립트 역시 그 성격과 용도에 대해 여러 추정들이 공존한다. 대개 창고나 다른 저장 공간들과 이어져 있어 생산물의 수확 및 저장과 관련된 의례 장소로 보는가 하면, 무덤에서도 발견된다는 점에서 장례의식과 연관되기도 한다. 다른 한편으로 양날도끼와의 밀접한 관계를 가장 중요한 측면으로 보는 입장도 있다.

도시의 신전들에는 벽감壁龕이나 신단, 기둥이 설치되었고, 귀중품을 보관하는 특별한 방이나 장소도 마련되었다. 그리고 벽에는 거의 예외 없이 화려한 프레스코화들이 그려졌다.

신전의 벤치형 제단

미노아 정착지에 마련된 신전으로는 미르토스 여신상이 발굴된 푸르누코리피 유적지의 신전이 유명하다. 정착지의 신전들 중 가장 이른 시기에 만들어진 것이다. 이 신전은 93개의 방으로 이뤄진 집합적 건물의 가장 서쪽에 자리 잡았다. 벽에는 벤치형 돌제단이 붙어 있고, 신전 옆으로 의례용 그릇들이 보관된 방이 있었다. 또 음식을 준비했던 방, 포도주 양조실로 보이는 방도 이어져 있다. 이러한 성소의 형태는 궁전시기가 시작된 후에도 한동안 지속되었다.

도시든 시골이든 정착지들에서 신성 영역이 보편화된 것은 궁전기가 막 시작되던 때였다. 그러면서 궁전이나 빌라 등에도 벤치형 신전들이 등장했다. 앞서 소개했듯 크노소스궁의 경우, 동남쪽 '양날도끼 신전'에서 후궁전기의 벤치형 제단이 발굴되었다.

미노아 궁전들은 기본적으로 종교적 기능을 담당했다. 행정적 기능도 수행했으나 가장 중요한 역할은 관할 도시의 종교생활을 관장하는 일이었다. 즉 신권정치의 중심지였다고 할 수 있다. 크노소스궁에서 보이듯 주요 신전이나 성소는 궁전의 서쪽 건물에 위치했다. 미르토스 여신상이 출토된 신전도 건물의 가장 서쪽에 있었던 것을 보면 이전 시기부터 이어진 전통인 듯하다. 서쪽 건물에는 대규모 행사를 위한 널찍한 옥외마당도 딸려 있었다.

삼분구조 신전과 마당

미노아 신전의 외양은 셋으로 나뉜 특유의 삼분구조 형태를 보인다. 가장 높은 가운데 직사각형 공간을 중심으로 양쪽에 그보다 낮은 사각형 공간이 대칭적으로 붙어 있다. 각 공간에는 기둥이 있는 경우가 많고, 지붕에는 축성의 뿔이 장식되어 있다. 이 신전의 꼭대기나 옆에는 흔히 나무가 보인다.

삼분구조 신전은 크노소스궁의 「그랜드 스탠드」 프레스코화에 잘 묘사되어 있다. 이 신전에는 가운데 공간에 2개, 좌우 공간에 1개씩 모두 4개의 기둥이 자리한다. 기둥 밑이나 옆에는 축성의 뿔이 배치되어 있다. 에번스는 이 그림과 발굴 결과를 토대로 크노소스궁 서쪽 건물에 삼분구조 신전이 있었다고 판단했다. 그리고 이 신전과 그 뒤로 이어진 여러 방들에 '궁전의 중앙 성소'라는 이름을 붙였다. 성소의 입구는 중앙마당을 향한다. 중앙 성소는 크노소스궁에서 가장 신성한 영역이었다. 중앙 성소의 방들 중 하나에서 뱀여신상이 출토되

❖ 「그랜드 스탠드」에 묘사된 삼분구조 신전.

었고, 그 외 여러 군데에서 중요한 유물들이 발굴되었다. 필라 크립트 두 곳도 이 성소에 포함된다.

삼분구조 신전에 대한 견해 역시 다양하다. 에번스가 판단한 것처럼 뒤쪽에 여러 방이 이어진 복합구조가 아니라 독자적 시설이었을 거라는 견해가 있다. 이 경우 종교 행사의 배경으로서 상징적인 기능을 했을 것이라고 한다.

반면 삼분구조 신전이 특수한 용도로 활용되었을 가능성도 제기되었다. 즉 시선이 모이는 중앙 공간에서 여사제가 여신을 대리해 모습을 드러내는 극적인 장면이 연출되었을 수 있다는 것이다.

궁전의 중심인 중앙마당도 신성한 공간이었다. 파이스토스궁과 말리아궁의 중앙마당에서는 제단이 발굴되기도 했다. 이곳에서 계절의 변화나 정치적·사회적 사건에 따른 다양한 의례와 행사가 거행되었을 것으로 여겨진다. 궁전의 서쪽 건물에 딸린 넓은 마당도 마찬가지다. 이곳은 입장이 제한되는 중앙마당과 달리 많은 사람을 포용할 수 있는 열린 공간이었다.

미노아 의례의 유형과 성격

미노아 종교 연구에서 의례는 최근 들어 더 큰 관심을 받는다. 도상들이 보여주는 다채로운 의례 장면이 믿음이나 교리가 아닌 수행으로서의 미노아 종교를 보여주기 때문이다. 미노아인들은 상당히 수준 높고 체계화된 의례 문화를 창조했다.

그들은 자연의 순환이나 농경 및 생애의 주기, 사회적 역할 변화 등을 의례를 통해 기념하면서 삶을 모양 짓고 공동체 의식을 키웠다. 시대 상황을 고려해 추정할 수 있는 의례로는 농업과 목축의 연중 주기에 따른 계절 의례, 풍어 기원 등 바다와 관련된 의례, 공동체의 통합과 유지를 위한 의례, 성년식이나 장례식 등 삶의 주기에 따른 의례, 자연재해나 특정 사건과 관련된 의례 등이 있다. 의례에서는 음악과 춤, 행진 등이 어우러졌으며 함께 먹고 마시는 행위가 주요 요소였다. 일종의 의례화된 연회와 음주가무다.

미노아 의례들은 행위나 성격에 따라 분류되기도 한다. 행위별 유형으로는 춤의례, 나무 흔들기 의례, 바위의례, (여사제가) 신성한 옷을 입는 의례, 꽃 바치기 의례, 희생의례 등이 있다. 성격에 따라서는 신의 현시를 위한 의례, 농경 및 축산 의례, 희생의례, 통과의례, 입사의례, 치유의례 등으로 나뉜다.

의례의 중심에는 여신이 있었고, 여신을 불러내 현시하는 과정은 의례의 하이라이트였던 것 같다. 고위 여사제들은 이때 여신의 역할을 대신했다. 다른 경우에는 바위나 나무 등을 활용한 황홀경 속에서 여신을 체험했을 것으로 추정된다. 혹은 물질적이지 않은 방식이었을 가능성도 있다. 요약하자면 여신을 불러내는 방식은 크게 두 유형으로 나뉜다. 하나는 여사제가 여신처럼 치장하고 그 역할을 대리하는 것이고, 다른 하나는 참가자들이 나름의 방식으로 여신을 접하는 것이다. 전자는 신이 임한 성소에 제물을 바치는 맥락에서 실천된다. 보좌에 앉은 여사제가 행진해 오는 사람들이 바치는 귀중한 물품들을 받는 형식이다. 반면 후자는 의례를 통해 참가자가 시각적으로 신의 현시를 체험하는 방식이었던 것 같다.

전자가 외적 체험이라면 후자는 내적 체험에 속한다. 이러한 내적 체험은 도상에서 작은 체구의 여신 혹은 남신이 하늘에서 하강하는 듯한 모습으로 묘사된다. 이때 의례 공간임을 드러내는 표지로 흔히 나무가 등장한다. 그 외에 새와 나비 등의 출현도 신이 도착했다는 메시지로 이해되었던 듯하다.

미노아 의례와 샤머니즘

미노아 종교를 의례를 통해 이해해 보려는 사람들은 특정한 의례를 수행할 때 발생할 수 있는 경험적 과정에 주목한다. 도상들에 나타나는 특수한 몸짓들을 실험적으로 탐구하면서 몸을 통한 지식을 얻으려 한다. 이 방법을 통해 여신의 개념이나 성격 같은 추상적 이해보다 구체적이고 실제적인 결과를 얻을 수 있다. 인간의 감각과 몸은 그

때나 지금이나 크게 다르지 않기 때문이다.

모리스와 핏필드는 이러한 수행적 연구를 통해 미노아 의례에서 샤머니즘의 요소를 밝혀냈다. 특히 산정 성소에서 발굴된 토제 인물상들의 자세와 제스처를 토대로 그곳에서 샤머니즘적 의례가 이루어졌을 가능성을 제기했다. 이들은 샤머니즘을 "몸을 사용해 변화된 의식 상태에 들어가 인간 외의 세상 혹은 초자연적 세계와 소통하는 일"이라고 정의했다. 산정 성소에서 발현된 샤머니즘 영성은 모여 있는 군중과 자연환경 사이에서 역동적이고 변혁적인 체험을 생산했을 것이다. 그러면서 치유와 점술 같은 효과도 발생시켰을 것이라고 한다.

이들의 연구는 미노아인들의 영성이 생각보다 복잡했을 가능성을 말해준다. 원시적 자연신앙이나 신에 대한 숭배에 그치지 않고 내적인 의식 변화까지 포괄했을 수 있다. 동굴의례가 유도하는 트랜스 상태나 신의 시각적 체험 같은 것들도 같은 맥락에서 함께 고려할 수 있다.

7. 아리아드네는 여신이었나?

신화와 전설의 차원에서 크레타를 상징하는 여성은 아리아드네다. 에번스도 크노소스 발굴과정에서 그녀의 흔적을 찾기 위해 노력했다. 그런데 미노아 여신의 존재를 알고 난 후에는 그녀가 어머니 여신이었을 것이라고 상정했다. 그에 의하면 아리아드네란 이름은 "가장 신성한 이"라는 뜻이다. 닐손 역시 아리아드네가 원래 미노아 여신이었을 것이라고 보았다. 그녀는 오래전 에게해 섬들에서 숭배되던 자연의 여신이었고, 낙소스와 키프로스를 중심으로 그녀를 기리는 축제들이 거행되었다.

후대의 학자들도 아리아드네를 비극의 여주인공이라기보다 여신 신앙과 관련해 이해하려는 태도를 취했다. 미노아 문명이 멸망하고 그리스 가부장제가 확립되면서 신전의 중심에 있던 여신에서 지위가 격하된 존재일 가능성이 크기 때문이다. 아리아드네는 미노스왕의 딸이라고 하나 이름 자체가 고대 그리스 이전 언어, 아마도 미노아어에 뿌리가 있다는 주장이 있다.

아리아드네의 신성은 부모가 모두 신의 자녀들이라는 데서도 드러난다. 아버지 미노스는 제우스의 아들이고, 어머니인 파시파에는 해의 신 헬리오스의 딸이다. 그리스 역사가 파우사니아스에 의하면 파시파에는 스파르타 근처의 탈라마에에 있는 신전에서 달의 여신으로 숭배되었다. 그녀는 예언과 마법의 여신이기도 했다. 그런데 그녀는 시어머니인 에우로페와 상당히 흡사한 성격을 보인다.

에우로페는 황소로 변한 제우스에게 크레타로 납치되어 미노스를 낳은 여성이다. '유럽'이란 지명의 유래가 된 그녀는 페니키아의 공주라고 전해지지만, 페니키아의 달의 여신이었다는 기록이 있고, 대지의 여신이었을 것이라고도 한다. 크레타의 고르틴에서 에우로페는 헬로티스라는 이름으로 숭배되었고, 그녀를 기리는 헬로티아 축제가 거행되었다.

어머니와 할머니가 여신이었던 아리아드네에게 신성은 자연스러워 보인다. 호메로스는 『일리아스』에서 다이달로스가 아리아드네를 위해 멋진 무도장을 만들어주었다고 전하는데 이를 통해서도 그녀의 성격이 드러난다. 미노아 의례에서 춤이 담당했던 중심적 역할을 생각하면 그녀를 단순한 공주로 보기는 어렵다.

신화학자 카로이 케레니는 아리아드네가 크레타의 위대한 여신으로서 아프로디테와 페르세포네의 성격을 함께 지니고 있었다고 주장했다. 실제로 아리아드네는 키프로스에서 아프로디테-아리아드네로 숭배되었다. 케레니에 의하면 아리아드네란 이름은 "지극히 순수한" 이라는 뜻이다.

아리아드네의 죽음

아리아드네 서사들이 보여주는 특징 중 하나는 그녀의 죽음에 대한 부각이다. 그녀는 테세우스에게 버림받아 자결했다고 전해지기도 하고, 아르테미스에 의해 죽임을 당했다고도 하며 테세우스의 아이를 낳다가 죽었다고도 한다. 또 그녀와 관련된 무덤 전설도 여럿이다. 이처럼 여러 버전으로 죽음과 관련된 여주인공은 드문데 닐손은 이것이 "그녀의 죽음을 축하하는" 신앙에서 비롯된 것이라고 해석했다. 동방 종교들에서 나타나는 식물신 축제들과 유사하지만 죽는 신이 남신이 아니라 여신이라는 점에서 다르다.

김부타스도 아리아드네가 크레타의 식물여신이었다고 추정했다. 낙소스에는 그녀를 기렸던 두 종류의 축제가 있었는데 하나는 디오니소스와의 결혼을 축하하는 것이었고, 다른 하나는 그녀의 죽음을 슬퍼하는 것이었다. 하지만 그 죽음은 다음 봄에 새 생명을 얻기 위해 꼭 필요한 과정이다. 김부타스는 아리아드네를 뒷날의 페르세포네와 관련시키기도 했다.

종교신화학자인 크리스티네 다우닝은 아리아드네가 다른 신의 존재가 필요 없는, 스스로 충만한 여신이었다고 본다. 이후에 디오니소스의 아내가 됨으로써 성격이 변하지만, 디오니소스가 가부장적 남신이 아니라는 점을 유의할 필요가 있다. 디오니소스는 올림피아의 다른 남신들과 달리 여성들이 많이 숭배했고, 해마다 죽었다 다시 살아나는 신이었다. 여신이 중심이던 시절 그녀의 아들이자 연인으로 함께 등장했던 남신들과 같다. 아리아드네가 디오니소스의 아내가 된 것은 그녀가 원래 아들이자 연인인 남신을 거느렸던 위대한 여신이었음을 추론케 한다는 것이다.

미노아 여신 이름 찾기: 미궁의 여주인

미노아 크레타의 미스터리 중 하나는 여신의 이름이다. 설령 아리아드네란 이름을 남겼다 해도 그 외에 더 많은 이름들이 있었을 것이다. 하지만 현재 우리에겐 그녀들이 남긴 작은 흔적들만 안타깝게 남아 있다.

그중 중요한 것은 선형문자 B 토판들에 남아 있는 여러 이름이다. 대표적인 여신의 이름은 'Po-ti-ni-ja'인데 그리스인들이 여신의 호칭으로 사용했던 '포트니아'에 해당한다. 포트니아는 크노소스궁뿐 아니라 미케네 왕궁에서도 가장 중요하게 여겼던 신들 중 하나였다. 이 여신은 크노소스궁에서는 '포트니아 라비린토스'('미궁의 여주인'이란 뜻) 혹은 '포트니아 아타나'라는 이름으로 등장한다. 후자는 그리스 여신 아테나의 전신으로 추정되기도 한다. 포트니아 라비린토스는 다른 신들보다 훨씬 많은 꿀을 받고 있어 매우 중요했던 여신으로 여겨진다. 그런데 케레니는 포트니아 라비린토스가 아리아드네와 관련된 여신이라고 주장했다.

토판에는 피-피-투-나Pi-pi-tu-na, 에일레이티이아 같은 여신 이름도 있다. 이들을 비롯한 6명 정도의 신은 크노소스 토판에만 등장하기 때문에 미노아 신일 가능성이 높다. 에일레이티이아에 대한 숭배는 크레타에서 가장 왕성했고, 크노소스의 항구였던 암니소스 위 언덕에 그녀의 동굴이 있다. 이 동굴은 호메로스의 『오딧세이아』에도 등장한다. 그녀가 동굴에서 숭배된 시기는 신석기시대부터 로마시대에까지 이른다.

미노아 여신으로 추정되는 또 다른 이름은 아-사-사-라다. 앞서 소개했듯 마리나토스는 이를 해여신의 이름일 수 있다고 본다. 아-사-사-라가 미노아 여신의 이름이라는 견해는 오래전부터 제기되어 왔는데, 선형문자 B를 활용해 일부 미노아 문자를 읽어낸 결과다. 일각에서는 레반트의 여신 아세라와의 관련성을 제기하기도 한다.

그리스인들이 전하는 크레타의 여신들

미노아 여신의 이름을 찾는 학자들은 그리스인들이 전하는 크레타 여신들의 이름에 주목한다. 미노아 여신들과 관련 있을 가능성이 높기 때문이다. 브리토마르티스, 딕티나 같은 여신들이 대표적이다. 딕티나의 경우 발음의 유사성을 근거로 피-피-투-나와의 관련성이 논의되기도 한다.

브리토마르티스는 크레타 방언으로 '상냥한 처녀'라는 뜻이다. 딕티나는 '그물'을 의미하는 '딕티온'과 관련되어 있다. 이들은 산과 사냥의 처녀여신으로 후일 그리스 신화의 아르테미스에게 종속되거나 흡수되었다. 그런데 두 여신은 같은 존재로 소개되기도 한다. 신화에 의하면 브리토마르티스는 미노스왕의 끈질긴 구애를 피해 바다에 몸을 던졌는데 어부들이 쳐놓은 그물에 의해 구조되었다. 그래서 딕티나로 불리게 되었다. 그물은 사냥활동에도 사용되므로 산의 여신과도 관련된다. 딕티나는 주로 크레타 서부에서 수호여신으로 숭배되었고, 바닷가에 그녀를 모신 신전도 있었다.

❖ 주화 속 크레타 제우스를 안고 있는 딕티나.

김부타스는 딕테산과 동굴의 이름이 딕티나로부터 유래했을 것이라고 추정했다. 딕티나를 딕테산의 산정 성소에서 숭배된 여산신으로 보는 것이다. 로마제국 시대 동전들에는 딕티나가 남자아이를 안고 있는 모습으로 나타나는데, 이 아이가 크레타 제우스다. 제우스는 딕테 동굴에서 태어나 님프들의 보살핌을 받았다고 전해지며, 딕티나는 산의 님프로도 여겨졌다.

2장

미노아 문명의 진실을 찾아서

1. 에번스가 남긴 유산의 공과 과

에번스는 고고학 역사상 위대한 인물 중 하나로 추앙된다. 또 슐리만보다 선구적 시각을 가졌던 고고학자로 칭송되기도 한다. 하지만 그에 대한 비판도 적잖이 제기되어 왔다. 그의 해석에는 상상력이 가미된 주관이 강하게 작용했으며, 유물과 유적을 복원할 때도 현대 고고학의 기준으로는 허용되지 않는 독단적 결정을 내렸다.

그 결과 에번스가 주관한 크노소스 유적지의 복원에 대해 여러 비판이 줄기차게 이어졌다. 건물을 재구축하며 원래 목재였던 것을 콘크리트로 바꾸기도 했고, 내부 구조나 프레스코화의 복원에 있어서 자의적인 판단을 적잖이 개입시켰다. 그래서 유적지와 주요 유물의 현 상태에 대한 '진정성' 논란은 크노소스 궁전의 숙명이 되어버렸다. 크노소스 궁전이 2025년 7월에야 다른 5개 궁전들과 함께 유네스코 세계유산에 등재된 것도 이러한 문제들 때문이었다.

그러나 안전상의 문제로 콘크리트를 쓸 수밖에 없었고, 보존을 위한 조치들이 없었다면 유적에 심각한 손상이 발생했을 것이라는 평가도 있다. 또 에번스의 노력 덕분에 유적지를 방문한 관광객들이 보다 생생한 역사의 현장을 체험할 수 있게 되었다는 긍정론도 있다. 크노소스 유적지가 아테네의 아크로폴리스에 이어 그리스에서 두 번째로 관광객이 많은 명소가 된 데에는 에번스의 공이 크다.

역사는 항상 다시 쓰인다지만……

그런데 유적지 복원의 진정성 문제보다 더 중요한 문제가 있다. 그것은 바로 에번스가 틀 지어놓은 미노아 문명에 대한 기본적 인식이다. 에번스는 수십 년에 걸친 발굴과 연구를 통해 수천 년 전 미지의 문명에 대한 전체적인 서사를 제공했다. 즉 세상에 없던 미노아 문명을 창조한 셈이다. 그의 발굴 기록과 해석은 미노아 문명을 깊이 이해하고자 하는 사람이라면 누구나 참조해야 할 기본 자료다.

하지만 그의 서사는 영향력이 큰 만큼 크레타 문명의 실체에 다가서는 데 방해물이 되기도 한다. 그가 정초한 미노아 문명이 역사적 실제와 얼마나 부합하는가에 대해서는 지속적으로 논란이 제기되어 왔다. 물론 '역사는 항상 다시 쓰인다.'라는 경구를 생각할 때 이는 당연한 일이다. 하지만 미노아 문명의 경우 그 정도가 일반론을 넘어선 수준일 수 있다.

1941년 에번스가 세상을 뜬 후 80여 년의 세월이 지났다. 그동안 크레타와 주변 지역들에서 수많은 미노아 유적지가 발굴되었고, 발굴 작업은 현재도 진행 중이다. 그리고 선형문자 B가 해독되어 미케네, 미노아 연구에 새로운 국면이 열렸으며, 첨단 기술의 발전으로 새로운 고고학 방법들이 도입되었다. 게다가 고고학과 역사학뿐 아니라 다양한 학문 분야에서 미노아 문명 탐구에 개입하면서, 에번스의 해석이 갖는 개인적·시대적 한계들이 수면 위로 드러났다.

'미노아' 문명과 제국주의, 유럽중심주의

학문은 객관성을 추구하지만, 학자들은 결코 주관으로부터 자유로울 수 없다. 특히 아직 학자들의 인식론적·해석학적 고민이 크지 않았고, 고고학 역시 발전 초기 수준이던 20세기 초에는 더 말할 나위가 없었다.

에번스는 크노소스 유적에 대한 자신의 선입견이나 역사관, 대영제국 부르주아 지식인으로서의 정치적·사회적 위치 등에 대해서는 성찰하지 못했다. 대신 자신이 선사시대 크레타의 역사, 더 넓게는 유럽사의 잊힌 첫 장을 사실에 기반해 세상에 소개한다고 생각했다.

칼로카이리노스나 슐리만처럼 에번스는 자신이 미노스왕의 궁전을 발굴한다고 믿었고, 이를 '미노아 문명'이라는 호칭으로 사실화했다. 크노소스 유구의 복원 작업 또한 그것이 왕궁이라는 전제하에, 그가 상상한 왕궁의 이미지로부터 자유롭지 않은 상태에서 실행했다. 이러한 그의 태도는 미케네 무덤에서 발굴한 황금가면에 자신의 생각대로 "아가멤논의 가면"이라는 이름을 붙인 슐리만을 떠올리게 한다. 그러나 이 부장용 가면은 미케네 왕으로 전해지는 아가멤논의 추정 생존 시기보다 300~400년 전에 제작된 것으로 판명되었다.

미노아 문명에 대한 에번스의 해석에는 그의 정치적·사회적 위치도 크게 작용했다. 에번스의 세계관이나 역사관, 인간과 사회에 대한 이해는 그가 살았던 빅토리아 시대 영국 문화가 형성한 것이고, 이는 미노아 크레타에 대한 그의 해석에 은연중에 투영되었다. 그의 기본적인 시각이 제국주의적이고 유럽 중심적이며 나아가 오리엔탈리즘적이라는 비판이 나왔던 이유다. 고고학에도 반제국주의, 탈식민주의적 관점이 도입되면서 이러한 비판적 흐름은 지속되고 있다.

케프티우? 미노아인?

역사에 가정은 부질없다지만 실력 있는 크레타인 고고학자가 발굴의 책임자였다면 크레타 청동기 문명에 대한 우리의 인식은 현재의 미노아 문명과 꽤 다를 것이다. 크레타의 문화나 역사적 전통은 에번스가 체화한 빅토리아 시대 영국의 그것과 매우 상이하기 때문이다.

물론 에번스는 크레타와 크레타인들에게 깊은 관심과 애정을 갖고 있었다. 크레타 청동기 문명을 제대로 이해하기 위해서라도 그래야 했을 것이다. 크레타인들도 명예시민권을 수여하며 그의 업적을 인정했다. 크노소스 유적지 입구 근처에 나란히 자리한 에번스와 칼로카이리노스의 흉상은 에번스와 크레타가 맺고 있는 복잡한 관계를 환기한다.

어찌 됐든 에번스와 그의 추종자들이 구축해 온 미노아 문명은 비판적으로 재검토되고 수정되어야 한다. 이는 현재 미노아 문명 연구자들 사이에서 형성된 공통된 인식이다. 다양한 분야에 걸친 학자들은 미노아 문명을 '아직도 이해하지 못한' 역사로 보며, 앞으로 계속 '다시 탐구'해야 할 대상이라고 입을 모은다.

사실 우리는 미노아인들이 스스로를 무엇이라고 불렀는지도 알지 못한다. 편의상 '미노아인'이란 명칭을 쓰고 있을 뿐이다. 동시대의 이집트인들은 그들을 '케프티우'라고 불렀다. 케프티우와 미노아인. 청동기시대 크레타인들은 이집트인들이 전하는 이름과 20세기 영국인의 추정을 거친 이름 사이에서 잡힐 듯 잡히지 않는 존재로 움직인다.

미노스왕은 실존 인물인가?

제우스의 아들이라고 전해지는 미노스는 호메로스의 『오딧세이아』에 크노소스를 다스렸던 왕으로 등장한다. 호메로스의 영웅 전설들이 구전으로 전해지다 문자로 기록된 시기는 기원전 8세기경으로, 미노아 크레타가 멸망한 뒤 약 700년이 지난 후다. 늦어도 그 시기에는 미노스가 신화와 전설 속 인물로 그리스인들에게 널리 알려져 있었다.

그런데 미노스는 플루타르코스, 투키디데스, 헤로도토스, 디오도로스 같은 역사가들의 기록에도 등장한다. 이들은 미노스왕이 에게해 일대를 지배했다면서 그와 관련한 여러 사건을 역사적 사실처럼 전한다. 일례로 투키디데스는 미노스가 바다의 해적들을 소탕했고, 키클라데스제도를 식민지로 만들어 아들들을 통해 다스렸다고 썼다.

하지만 미노스가 과연 고대 크레타에 실존했던 인물인가에 대해서는 회의적인 시각이 우세하다. 그리스 시대의 역사는 신화와 얽혀 있는 데다, 미노스와 관련된 사건들이 시기적으로 들어맞지 않기 때문이다. 『일리아스』에 따르면 미노스는 트로이 전쟁(기원전 13~12세기) 영웅들보다 두 세대 앞선 인물이다. 전쟁에 참가한 크레타의 왕 이도메네우스가 그의 손자다. 설령 미노스왕이 실존했다 해도 그는 미노아 크레타가 멸망한 이후의 시기에 속한다. 또 종족적 측면에서도 크레타인이었을 가능성은 낮다고 한다.

그러나 에번스는 미노스왕이 미노아 말기뿐 아니라 이후에도 존재했다고 주장했다. 역사 기록들을 보면 서로 다른 시대에 미노스왕이 반복해 등장하기 때문이다. 이는 미노아 시대 이후 새로운 통치 세력이 된 이민족의 왕이 미노스왕의 권위를 빌리기 위해 이름을 차용한 것이라고 한다. 에번스는 더 나아가 크레타의 사제-왕들이 대대로 미노스란 칭호를 사용했을 가능성을 언급했다. 즉 '미노스'를 이집트의 '파라오'와 유사한 용례로 볼 수 있다는 것이었다.

이런 에번스의 입장은 최근 들어 더욱 비판받고 있다. 미노스왕이 실존 인물이었더라도 크노소스 유적에서 그의 흔적을 찾을 수 없고, 유구와 유물이 남성왕의 존재를 증언하는 데 인색하기 때문이다.

아리아드네 문명?

청동기시대 크레타 문명의 명칭은 현재 많은 학자들의 고민거리다.

'미노아'란 용어가 낡은 개념과 태도를 드러낼 뿐 아니라 당시 크레타의 역사적 실제와 동떨어져 있기 때문이다. 따라서 명칭을 바꿀 필요를 언급하기도 하는데 아직은 목소리가 크지 않다. '크레타 문명'이나 '청동기시대 에게 문명' 같은 표현이 점차 쓰이고는 있으나 '미노아 문명'이란 이름이 지닌 역사적 무게를 아직 넘어서지 못하고 있다.

크리스트는 미노스 대신 아리아드네를 내세워 '아리아드네 크레타', '아리아드네 문명'이라는 명칭을 제안한 바 있다. 그것이 지금까지 드러난 크레타 문명의 성격과 특징에 더 적합하다는 이유에서다. 이는 에번스가 처음 왕좌를 발견했을 때 '아리아드네 왕좌'라고 불렀던 에피소드를 떠올리게 한다.

그러나 미노아 종교의 권위자인 마리나토스는 에번스를 옹호하는 입장이다. 미노스왕을 실존 인물이 아니라 크레타 문명의 개성적 성격을 표현하는 상징으로 보자면서 그것이 에번스의 궁극적인 입장이기도 했다고 변호한다. 하지만 에번스가 미노스왕을 실제 인물로 여겼는지, 상징적으로 대했는지에 대해서는 논란의 여지가 많다.

"미노아 디즈니랜드"

에번스는 미노아 크레타에 강력한 남성왕과 왕조가 존재했다고 믿었다. 그가 상상한 미노스는 막강한 해군력으로 에게해에 해상제국을 건설하고, 주변 섬과 해상 교역로를 지배하던 영웅이었다. 또 크노소스 궁전에 거주하며 문명화된 생활을 누리면서 크레타의 전성기를 꽃피운 영도자였다.

에번스의 이러한 시각은 크노소스 유적을 해석하고 복원하는 데 그대로 투영되었고, 이는 대중들의 인식으로 이어졌다. 지금도 크노소스 유적지를 방문하는 관광객들은 에번스의 눈으로, 즉 미노스왕이 살았을 고대의 궁전으로 현장을 바라본다. 그곳에는 미노타우로스도 어둠 속을 배회한다. 비평가들은 이런 현실을 두고 '미노아 디즈니랜드'라는 냉소적 표현을 쓰기도 한다.

아마도 이처럼 어긋난 현실은 '미노아 문명'이나 '미노아 크레타'라는 명칭 자체가 바뀌지 않는 한 변하기 어려울 것이다. 이름은 어떤 존재를 드러내기 위해 필요하지만, 거꾸로 존재를 형성하기도 한다. 미노아 문명의 명칭 문제를 계속 고민해야 할 이유가 여기에 있다.

이상한 크노소스 '궁전'

크노소스 유적지는 도시의 중심적인 입지에 자리한다. 뒷날 그리스에 등장한 아크로폴리스를 떠올리면 쉽게 이해할 스 있다. 이곳에 신석기시대부터 사람들이 거주해 왔고, 궁전 주위로는 크고 작은 건물들과 집들이 촘촘하게 모여 있었다.

처음에 에번스는 유구의 전체 규모를 알지 못한 채 서쪽 건물이 전부인 줄 알고 발굴 작업을 중단했다. 그런데 발굴 결과는 별로 만족스럽지 않았다. 왕좌라고 할 수 있는 의자가 나오긴 했지만 건물의 규모와 형태가 왕궁이라고 하기에는 미흡했기 때문이다. 방들은 작았고 통로는 복잡했으며 저장용 공간이 너무 큰 부분을 차지했다. 이른바 왕좌실도 너무 작고 폐쇄적이었고, 용도를 알 수 없는 지하 공간이 계단으로 연결되어 있었다.

그래서 에번스는 발굴을 중단했던 지점에서 북쪽으로 건물이 더 이어진다는 사실을 알게 되었을 때 안도했다. 이어 동쪽 건물까지 모습을 드러냈고, 왕궁이라는 전제에 어느 정도 부합하는 크기의 방들까지 나타났다. 고대하던 결과에 그는 크게 고무되었다. 1902년의 일이다. 에번스는 새로 발견한, 왕좌실의 두 배 크기인 방에 '양날도끼 홀'이라는 이름을 붙였다. 홀의 서쪽 끝 벽에 양날도끼 상징이 새겨져 있었기 때문이다.

홀의 북쪽 벽에서는 의자로 판단되는 목재 구조물이 있었던 흔적이 발견되었다. 에번스는 이를 왕좌의 흔적이라고 판단한 뒤, 양날도끼 홀을 왕의 공간으로, 그 남쪽의 방들을 왕비의 거처로 상정했다. 왕좌실은 왕이 의례를 집전한 곳으로, 양날도끼 홀은 평상시 왕의 집무 및 주거 공간으로 구별되었다. 하지만 그 의자들이 왕좌였다는 믿을 만한 증거는 지금까지도 나오지 않았다. 결국 '왕좌가 있으니 유구가 왕궁이고, 왕궁에서 나온 의자니 왕좌'라는 순환논리가 지금도 작동하고 있는 셈이다.

동쪽 건물의 이른바 왕과 왕비의 공간에는 여러모로 이상한 점이 많다. 우선 언덕의 경사면에 위치해 있어 중심부에 자리한 중앙마당보다 두 층이 낮고 후미진 곳에 있다. 빛이 잘 들어오지 않아 실내는 상당히 어두침침했을 것으로 추정된다. 계단을 내려가면 방들이 나타나는데 왕실의 거처라기에는 지나치게 개방된 구조여서 프라이버시가 보장되지 않는다. 또 이 구역의 북쪽으로 작업장들이 바로 이어져 있어 왕실 가족이 살았다고 하기엔 어색한 배치로 여겨진다.

궁전이 아니라 사원?

크노소스 유적에 대한 에번스의 해석은 그의 사후에도 한동안 영향력을 유지했다. 무엇보다 그의 독보적 업적과 권위가 그 해석에 무게를 실어주었기 때문이다. 하지만 1970년대 이후 의문을 제기하는 학자들이 다수 등장하면서, 대안적이거나 절충적인 견해들이 꾸준히 제기되어 왔다.

독일의 지질학자 한스 분더리히는 크노소스 유구가 왕궁이 아니라 죽은 자들을 위한 건축물이라고 주장했다. 구불구불한 공간의 비효율적 배치나 전체적으로 음침한 실내, 수많은 의례 용품 등은 이집트 문명에서 보이는 사자死者 숭배를 연상시킨다는 것이었다. 건물 바닥에 석고처럼 비실용적인 재료가 쓰인 것도 왕궁으로 보기 어려운 이유였다. 그의 견해는 발표 당시 주목을 받으며 논쟁을 촉발했으나, 현재는 거의 타당성을 인정받지 못한다.

또 하나 강력하게 제기된 견해는 크노소스 유구가 여신의 사원이라는 것이다. 대표적으로 캐슬던은 궁전이라는 선입견이나 신화에서 벗어나 발굴 결과를 분석하면 그러한 결론에 쉽게 이를 수 있다고 주장했다. 유적지에서 나온 각종 종교적 유물들과 시설들, 특히 러스트럴 베이신과 필라 크립트, 삼분구조 신전 등이 강력한 증거들이다.

사실 왕좌실만 보아도 왕과 관련시키기엔 종교적 색채가 너무 두드러진다. 에번스 자신도 이 방이 "튀르키예 아나톨리아에서 최근 발견된 입사의례용 홀을 떠올리게 한다."라고 밝힌 바 있다. 그래서 왕좌실을 의례 수행과 관련한 공간으로 설명하면서 사제-왕의 존재를 상정할 수밖에 없었을 것이다. 그는 러스트럴 베이신 근처에서 향유 단지가 발견된 것을 근거로 사제-왕이 그곳에서 정화를 위한 성유의

레를 거행했을 것이라고 추정했다. 전설 속 미노스가 제우스의 아들로서 신성한 왕이었다는 사실도 이러한 해석을 뒷받침했다.

크노소스 유적이 궁전이라는 견해를 비판하는 학자들은 이 복합건물이 도시의 종교적·행정적·경제적 중심지로서 담당했던 기능에 주목한다. 그들 중 하나인 김부타스는 '궁전' 대신 '사원 단지' 혹은 '사원-궁전'이라는 용어가 더 적합하다고 주장했다. 크노소스 건물 단지에는 여신 숭배를 증언하는 현장들이 이어지고 여성 중심적 상징체계가 구현되어 있는데, '궁전'이라는 명칭이 그 모두를 가리고 있다는 것이다.

마리나토스 역시 크노소스 유구를 일차적으로 종교적 건물로 이해한다. 다수의 신전과 의례 시설, 종교적 이미지와 상징으로 볼 때 그런 결론을 내리지 않을 수 없다고 한다. 다만 그녀는 '편의상' 궁전이라는 용어를 사용한다고 밝혔다.[1]

왕이 살았을 공간이 안 보인다

에번스는 『미노스의 궁전』에서 크노소스 건물 단지의 여러 시설을 종교적 성격을 지닌 것으로 특정했을 뿐 아니라, 대부분의 공간을 종교적 함의를 담아 설명했다. 그리고 '궁전-성소'라는 용어도 만들어 사용했다. 다음은 이 책 1권의 서두에 실린 내용이다.

---

1 이 책에서는 '궁전'이라는 용어의 문제점에도 불구하고 이를 사용했다. 아직 학계에서 이 용어가 주로 쓰이고, 미노아 시대를 구분하는 용어에도 포함되어 있기 때문이다. 새로운 용어를 채택할 경우 독자들이 느낄 불편도 고려했다. '미노아'란 용어 역시 '궁전'보다 더 문제적이지만 같은 이유로 수용했다.

크노소스의 위대한 건물에 대한 탐색의 결과들이 축적되면서, 그것이 종교적 요소들과 서로 얽혀 있다는 사실이 점점 더 분명해진다. 신성한 양날도끼는 기호로서 궁전의 마름돌에 계속 등장하는데, 궁전 벽들에 있는 다른 모든 표식보다도 많다. 그것은 스투코와 채색 도자기와 인장에도 나타난다. 또 신전 제단에는 구체적 형상으로 등장한다. 이는 이곳에 남아 있는 미궁 전통과 관련해 특별한 의미를 지닌다. 벽화들은 거의 모든 경우 직간접적으로 종교적인 연관성을 지니고 있다.

에번스에 따르면 이집트에서는 종교권력과 정치권력이 어느 정도 분리되어 사원이 궁전보다 우위에 있었던 반면, 아나톨리아에서는 두 권력이 하나로 섞여 궁전이 성소의 기능을 했다. 그는 미노아 크레타도 아나톨리아의 경우와 유사했던 것으로 보았다. 하지만 그는 궁전의 기능을 우선시함으로써 미노아 군주제에 대한 자신의 생각을 관철했다.

그러나 크노소스 유적의 성소적 측면은 매우 분명하지만 궁전적 측면은 그렇지 않다. 엄밀히 말해 건물 단지를 구성하는 수많은 공간 가운데 확실히 왕실과 관련시킬 만한 곳은 하나도 없다. 또 프레스코화나 인장 등을 통해 수많은 인물상이 출토되었지만, 그중 논란 없이 왕이라고 인정할 만한 것은 보이지 않는다.

캐슬던은 '왕좌실'이 종교적 공간이었고, 에번스가 왕과 왕비의 거처로 지목한 공간들 역시 여신들을 모신 성소였다고 주장한다. 그가 보기에 '양날도끼 홀'은 왕의 공간이 아니라 '양날도끼 성소'일 가능성이 크다. 다른 많은 학자들도 이 공간들의 열린 구조나 특성, 발굴된 유물들을 고려할 때 주거용보다는 행사용, 의례용에 더 적합하다고 주장했다.

마당에 주목하다: "미노스왕이 죽어야만 한다"

미노아 크레타의 공동체적 성격에 주목하는 학자들은 크레타 전역에 산재했던 크고 작은 건물 단지들을 지역의 신성한 센터로 이해한다. 이것들이 주변 도시나 마을과 연결되어 공동의 행사를 치르는 허브 역할을 했다는 것이다.

이런 새로운 견해는 무엇보다 마당의 존재를 중시한다. 궁전 한가운데 크게 자리한 중앙마당과 서쪽 건물에 붙은 바깥마당에서 궁전의 존재 이유를 찾는다. 이런 건축 설계는 다른 지역에서는 찾기 힘든 크레타 고유의 특징이다. 예를 들어 비슷한 시기의 미케네 궁전들은 중심에 마당이 아니라 왕의 웅장한 집무실을 배치했다.

새로운 견해를 대표하는 드리센은 미노아 궁전들을 잠정적으로 '미노아 마당 단지'라고 명명했다. '마당 중심 건물'이라 부르는 학자도 있다. 이들은 '궁전'이나 '사원'이라는 말이 갖는 제한과 부담을 떨치고 건물의 기능과 성격에 주목함으로써 미노아 사회의 실체에 더 다가서고자 한다.

드리센은 미노아 궁전들에 왕실 가족이 거주했다고 보지 않는다. 건물 배치와 구조가 그렇지 않을뿐더러, 왕이라고 확신할 도상도 없고 왕의 무덤도 발굴된 게 없기 때문이다. 따라서 그는 미노아 사회에 대한 더 나은 이해를 위해서는 "미노스왕이 죽어야만 한다."라고 주장한다.

우리가 앞으로 나아가기 원한다면 몇몇 전통적 용어들이 고고학 담론에 해석적 족쇄를 씌운다는 것을 인지해야 한다. 비록 '마당 단지'가 미노아인들의 가장 중요한 행사 중심지에 대한 가장 멋진 묘사는 아니라 해도, 우리는 '미노스왕'을 마당에 묻어야 한다. 춘분을 맞아 마당에 서 환희에 차 춤을 추고 자연의 재생을 기뻐하면서![2]

드리센은 궁전의 성격을 지역공동체의 공공건물로 이해한다. 공동체 구성원들이 의례와 행사는 물론 중요한 활동들을 수행하던 공간이었다는 것이다. 이는 어느 방향으로 들어와도 중앙마당에 닿게 되는 특유의 설계에서 짐작할 수 있다. 크노소스 유적지를 비롯해 궁전이 들어선 장소들이 그전부터 공동체의 만남의 장소였다는 점도 이런 해석을 뒷받침한다.

현재 많은 학자들은 미노아 궁전들이 해당 지역사회의 중심에서 정치적·종교적 아레나로 기능하면서 공동체 경제의 재분배까지 담당했다고 본다. 또 같은 시기라 하더라도 각 궁전의 성격과 역할이 서로 달랐을 것으로 추정한다.

크노소스 궁전은 신화 속 미궁인가

크노소스 궁전 터의 면적은 2만 제곱미터에 이른다. 그 일대에서 신석기시대 크레타인들이 모여 살던 주거지가 발견되어 대략 1만 년 전부터 사람들이 선호해 온 장소임을 알 수 있다. 에번스는 크노소스 전성기에 약 8만 2000명의 주민들이 거주했을 것으로 추정했는데, 당시로서는 보기 드문 거대 도시국가였다. 오늘날 학자들은 그 수를 최대 10만 명까지 보기도 한다.

2　Driessen, "'The King Must Die.' Some Observations on the Use of Minoan Court Compounds."

❖ 크노소스궁 복원도.

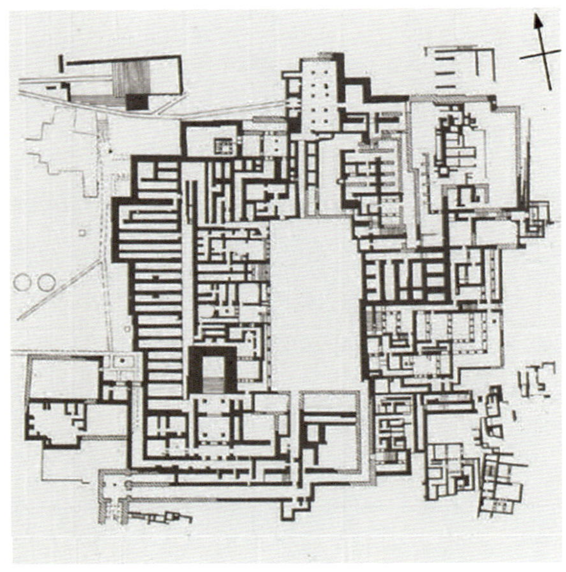

❖ 크노소스궁 평면도.

　　　　2장　미노아 문명의 진실을 찾아서

크노소스 궁전은 원궁전기의 건물들이 파괴된 후 전면적인 재건 과정을 거치면서 획기적으로 발전했다. 건물의 높이와 면적이 확장되면서 수많은 기둥과 계단이 추가되었고, 공간의 연결성이 높아졌다. 그 결과 외형도 전과 비교할 수 없이 웅장해졌다.

궁전의 중핵인 중앙마당은 남북으로 50여 미터, 동서로 약 27미터에 이른다. 이 마당을 둘러싸고 사방으로 3~4층 높이의 건물들이 이어져 있었다. 건물 전체에는 약 1300개의 방이 있었던 것으로 추정되며, 방의 크기는 대체로 작다. 상대적으로 큰 동쪽 건물의 방들도 미케네 궁전들과 비교하면 작은 편이다. 미케네 궁전들의 전체 규모는 크노소스 궁전보다 작았지만 왕의 공간은 더 넓었다.

에번스는 크노소스 궁전이 그리스 신화가 전하는 미노타우로스의 미궁이라고 확신했다. 그는 칼로카이리노스의 안내로 처음 유적지를 방문했을 때 "미스터리하게 복잡한 통로들"을 보고 미궁이 맞다고 생각했다. 실제로 크노소스궁은 건물의 구조 자체가 미궁을 닮았다. 이 독특한 고층 복합건물은 눈에 띄는 웅대한 정문이 없을 뿐 아니라 여러 입구들도 쉽게 보이지 않는다. 입구에 들어서서도 좁고 복잡한 통로를 지나야 중앙마당에 이를 수 있었다. 이방인이라면 길을 잃기 쉬웠을 것이다.

게다가 발굴 첫해부터 다수의 황소 관련 유물들이 출토되었다. 서쪽과 북쪽 입구에서 발견된 황소 벽화 조각들과 「황소 재주넘기」 벽화들, 소머리 리톤을 비롯한 여러 소 관련 조형물들은 미노아인들이 소와 특별한 상징적 관계를 맺고 있었음을 보여주었다.

크레타에서는 상반신은 소이고 하반신은 사람인 괴물을 묘사한 인장들도 여럿 발굴되었다. 미노타우로스와 관련시킬 수 있는 유물들이다. 미케네인들이 지배하던 시기에 제작되었으나 이전 시기에도 존재했을 가능성이 있다. 미노타우로스가 황소 재주넘기의 달인과 황소가 결합된 상징적 이미지일 수 있다는 주장도 제기되었다. 고대 그리스와 로마 시대 크노소스에서 주조된 동전들에는 미궁이 상징적으로 묘사되어 있고, 그 한가운데 미노타우로스가 나타나기도 한다.

신화와 역사 사이

에번스는 크노소스 궁전이 뒷날 미노타우로스 신화를 낳은 자원이 되었을 것으로 추정했다. 후대인들이 이해하기 어려운 이 위대한 문명의 창조물을 보고 어린아이처럼 놀라 그런 인상적이고 멋진 이야기를 만들어냈다는 것이다. 그는 자신의 발굴이 바로 그 이야기의 근거가 된 역사적 현장을 드러냈다고 주장했다.

> 괴물의 소굴로 알려졌던 곳은 사실상 사제-왕이 다스리던 평화로운 거주지로 드러났다. 그 시설을 보면 어떤 측면에서는 고전기 그리스에서 생산된 어떤 것보다 더 현대적이다. 바다 쪽 문 안에 있는, 황소를 잡아채는 장면을 묘사한 기념비적 부조(한참 후의 시기에도 여전히 보였을 것이다.)와 소녀와 소년이 참여한 황소 묘기 게임을 그린 프레스코 패널은 미노타우로스 신화를 설명해 준다. 포로로 잡혀 온 아이들이 궁전 벽에 묘사된 위험한 서커스 스포츠에 참여하도록 훈련받았을지도 모른다.

에번스가 말한 기념비적 황소 부조는 현재 크노소스 유적지 북쪽 입구 벽에 복원되어 있다. 황소 사냥 장면으로 추정되는 이 프레스코 부조에는 여남 인물상도 함께 묘사되어 있었다. 실물 크기의 황소가 사력을 다해 돌진하는 모습은 보는 이의 감각을 흠칫 깨우며 강렬한 인상을 남긴다.

에번스는 몰랐지만 크노소스궁에서 발굴된 선형문자 B 토판에는 '미궁'으로 해석되는 'Da-pu-ri-to-jo'라는 단어가 등장한다. 이 단어는 미궁을 뜻하는 고대 그리스어 'labyrinthos'와 관련된 것으로 이해된다. 그런데 에번스는 양날도끼를 가리키는 고대 리디아어 '라브리스labrys'에 주목해 이를 'labyrinthos'와 연결시키며 미궁을 '양날도끼의 집'으로 해석한 바 있다. 널리 인정되는 견해는 아니지만 만약 크노소스궁이 정말 미궁이라면 미노타우로스가 거처했던 '미궁의 한가운데'는 중앙마당이 될 것이다.

하지만 아무리 그럴듯해 보여도 고고학적 발견을 후대의 신화나 기록을 참조해 이해하려는 시도는 현대 고고학에서 비판의 대상이다. 게다가 미노아 문명은 그리스 문명과 매우 다르고, 시대적 격차도 상당하기 때문에 더 문제가 될 수 있다.

크노소스 궁전이 미궁이 아니라고 보는 사람들은 그리스, 로마의 저자들이 이미 크노소스에 미궁의 흔적이 없다고 기록한 사실을 일깨운다. 로마의 역사학자 플리니우스는 다이달로스가 이집트의 미궁에서 영향을 받아 크레타에 미궁을 건설했으나 현재 남아 있는 것은 없다고 기록했다. 결국 크노소스궁이 신화 속 미궁과 관련된 유적인가 하는 문제는 지금도 논쟁의 대상으로 남아 있다.

2. 미노아 파라다이스의 등장과 소란

크노소스 발굴과 함께 크레타 전역에서는 다양한 발굴 작업이 이어졌다. 유럽과 미국에서 모여든 고고학자들은 '또 하나의 놀라운 성과'를 꿈꾸며 발굴팀을 꾸렸다. 그 결과 궁전이나 맨션, 빌라 등 대규모 건축물뿐 아니라 미노아인들의 생활상을 보여주는 주거지와 무덤, 산정 신전과 동굴 등 다양한 유적들이 모습을 드러냈다. 청동기시대 크레타의 사회와 문화에 대한 이해가 한층 더 다채롭고 풍부해진 것이다.

동시에 사람들은 수천 년의 잠에서 깨어난 신비의 문명에 열광하기 시작했다. 미궁 신화뿐 아니라 선사시대에 대한 편견을 단박에 부술 만큼 발전된 문명 수준이 뜨거운 관심을 촉발했다. 무엇보다 어떤 고대 문명과도 다른 고유한 특성들이 이런 열광을 부채질했다. 여기에는 언론의 역할도 컸다. 특히 유럽의 대중지들은 크레타 발굴 소식과 관련 이슈를 경쟁적으로 보도하면서, 뒤늦게 알려진 '유럽 최초의 문명'이 얼마나 멋지고 선진적이며 예술적인지, 믿기 힘들 만큼 현대적이면서도 독창적인지 감탄을 쏟아내고 자긍심을 고취했다.

혼종적이고 현대적인 고대 문명

미노아 물질 문화가 보여준 인상적 측면들 중 하나는 자연에 대한 찬미였다. 프레스코화와 도자기, 의례 용기 등에는 번성하는 자연의 풍경과 다양한 동식물, 바다생물, 꽃 들이 넘쳐났다. 수천 년의 시차에도 불구하고 미노아인들의 자연 사랑은 의심의 여지가 없었다. 다채로운 유물들은 놀라운 세련미를 보이면서도 원시적 감각 또한 날것 그대로 보여주었고, 이국적인 듯하면서도 친숙한 혼종적 미감을 발산했다.

한편 미노아 궁전들은 시대를 앞선 혁신적 건축 기법과 관리 기술을 보여주었다. 테라코타 파이프를 활용한 상수도 시설은 멀리 떨어진 샘에서 궁전까지 깨끗한 물을 끌어왔으며, 하수도는 물론 빗물을 처리하기 위한 저장 및 배수 시설도 효율적으로 마련되어 있었다. 게다가 당시 수준의 수세식 화장실까지 설치되었다. 크노소스궁의 '왕실 거주구역'에 있는 화장실은 아마도 세계 최초의 수세식일 것이라고 한다. 이러한 물 관리 기술과 위생 수준은 사람들을 놀라게 하기에 충분했다. 오늘날에도 일부 학자들은 환경과 조화를 이루는 지속 가능한 물 관리를 위해 미노아인들의 지혜와 기술을 연구해야 한다고 주장한다.

미노아인들은 사회조직에서도 선진적인 시스템을 갖추었던 것으로 보인다. 크노소스궁을 비롯해 여러 유적에서 발굴된 선형문자 기록물은 잘 조직된 행정체계가 존재했음을 말해준다. 또 궁전에서 발굴된 다수의 대형 항아리들을 통해 각종 생산물이 체계적으로 관리되었음을 알 수 있다. 지중해를 가로질렀던 활발한 무역 활동은 이를 조정하고 뒷받침하는 관리 시스템을 창출했을 것이다.

잘 알려져 있듯 크레타의 자연환경은 눈부시게 아름답고 풍요롭다. 미노아인들은 그러한 축복 속에서 발전된 사회체제와 시대를 앞선 기술 및 예술 수준을 누렸던 것으로 보인다. 그 때문인지 유물에 묘사된 미노아인들은 활발하고 행복해 보인다. 젊은 여성들의 경우, 공들인 헤어스타일과 화려한 의상, 장신구 들은 중세 궁정과 견주어도 별 손색이 없다.

'보여주지 않는 것들'의 메시지

그런데 아이러니하게도 사람들을 가장 놀라게 한 것은 미노아 문명이 '보여주지 않는 것들'이었다. 미노아 크레타는 전성기에도 동시대 동지중해 지역 대부분의 사회와 달리 남성 중심적인 면모를 보이지 않는다. 오히려 여성들이 도상의 중심인물이고, 신앙의 중심에도 여신이 있으니 참으로 예외적인 상황이 아닐 수 없다.

또 미노아 궁전들에는 미케네 궁전들과 달리 거대한 성벽이 없었다. 오히려 궁전의 입구가 사방으로 열려 있었고, 군사 시설이나 전쟁과 관련된 흔적도 거의 남기지 않았다. 다른 문명권에서는 흔한 전쟁 장면을 묘사한 유물조차 출토되지 않았다. 그래서 칼과 창 등의 무기류가 발견되어도 주로 의례용이거나 위세품으로 여겨졌다.[3] 그렇다고 미노아 남성들이 유약했던 건 결코 아니었다. 그들은 바다를 누비고 사냥을 했으며 황소 위로 뛰어올라 재주를 넘는 용감한 사람들이었다. 또 복싱이나 레슬링 같은 스포츠로 몸을 단련했다. 다만 그들이 살상이나 무도한 폭력을 행사하는 모습은 도상에 잘 나타나지 않는다. 그 대신 의례와 행사에 참여하거나 즐겁게 노래 부르며 행진하는 장면을 통해 신실하고 건강한 남성미를 드러냈다.

미노아 사회는 신궁전기에 접어들면서 사회적 위계가 강화된 것으로 보인다. 하지만 다른 사회들과 비교하면 부의 분배 등에서 여전히 공동체적 성격이 강했던 것으로 해석된다. 특히 원궁전기의 경우는 궁전 엘리트들의 권력도 통제 가능한 수준이었다고 한다. 프랑스 고고학자 앙리 방 에팡테르는 신궁전기 이전의 크레타 사회를 '원시 민

---

3 방패나 칼을 의례용으로 쓰는 경우는 그리스 신화에서 유추해 볼 수 있다. 레이아는 제우스를 낳은 후 남편인 크로노스로부터 아들을 구하기 위해 아기 제우스를 크레타의 한 동굴에 숨긴다. 이때 그를 보호하기 위해 쿠레테스란 정령들이 등장하는데, 이들은 아기의 울음소리가 들리지 않도록 칼로 방패를 두드려 소리를 내며 춤을 춘다. 칼과 방패가 전쟁용이 아니라 아기를 살리기 위한 용도로 쓰이는 사례다. 이러한 맥락에서 닐손은 이 신화가 전하는 춤이 다산을 기원하는 의례라고 해석했다.

주정'이라고 평가했다.

고대 세계의 히피들?

미노아 문명이 각광받던 20세기 전반은 양차 세계대전으로 서구 사회가 큰 고통과 좌절에 빠져 있던 때였다. 어디에서든 희망의 불씨를 찾고자 했던 사람들에게 미노아 문명은 역사가 선사한 아름다운 선물로 보였을 것이다. 사람들은 저마다의 관심이나 가치관 등에 따라 고대 크레타에 매료되었고, 그와 관련된 서사들도 그만큼 다채로워졌다.

이 과정에서 흥미로운 현상이 나타났는데, 바로 '미노아인의 정체성 구성'이라고 할 만한 것이었다. 크노소스 발굴 이후 20세기 중후반에 이르기까지 사람들은 미노아인에게 특정한 성격과 이미지를 부여해 나갔다. 캐슬던은 그의 책 『미노아인Minoans: Life in Bronze Age Crete』에서 사람들이 상상했던 미노아인에 대해 다음과 같이 소개했다.

미노아인들은 고상하고 우아한 사람들로서 자신의 육체적 아름다움을 보여주는 데 순수한 기쁨을 느꼈다. 그들은 유연하고 건장했으며 복싱과 레슬링, 황소 재주넘기를 즐겼다. 그리고 매우 섬세한 탐미주의자로서 세련된 건축물과 아름다운 물건들로 주변을 꾸몄다. 또 자연을 사랑하는 사람들이어서 꽃과 새, 나비로 가득찬 풍경을 프레스코화로 제작했다. 그러나 집단적 차원에서 강한 민족이었기 때문에 자신들을 에워싼 바다를 통제하는 함대들을 소유해 침략의 위험을 최소화했다. 그들은 평화를 사랑하는 민족이어서 각 도시국가의 주민들은 이웃들과 조화를 이루고 살았으며, 미노스라고 불린 위대하고 강력한 크노소스왕의 통치 아래 있었다.

이러한 분위기 속에서 미노아인들을 향한 낭만적 이상화가 생겨났다. 1960년대 히피 운동이 한창일 때는 '고대 세계의 히피들'이라고 불리기도 했다. 당시 히피들은 미노아인들이 천국 같은 크레타의 햇살을 즐기며 성적으로 자유롭게 살았던 평화주의자라고 상상했다. 요즘에도 일각에서는 백합을 비롯한 미노아 예술의 꽃 소재들을 설명할 때 히피 운동의 '플라워 파워'[4]를 끌어들인다.

헨리 밀러의 찬사

소설가 헨리 밀러 역시 미노아 크레타의 평화주의에 매혹되었다. 그에게 미노아 시대는 화려하고 세련되었으며 강력하지만 평화롭고, 유쾌하고 건강한 시대였다. 또 평등주의적이고 페미니즘적인 시대이기도 했다. 크노소스에는 1930년대 이후 관광객들이 몰려들었는데 그도 1939년 크레타를 방문했다. 크노소스와 파이스토스 궁전, 박물관들을 돌아본 후 그는 『그리스 기행: 마루시의 거상』에 다음과 같은 감상을 남겼다.

크노소스는 강인하고 평화로운 사람들의 광휘와 건전함, 그리고 풍요로움을 모든 면에서 말해준다. …… 크노소스의 긴 역사를 통해 인류가 알고 있는 모든 형태의 정부가 실험되었다는 말이 있다. 여러 면에서

---

4 히피 운동의 플라워 파워는 반전, 평화, 사랑, 자연으로의 회귀, 비폭력적 저항, 공동체, 자유와 해방 등을 상징했다.

크노소스는 고대 그리스 세계의 다른 후대 시기들보다 오히려 현대에, 20세기에 훨씬 더 가까운 정신을 지녔다고 할 수 있다. …… 나는 이곳에서 오랜 세월 평화의 시대가 지속되었음을 느꼈다.

크노소스에는 땅에 발을 딛고 있는 듯한 현실감이 있다. …… 여성들이 사회 활동에서 중요하고 동등한 역할을 담당했으며, 놀이의 정신이 두드러진다. 요컨대 지배적인 분위기는 기쁨이다. 크노소스에서 사람들은 살기 위해 살았고, 내세에 대한 생각으로 고통받지 않았으며, 조상의 영혼에 대한 과도한 경배에 억눌리지 않았다. 그들은 인간에게 어울리는 유일한 방식으로 종교적이었다. 즉 손에 닿는 모든 것을 최대한 활용하고, 흘러가는 매 순간에서 삶의 정수를 뽑아냈다. 크노소스는 가장 좋은 의미에서 세속적이었다.

서구 지식인들과 예술가들에게 미노아 크레타는 지중해의 한 섬에서 고대의 특정 시기에 존재했던 과거의 역사가 아니었다. 크레타는 지리적 장소라기보다 심리적 장소였고, 오히려 현재와 미래의 시간에 뿌리를 내리고 있었다. 닿을 듯 아스라한 신비의 그곳에서는 아름답고 평화로운 사람들이 어머니 여신의 보호 아래 자연과 조화를 이루며 행복한 삶을 구가했다.

미노아 황금시대: 팍스 미노이카

미노아 문명과 미노아인들에 대한 이러한 인식이 확산된 데에는 에번스의 영향이 절대적이었다. 그는 발굴 결과를 소개하면서 미노아 사회를 거의 유토피아적으로 그려냈다. 크레타의 왕은 에게해를 제패한 강력한 군주였으나 백성들에겐 자애로운 존재로 상정되었다.

미노아인들 또한 문화적으로 세련되고 기술적으로 선진적이었으며 평화를 사랑하는 사람들로 재현되었다. 에번스의 표현을 따르자면 '미노아 황금시대' 혹은 '팍스 미노이카Pax Minoica' 시대가 존재했다는 것이었다.

에번스는 크노소스의 문화가 1000년 후인 아테네의 문화와 같은 수준이거나 오히려 더 뛰어나다고 주장했다. 그리스 문화의 우월성을 주장하며 크레타 문화를 폄하하던 고전학자들에게 그는 '열매'보다 '뿌리'를 보라고 응수했다. 그리스 문명의 과학적 연구는 그에 앞선 미노아·미케네 문명을 고려하지 않고서는 가능하지 않다는 것이었다. 그에게 미노아 크레타는 유럽 문명사의 원류일 뿐 아니라 독보적으로 빛나는 시대였다.

특히 에번스를 놀라게 한 것은 종교였다. 당시 진화론적 관점을 취한 지식인들은 선사시대 종교를 무지에 기반한 의례나 주술 행위 정도로 치부했으나, 미노아인들은 인격화된 신을 숭배하며 매우 세련된 방식으로 신앙을 표현했기 때문이다. 에번스는 미노아 문화가 성숙한 단계였으며 문자가 있었으므로 시와 문학도 창작되었을 것이라고 추정했다. 이러한 가능성은 현재도 제기된다.

미노아 크레타는 반전주의자들과 평화주의자들뿐 아니라 페미니스트들에게도 큰 반향을 일으켰다. 에번스가 미노아 사회를 가모장제로 해석한 것은 결코 작은 사건이 아니었다. 이 때문에 에번스를 초기 페미니스트로 여기는 시각도 있다.

페미니스트들의 환호

페미니스트들에게 크노소스는 가부장제 이전 여성 중심 사회가 실제로 존재했음을 알려주는 더없이 소중한 역사 자원이었다. 게다가 성평등뿐 아니라 비폭력과 평화, 계층 문제 등 다른 가치들에서도 진보적 사회상을 보여주니, 그야말로 역사의 보물이 아닐 수 없었다. 페미니즘과 평화주의 진영의 뜨거운 환영은 여성 고고학자 호크스가 상상한 전성기 미노아 사회의 모습에 잘 투영되어 있다.

이 아름답고 생산적인 섬에서 청동기시대 미노아인들은 잘 정돈된 번영의 삶을 누렸다. 경작이 더 용이했던 중부와 동부 지역에서는 10마일만 걸으면 정원과 별채를 갖춘 맨션, 시장, 작업장, 크고 부유한 집들이 있는 시골 도시를 만났을 것이다. 혹은 사람들로 북적이는 항구에서 외국인들의 목소리를 들으며 수평선 너머 세상의 광대함과 다양함을 떠올렸을 것이다.

이 시골 지역에서의 삶은 궁전이 있는 도시들과의 교류로 끊임없이 자극받고 발전했다. 파이스토스와 말리아는 각각 크노소스로부터 25마일이 안 되는 거리에 있었고, 자크로스는 말리아에서 동쪽으로 50마일에 못 미치는 거리에 있었다. 이 모든 곳들에는 활기차고 세련된 사회가 형성되어 있었을 뿐 아니라, 궁전의 후원을 받는 재능 넘치는 여성과 남성들이 있었다. 그들은 세계 최고 수준의 천재적 예술가이거나 공예가였다. 이들과 이들의 작품은 크레타섬의 발전된 지역들에서 취향과 공예의 수준을 높이는 데 기여했다.

다산과 풍요의 여신은 숭배자들의 열망을 충족시켜 주었다. 궁전과 동굴, 그리고 산속의 신전에서 여신은 사람들의 삶을 주재했다. 그 삶의 물질적 조건과 문명화된 이상은 대부분의 경우 3000여 년 후의 영국과 서유럽에 견줄 만했다.

물론 미노아 사회에 글로 기록된 문서들과 고딕 성당 같은 찬란한 건축적 성취는 없었다. 그러나 다른 많은 보상이 있었다. 특히 특권 계급 여성들의 경우, 영국과 서유럽보다 미노아 사회에서의 삶이 훨씬 더 나았을 것이다. 존재를 형성하고 물들인 신념들은 삶을 온전히 즐기는 것을 지향했다. 전쟁은 미화되지 않았고, 평화와 햇살은 보장된 듯했다.

미노아 크레타가 페미니즘의 관점에서 본격적으로 조명된 때는 1970년대 이후이지만, 그 흐름은 이미 20세기 초반부터 시작되었다. 여성들이 높은 지위를 누린 가모장제 사회이면서도 강력한 제국을 건설했다고 소개된 크레타는 여성 참정권 운동이 한창이던 시대적 분위기 속에서 지식인 여성들의 주목을 받았다. 앞서 소개한 《데일리 메일》의 기사에서 알 수 있듯 1920~1930년대의 언론들도 미노아 크레타를 페미니즘과 관련해 다루었다. 개중에는 크레타에서는 여성들도 바다와 육지에서 남성들과 함께 전투에 참가하며 동지애를 키웠던 것 같다는 식의 선정적인 기사도 있었다.

여신문화론의 등장

미노아 크레타를 페미니즘과 성공적으로 연결한 인물로는 김부타스와 아이슬러가 있다. 김부타스는 구유럽의 여신 문명을 최초로 소개해 갈채와 비판을 동시에 받은 고고신화학자다. 그녀에 따르면, 구유럽인들은 여신을 숭배하면서 어머니 중심적인 정착 문화를 누렸고, 자연의 경이로움과 생명에 대한 예찬을 삶의 중심에 두고 이를 높은 수준의 예술로 표현했다. 또 후대의 성차별적 계급 사회와 달리 평등한 사회를 조직했고, 전쟁의 흔적이 거의 없는 평화로운 사회를 건설했다.

2장 미노아 문명의 진실을 찾아서

김부타스는 구유럽과 크레타의 여신신앙이 상징 활용이나 내용 면에서 매우 동질적이라고 보았다. 구유럽의 여신 문화가 아나톨리아를 거쳐 크레타로 전파되었기 때문이다. 크레타와 구유럽, 아나톨리아의 여신신앙은 친족처럼 엮여 있다고 한다. 그녀는 수천 년간 이어진 구유럽의 여신 시대가 호전적이고 남성 지배적인 인도유럽인들(쿠르간 집단)의 침입으로 종말을 맞았다고 주장했다.[5] 쿠르간 집단의 침탈은 기원전 4500년에서 2500년 사이에 반복적으로 자행되었고, 이로부터 유럽 지역에 가부장제가 확산되기 시작했다는 것이다. 크레타 등 일부 지역은 이 역사적 변동 과정에서 마지막까지 살아남은 여신 문명의 보루였다.

1980년대 후반 문화사학자 아이슬러는 『성배와 칼』에서 크레타에 최고의 찬사를 보냈다. 크노소스 발굴 성과들이 문명의 '본질적 차이'를 드러낸 '고고학적 폭탄선언'이었다는 것이다. 그녀는 미노아 크레타를 여성과 남성이 조화로운 동반자로서 즐겁게 지낸 '마지막 세상'이라고 보았다.

아이슬러는 문화를 '칼의 문화(지배자 모델)'와 '성배의 문화(파트너십 모델)'로 나눈다. 여기서 성배는 여신의 상징이다. 성배의 문화는 선사 시대 여러 지역과 크레타 등지에서 꽃피운 문화로, 삶에 대한 사랑을 바탕으로 협력과 공존, 자연과의 합일과 평화를 추구했다. 반면 이를 멸망시키고 등장한 칼의 문화는 남성 지배, 계급 지배, 전쟁과 폭력, 차별과 착취, 환경파괴를 야기했고 오늘날까지 전 세계 곳곳에 수많

---

5   김부타스의 이론은 오랫동안 비주류에 머물렀지만, 2017년 권위 있는 고고학자이자 김부타스의 맹렬한 비판자였던 콜린 렌프류가 김부타스의 쿠르간 가설이 "훌륭하게 입증되었다"라고 인정했다. 하지만 구유럽인들과 쿠르간 집단 사이의 문화 충돌에 대한 주장까지 받아들인 것은 아니다.

은 갈등과 고통을 낳고 있다.

『성배와 칼』에서 아이슬러가 던지는 메시지는 분명하다. 5000년이나 지속된 칼의 문화를 끝내고 성배의 문화를 회복하자는 것이다. 이러한 문화 변혁의 도정에서 미노아 문명은 '성배의 문화'가 구현된 역사적 실례이자 미래의 비전으로서 가장 빛나는 자원으로 활용될 수 있다는 주장이다.

미노아 파라다이스의 추락?

세상은 변하기 마련이어서 미노아 문명에 대한 낭만적이고 이상주의적인 투사도 시간이 흐르면서 사그라들기 시작했다. 새로운 발굴 성과들이 쌓이고 다양한 방법론과 해석이 등장하면서 과거의 인식에 대한 비판적 검토들이 본격화되었기 때문이다. 여기에 20세기의 양차 세계대전, 합리주의적 진보에 대한 믿음의 붕괴, 냉전 체제와 페미니즘 운동 등이 '미노아 크레타'라는 판타지적 역사를 만들어낸 것이 아니냐는 역사비평적 시각도 강화되었다.

이러한 흐름 속에서 '미노아 파라다이스의 추락' 혹은 '이상주의에서 사실주의로의 전환' 같은 표현들이 등장했다. 더불어 미노아인들도 전쟁에 익숙했다거나, 에번스가 고대의 군사 시설을 찾아내고도 정치적 이상을 위해 감추었다는 식의 놀라운 주장들도 제기되었다.

특히 충격적이었던 것은 1979년 여름 발표된 발굴 결과였다. 사람을 제물로 바쳤거나 식인의례의 흔적으로 해석될 수 있는 유해가 나왔기 때문이다. 이 발표는 고고학계보다 언론과 대중에게 더 큰 충격을 안겼다. 이 해석의 적실성 여부는 여전히 중요한 논쟁거리로 남아 있으나 '미노아 파라다이스'의 이미지에 큰 흠집을 낸 것은 분명하다.

오늘날 미노아 크레타는 더 이상 낭만적 이상화의 대상은 아니다. 이 복잡다단한 포스트모던 시대에 더 이상 그런 순진한 시각은 통용되지 않는다. 새로운 발굴과 해석은 미노아 크레타라는 역사적·문화적 구성물을 더욱 복합적이고 중층적으로 빚어가고 있다. 괴물 미노타우로스는 죽지 않았고, 어느 순간 뛰쳐나와도 이상하지 않을 것이다. 미노아 크레타에 대한 유토피아적 시각 역시 사라지지 않고 간헐적으로 얼굴을 내민다.

3. 미노아 고고학의 역사와 반향

미노아 유적지들의 발굴은 크레타를 중심으로 지금도 진행 중이다. 첨단적인 고고학 방법들이 도입되면서 과거에는 기대하지 못했던 과학적 데이터들이 쌓이고 있다. 또 새로운 이론과 학문 간 연구가 늘어나면서 역사적 실제에 접근할 수 있는 통로들이 많아졌다. 이러한 진전은 선입견과 추정, 검증되지 않은 가설, 이데올로기적 편향 등에 대한 자각이 부족했던 과거의 연구들을 비판적으로 재검토하도록 했다. 후대 학자들의 이러한 '다시 보기' 작업에서 에번스는 첫 번째 대상이 될 수밖에 없었다.

에번스는 방대한 저술과 열정적 강연, 성공적 전시 활동을 통해 '유럽 문명의 원류로서 미노아 문명'의 위대함을 서구 사회에 각인시켰다. 또 크노소스궁의 복원 및 재구축 작업을 통해 미노아 문명의 실체를 가시화했다. 이런 그의 업적은 미노아 문명의 이해에 기본적 토대가 되었는데, 앞서 설명했듯 극복하기 쉽지 않은 문제들도 발생시켰다. 비판적으로 보자면 첫 단추부터 잘못 끼워졌다고도 할 수 있다.

정말 유럽 문명의 원류인가?

에번스의 크노소스 발굴은 미노아 문명뿐 아니라 유럽 문명 전반에 대한 관심을 고조시켰다. 동시에 유럽의 정체성에 대한 논의도 이끌어냈다. 대표적인 사례가 1925년 출간된 고든 차일드의 책 『유럽 문명의 새벽The Dawn of European Civilization』이다. 에번스의 관점을 따른 이 책은 미노아 문명을 더 큰 틀에서 체계적으로 이해하는 데 큰 영향을 미쳤다.

차일드는 미노아 문명을 "유럽 문명"이란 거대 서사의 첫머리에 두면서 그것을 "유럽 정신의 첫 번째 출현"이라고 설명했다. 미노아 문명이 예술과 종교 면에서 이집트와 메소포타미아에 큰 빚을 지고 있으나 그 정신은 전적으로 유럽적이라는 주장이었다. 동방 문명을 전제적이고 정체되었다고 평가한 그는, 그와 다른 유럽 문명의 고유성을 미노아 문명에서 찾았다. 그에 따르면 미노아 문명은 외부의 영향들을 자기화하는 창조력과 본질적으로 현대적인 관점을 지니고 있었다. 물론 이런 언술의 배경에는 근대 문명을 일군 주체로서 유럽의 우월주의가 자리한다.

그런데 유럽 문명의 정체성에서 미노아 문명을 중심에 둔 에번스류의 입장은, 미케네나 그리스 문명을 중시하는 측으로부터 비판을 받았다. 그들에게 미노아 문명은 유럽의 뿌리가 아니라 동양적이고 퇴폐적이며 이질적인 문명이었다. 그리고 고대 그리스와 대척점에 자리했다.

그런가 하면 정치적 배경과 맞물려 미노아 문명을 '그리스화'하려는 움직임도 등장했다. 고전기 그리스에 무게를 두고, 그리스 신화와 전설을 동원해 미노아 문명을 통합하려는 시도였다. 이는 그리스 문명과 다른 미노아 문명의 독자성을 강조했던 에번스의 입장을 약화시키는 것이었다. 이처럼 유럽 역사에서 미노아 크레타의 위치는 동방과 유럽 사이에 모호하게 자리하며, 상이한 시각과 이해관계와 주장에 따라 다르게 설정되었다.

최근에는 미노아 문명이 유럽 문명의 원류라는 주장에 대해 비판이 늘고 있다. 에번스의 유럽중심주의가 낳은 의도적 산물이라는 것이다. 크노소스 발굴을 시작하기 전에 이미 그가 유럽 문명의 요람을 찾고 있었다는 비판도 제기되었다. 게다가 현대 고고학은 '원류'를 묻는 질문 자체의 정당성을 의심한다. 문명의 역사를 이해할 때 원류에서 시작된 진화론적 거대 서사가 타당성을 갖는다고 보지 않기 때문이다. 문명의 발전 과정은 하나의 원류를 지목하기엔 너무 복잡다단하고 선형적이지도 않다. '유럽'이란 개념 자체가 고대 그리스 이후 서구에서 형성되어 온 지리적·문화적 구성물이라는 점도 원류 논쟁에 찬물을 끼얹는다.

에번스의 주장과 그에 동조한 학자들의 견해는 유럽의 빛나는 정체성을 세우기 위해 크레타 선사시대를 전유한 결과일 수도 있다. 최근 학자들은 미노아 문명을 동지중해의 교류망 속에서 발전한 복합적 문명으로 이해하는 경향을 보인다.

선형문자 B가 해독되다

제2차 세계대전 전까지 크레타에는 고고학자들이 몰려들어 말리아 궁전과 정착지, 각종 성소를 발굴해 나갔다. 이 시기에는 미노아 문화와 미케네 문화가 뚜렷하게 대비되는 한편으로 미노아 문화의 이중성에 대한 관심이 높았다. 유럽과 동방, 원시성과 근대성, 생동감과

❖ 파이스토스 디스크.

퇴폐성 등 서로 모순된 듯한 특성들에 대한 담론들이 생산되었고, 미노아 특유의 섹슈얼리티와 젠더 문제도 논의되기 시작했다. 또 에번스가 주장한 어머니 여신과 여성의 중요성은 미노아 크레타의 유산으로서 큰 관심을 받았다.

1950년대에는 미노아 고고학에 획기적인 사건이 발생했다. 선형문자 B가 해독된 것이다. '그리스 고고학의 최고봉'으로 꼽히는 선형문자 B 해독은 건축가이자 언어학자인 마이클 벤트리스와 언어학자 존 채드윅의 업적이다. 이들은 1952년 선형문자 B가 초기 그리스어를 표기한 문자임을 판독해 냈고, 이로써 미케네인들의 정체가 분명해졌다. 에번스는 선형문자 B를 미노아 문자로 이해했고, 미케네인들이 미노아 제국의 영향하에 있었다고 생각했는데 상황이 뒤바뀐 것이다.

선형문자 B가 판독되면서 논쟁의 대상이었던 크레타와 미케네의 관계가 정리되었으며, 미케네 지배하의 크레타 사회에 관한 정보를 일부나마 얻게 되었다. 에번스는 미노아인들이 유일신적 어머니 여신을 섬겼다고 보았지만, 크노소스에서 나온 토판들은 남신들을 포함한 다신교 신앙의 증거를 담고 있었다. 1960년대 후반부터 학계에서는 미노아 어머니 여신의 존재를 비판하는 흐름이 생겨나기도 했다.

안타깝게도 미노아인들이 사용한 선형문자 A와 상형문자는 해독되지 못하고 있다. 무엇보다 자료가 너무 적기 때문인데, 최소한 그리스어는 아닌 것으로 여겨진다.

미노아 문자를 논할 때 빠지지 않는 유물로 파이스토스 디스크가 있다. 파이스토스 궁전에서 발굴된 원형 토판으로, 양면 모두에 나선을 따라 고대문자가 가지런히 찍혀 있다. 이 기호들은 알려진 어떤 문자들과도 달라서 큰 관심과 논쟁의 대상이 되어왔으며, 역시 해독되지 못하고 있다. 이 디스크는 미노아인들이 복수의 문자를 사용했을 가능성을 보여준다. 일부 학자들은 이 디스크가 여신에 대한 찬가를 기록한 것이 아닐까 추정하기도 한다.

아크로티리 발굴의 쾌거: "에게해의 폼페이"

1960년대 이후부터 1970년대 중반까지는 에게해 일대에서 다수의 미노아 유적지들이 발굴되었다. 키클라데스제도의 테라, 케아, 멜로스, 그리스 서남쪽의 키테라, 튀르키예 연안의 밀레투스와 이아소스 등이 대표적이다. 이는 당시 회의적으로 받아들여졌던 에번스의 '미노아 해상제국'론에 힘을 실어주는 전개였다.

그중에서도 테라의 아크로티리 발굴은 에게 고고학의 획기적 사건이었다. 산토리니란 이름으로 더 잘 알려진 테라는 크레타의 북쪽에 위치한 자그마한 섬으로, 크레타를 마주 보는 남쪽 끝에 아크로티리가 있다. 이곳에는 크레타와 교류하며 번성했던 정착지가 있었다. 기원전 1550년 이후 크노소스의 직접적 영향하에 있었던 이곳에서는 크노소스의 흙에 찍힌 인장 자국들이 약 70점 정도 발견되었고 선형문자 A가 쓰인 유물들도 출토되었다. 두 섬이 긴밀한 관계를 맺었음을 보여주는 증거들이다.

아크로티리 발굴을 주도한 사람은 그리스의 고고학자 스피리돈 마리나토스다. 그는 에번스와 교유하며 활동했던 1930년대에 미노아 문명의 멸망이 자연재해, 즉 테라섬의 화산 폭발과 관련되었을 것이라고 추정했다.[6] 이런 생각에는 에번스의 영향이 컸다.

6   마리나토스는 크레타가 플라톤이 언급한 전설의 섬 아틀란티스의 역사적 근원일 가능성이 크다고 주장했다. 미노아 문명이 테라의 화산 폭발로 파괴된 후 아틀란티스 전설이 만들어졌다는 것이다. 이 주장은 한때 큰 관심을 끌었지만 현재

1967년 마리나토스는 자신의 오랜 가설을 검증하기 위해 아크로티리 발굴에 착수했다. 그런데 결과는 예상을 훌쩍 뛰어넘는 수준이었다. 아크로티리 언덕의 두꺼운 화산재 층을 파내자 그 아래 묻혀 있던 건물 벽체와 도기 파편들이 나타났다. 조심스레 발굴을 이어가자 건물 내부에 그려진 프레스코화들도 모습을 드러냈다. 벽화들의 뛰어난 보존 상태와 최고의 예술 수준은 발굴팀을 흥분시켰다. "20세기 지중해 고고학의 금자탑", "미노아 문명 연구의 결정적 전환점"으로 평가되는 고고학적 쾌거가 확인된 순간이었다.

처음 발견된 벽화들 중 하나에는 신비로운 푸른 원숭이들이 활기차게 뛰놀고 있었다. 청동기시대 아크로티리 사람들의 생활상을 보여주는 귀중한 벽화들도 점차 모습을 드러냈다. 발굴 작업은 1974년 마리나토스의 갑작스러운 죽음 이후에도 계속 이어져 현재도 진행 중이다.

아크로티리 유적지는 '에게해의 폼페이'로 불릴 정도로 보존 상태가 좋다. 화산이 폭발하면서 쏟아진 수십 미터 높이의 재와 돌덩이 등에 덮여 있었던 덕분에 에게해 전역에서 가장 잘 보존된 정착지로 꼽힌다. 건물들 다수는 거의 지붕 높이까지 무너지지 않았고, 벽면의 프레스코화들도 많은 부분이 제자리를 지키고 있었다. 색채 또한 믿기 어려울 정도로 잘 보존된 경우가 많았다. 폼페이와 달리 희생자의 유해가 나오지 않은 것을 보면 주민들이 질서 있게 대피했던 것으로 추정된다.

인물상과 자연 풍경을 담은 벽화들은 크노소스의 벽화와 별로 다르지 않은 생동감과 우아한 아름다움을 보여준다. 이 때문에 에번스를

학계에서는 별 의미를 두지 않고 있다.

옹호하는 목소리도 나왔다. 크노소스의 벽화 복원이 20세기 초반 인기 있던 아르누보 양식의 영향을 받아 왜곡되었다는 지적이 적지 않았는데, 아크로티리의 벽화들을 보면 그러한 비판이 과도했다는 것이다.

크레타를 넘어선 에게해 일대의 미노아 유적지들은 그 성격을 둘러싼 여러 논쟁을 낳았다. 그것들이 '미노아 해상제국'의 식민지였는지, 아니면 우월했던 미노아 문화가 자연스럽게 확산되어 나간 것인지를 둘러싼 문제다. 방어벽도 찾기 어려운 크레타가 과연 식민지를 건설했겠느냐는 의문이 제기된 한편, 미노아 평화주의를 재검토해야 한다는 반박도 등장했다. 이와 함께 미노아 크레타와 군사주의에 대한 새로운 견해들이 촉발되었지만, 군사적 식민지 건설 가능성에 대해서는 대다수 학자가 여전히 부정적이다.

인간 희생제의와 관련한 논란

1979년은 미노아 크레타를 사랑하던 사람들에게 충격적인 소식이 전해진 해였다. 아네모스필리아와 크노소스에서 인간 희생제의와 제의적 캐니벌리즘을 시사하는 유해가 발견되었다는 발표가 있었다. 아네모스필리아는 크노소스로부터 약 7킬로미터 떨어진 곳인데, 외따로 서 있는 독특한 건물 안에서 4구의 인골이 출토되었다. 그중 하나가 몸이 묶인 채 칼에 찔린 듯한 상태로 제단 같은 곳에 놓인 소년의 유해였다. 신전으로 보이는 건물은 기원전 1700년경 지진으로 무너진 상태였다. 발굴자들은 지진을 피하기 위해 신에게 소년을 제물로 바친 것 같다는 해석을 내놓았다. 함께 나온 젊은 여성과 남성의 인골은 사제들로 추정되었다.

한편 크노소스 인근의 한 건물 지하에서도 칼로 살을 떼어낸 자국이 남은 어린아이들의 뼈가 발견되었다. 여러 가능한 해석들 중에서 발굴자들은 제의적 캐니벌리즘의 가능성을 가장 높게 보았다. 현장의 여러 정황이 그러하다는 것이었다.

같은 시기에 발표된 두 사례는 기괴한 내용만큼이나 큰 파장을 일으켰다. 문명화된 아름다운 세상으로 투사된 미노아 크레타의 대중적 이미지에 섬뜩한 핏빛 바람이 들이닥친 것이다. 특히 미노아 문명을 근대성의 원류로 여겼던 사람들에겐 이 느닷없는 야만성이 더 큰 충격을 주었다. 예상할 수 있듯 일부에서는 이러한 발굴 결과를 인간을 제물로 바치는 미노타우로스 신화와 재빨리 연결하기도 했다.

그러나 발굴 결과들이 정말 인신공희와 캐니벌리즘을 입증해 주느냐에 대해서는 논란이 계속되고 있다. 반대자들은 사람을 바쳤다는 제단이 진짜 제단이라는 증거가 없다거나, 소년이 정말 칼에 찔려 죽었는지도 확실치 않다고 반박한다. 사냥하다 죽은 후 옮겨진 것일 수 있고, 건물이 매장을 위해 시신을 처리하던 공간일 수 있다는 의견도 있다. 캐니벌리즘 문제는 더 많은 논란을 불렀다. 크레타에서 캐니벌리즘의 증거를 찾기 힘들고, 2차 매장을 위해 뼈에서 살을 제거한 흔적일 가능성이 크다는 것이었다. 설사 제의적 캐니벌리즘이 있었다 해도 절체절명의 위기 상황 같은 극단적 경우였을 것이라고 의미를 축소한다.[7]

7　하니아(키도니아)의 궁전 유적지에서도 소녀를 제물로 바친 것이 확실해 보이는 정황이 발견되었다. 기원전 13세기 초 미케네가 지배하고 있던 시기다. 지진을 피하기 위해 땅의 신에게 소녀를 바친 것으로 추정된다. 그런데 인신공희 논란을 다루려면 그 역사와 성격에 대해 고찰해야 한다. 현대인들에겐 오래전 일부 야만적 세상에서 자행된 일탈적 관습으로 여겨지기 쉽지만 사실 인간 희생제의는 보편적으로 나타난 현상이다. 중국에서부터 인도, 그리스에서 중근동 그리고 중남미 지역에 이르기까지 사람들은 신을 달래거나 예견되는 위험을 막기 위해 인

1980년대 중반 이후에는 크레타 동부 지역에서 경계 초소처럼 군사 시설로 해석되는 유적들이 보고되는 등 미노아 평화주의를 흔드는 다른 상황들도 전개되었다. 엎친 데 덮친 격으로 미노아 문명의 어두운 측면이 거듭 조명된 것이다.

예상치 못한 충격적 발표들이 나오고, 갈수록 논쟁의 지형도 복잡해지면서 미노아 크레타는 더 이상 하나의 동질적 인식 대상이 아니게 되었다. 사람들은 미노아 크레타의 얼굴이 여러 개일 수 있음을 깨달았다. 그러나 믿고 싶지 않은 소식들에도 불구하고, 혹은 그 때문에 더욱 미노아 문명에 대한 사람들의 관심과 탐색은 지속되었다.

에번스의 해석에 대한 도전들

20세기 마지막 사반세기 동안에는 이집트, 튀르키예, 이스라엘 등지에서 미노아 스타일의 벽화들이 발굴되면서 크레타의 국제관계에 대한 이해의 수준도 한층 깊어졌다. 왕실 간의 결혼이나 화가 및 장인의 교류 가능성 같은 문제도 논의되었다.

이 시기 주목할 것은 미노아 궁전과 통치권력에 대한 새로운 관점이 부상했다는 것이다. '궁전'이란 명칭이나 사제-왕의 존재가 의문시되며, 강력한 남성 왕권 대신 엘리트들의 집단 통치, 공동 통치, 여사제-여왕의 존재 가능성 등이 제시되었다. 또 에번스는 크노소스의 왕이 크레타 전체를 중앙집권적으로 통치했다고 생각했으나, 지역별로

간을 제물로 바쳤다. 그 자취는 그리스 신화의 이피게네이아 이야기나 아들을 신에게 바치려 한 구약의 아브라함 이야기에 남아 있다. 신라 월성에서도 인신공희로 해석되는 발굴 결과가 나왔다. 예수의 죽음, 불교 승려의 소신공양, 일본의 가미카제, 현대의 자살 폭탄 테러 등도 넓은 의미의 인신공희로 해석될 수 있다.

서로 경쟁하는 파벌 세력의 존재가 부상하기 시작했다. 현재는 각 지역의 자율성과 차별성이 강조되면서 미노아 크레타를 지역정치체들의 느슨한 연합체로 보려는 시각이 강하다.

이러한 변화는 에번스의 입장에 대한 비판적 담론을 강화시켰다. 그리고 그의 주도하에 구축된 '크노소스 궁전'과 '미노아 문명'은 서서히 해체되기 시작했다. 한 젊은 학자가 에번스의 『미노스의 궁전』을 "발굴 설명서로 위장한 서사시적 역사 서사"라고 평가한 것은 지나치게 신랄하긴 하지만, 비판의 성격과 정도를 잘 보여준다.

이 시기 미노아 문명에 대한 담론은 학제적 확장과 함께 보다 실제적이고 다중적이며 과학적으로 변했다. 방사성탄소연대측정, 유골 분석과 DNA 분석, 안정동위원소 분석, 디지털 기술과 3D 스캐닝 등이 활용되면서 과거에는 불가능했던 정보들을 얻게 되었고, 연구 대상도 매우 구체화되었다. 에번스 시대처럼 문화사적 관점에서 유물과 유적을 해석하며 문명론적 거대 서사를 제공하는 방식은 지양되었다.[8]

다른 한편으로 중요한 변화는 젠더 관점의 도입이다. 페미니즘이 부상하고 학문적 방법론으로 채택되면서 미노아 사회의 젠더관계나 여성들을 독자적 주제로 다룬 연구와 저작이 눈에 띄게 늘기 시작했다. 유물들에 나타난 미노아 여성의 중요성을 고려하면 늦은 감이 있지만, 어쨌든 이 새로운 동력은 미노아 연구의 지형을 근본적으로 변화시켜 나갔다.

8　이 비판은 김부타스에게도 똑같이 적용될 수 있다. 그녀 역시 선사시대 유럽의 여신 문명이라는 거대 서사를 문화사적으로 소개했다. 그런데 기존 거대 서사에 대한 비판이 거대 서사 자체를 거부하는 것은 아니다. 오히려 이를 보다 다층적으로, 다성적이고 윤리적으로 재구성하려는 노력으로 볼 수 있다. 인간은 의미 있게 살기 위해 건강하고 균형 잡힌 거대 서사를 필요로 한다.

21세기의 발굴 성과들: 여전한 미스터리

21세기 들어 미노아 유적지 발굴과 연구 활동은 지난 세기에 비해 거의 기하급수적으로 늘어났다. 그동안 축적된 데이터의 양도 방대하다. KULP[9] 같은 체계적 조사 및 보존 프로젝트가 수행되었고, 굵직한 국제 학술회의도 계속 개최되었다.

이제 발굴과 연구의 우선적 관심사는 '궁전'이 아니다. 그 대신 미노아 사회의 경제와 사회조직, 권력 구조와 의례, 국제관계, 도시계획, 젠더관계와 일상생활, 사회변동과 인구변동 등 다양한 측면이 포괄적으로 탐구되고 있다. 이 연구들은 큰 틀에서 궁전의 실체를 새롭게 이해하는 데 많은 도움을 준다. 신화에 근거한 추정이 아니라 연관된 복잡한 사회 시스템과 도시 환경의 맥락에서 궁전을 체계적으로 이해할 수 있게 된 것이다.

21세기 이후 발굴 성과들은 아직 만족할 만하게 소개되지 않고 있다. 하지만 새로운 발굴들이 미노아 문명에 대한 인식을 극적으로 바꾸고 있다는 평가가 나온 바 있다. 그것들은 고고학적 지도에서 비어 있던 자리들을 메우는 데 도움을 주었고, 잘 알려지지 않은 시기에 새로운 자료들을 더해주었다고 한다.

2024년에는 카스텔리의 파푸라언덕에서 거대한 원형 건축물이 발견되었다. 중심의 원형 건물을 8개의 동심원이 에워싼 구조로 약 4000년 전 건립된 것으로 추정된다. 내부에는 방들이 얽혀 있어 미

9　Knossos Urban Landscape Project, 크노소스 유적지와 그 주변 계곡을 중심으로 진행된 대규모 고고학 프로젝트다. 궁전 외곽의 거주지와 묘지, 산업 및 토지 이용 흔적 등이 조사되었다. 크노소스를 단순한 궁전 유적지가 아닌, 복잡하고 오랜 역사를 지닌 도시 경관으로 이해하는 데 큰 전환점을 마련했다.

로를 연상시킨다. 공동체의례의 현장이었던 것으로 보이지만 참조할 전례가 없다. 미노아 크레타가 예상 밖의 독특한 얼굴을 드러낸 것이다. 고고학자들은 이 신비로운 건물이 "최근 수십 년간 지중해 지역에서 발견된 가장 중요한 유적들 중 하나"라고 설명했다.

칼로카이리노스에 이어 케팔라언덕에서 에번스가 발굴을 재개한 지 어느덧 120년이 넘는 세월이 흘렀다. 하지만 미노아 크레타는 여전히 '미궁'이다. 많은 부분이 미스터리로 남아 있다. 에번스의 업적은 위대하지만 앞으로도 계속 도전받을 것이다. 반대로 그의 가치가 재조명되는 경우도 생겨날 수 있다. 새로 등장한 카스텔리의 원형 건축물은 에번스의 미노아 크레타와 어떻게 만나게 될까? "크레타 선사시대에 대한 궁전 중심 서사와 전제를 근본적으로 뒤흔들 수도 있을 것"이라는 이 유적의 정체와 메시지가 매우 궁금해진다.

❖ 카스텔리 파푸라언덕에서 발견된 원형 건축물.

3장

미노아 여신 문화
—자연 사랑, 평화, 현대성

1. 미노아 예술 읽기

미노아 문화에 대한 정보는 대개 수많은 유물에 담겨 있다. 미노아 예술이라고 불리는 각종 작품과 건축물 등을 통해 우리는 그들의 삶과 문화를 엿볼 수 있다. 특히 벽화와 도자기, 공예품은 선사시대에 대한 편견을 부수며, 그들의 신앙이 창조한 고유의 문화, 즉 미노아 여신 문화의 정수를 보여준다. 미노아 여신 문화에 대한 이해는 미노아 예술에 대한 이해이기도 하다.

그런데 여기서 먼저 '예술'이란 용어를 다시 생각해 볼 필요가 있다. 이 현대적 개념은 정작 미노아인들과는 별 관련이 없을 가능성이 높기 때문이다.

고대 유물은 예술 이전에 상징이었다

미노아인을 포함한 고대인에게 우리가 '예술'로 분류하는 유물이나 행위는 미적 생산물이나 실천이라기보다 재산 혹은 권력의 범주에 속했다. 또 이미지를 만들고 활용하는 일의 사회적·인지적 기능은 물론, 재현과 묘사의 성격도 오늘날과 달랐다. 예를 들어 특정 꽃의 함의나 꽃 이미지에 대한 시각적 경험은 역사적·문화적으로 크게 다르다. 여신을 상징하는 신성한 꽃은 현대인이 인식하는 꽃과는 다른 차원에 존재했다.

문자가 정보 전달과 의사소통의 기호로 활용되기 이전, 그 역할은 다양한 양식의 이미지들이 담당했다. 선사시대 이미지들은 무엇보다 의미와 관련되었고, 김부타스가 말했듯 일종의 '그림 언어'였다. 미노아 이미지들은 매우 아름답고 예술적이지만, 예술적 아름다움에만 취하면 안 된다. 그 이미지들은 심원한 상징적 의미를 담은 채 음성이나 문자 언어의 차원을 넘어서는 강력한 효과를 발휘했을 것이기 때문이다.

그렇다면 현대인들은 이런 상징적 의미를 얼마나 이해할 수 있을까? 다행스럽게도 학자들은 수천 년의 시차에도 불구하고 그 일이 불가능하다고 보지 않는다. 미노아인과 현대인의 몸이 생물학적으로 다르지 않고, 기본적 삶의 조건이나 심리적 구조도 비슷하기 때문이다. 그렇지 않다면 시공간적으로 멀리 떨어진 민족들 간에 유사한 의례나 신화, 상징 들이 존재하는 현상을 설명할 수 없다. 또 문자가 해독된 동시대 인접 문명들의 시각 언어들을 참조하는 것도 큰 도움이 된다. 근동 지역의 사례들을 주로 활용하는 마리나토스 같은 경우가 좋은 사례다.

물론 그렇다고 해서 상징적 의미를 읽어내는 일이 어렵지 않다는 뜻은 아니다. 먼저 상징들을 구분해 내고, 도상들의 비교 분석을 통해 시각적 문법을 찾아야 한다. 시각 언어의 의미는 물론 구조와 규칙까지 이해해야 하는데 이 과정에서 이견과 논쟁이 생기는 것은 불가피하다.

미노아 예술 고유의 특징들

미노아 예술은 다른 고대 문명권에 비해 유독 개성이 넘친다. 캐슬던은 이를 '눈부신 독창성'이라고 표현했다. 미노아인들은 이집트, 시리아, 아나톨리아 등 주변 문화에서 많은 것들을 받아들이면서도 나름의 방식으로 조합해 고유한 미감을 창출했다. 일례로 프레스코화는 이집트의 영향을 받았지만 주제나 표현 양식에서 큰 차이를 보인다. 경직되지 않은 자유로운 화풍과 야생적이면서도 우아한 아름다움이야말로 미노아 예술의 정수다.

일부 학자들은 미노아 예술의 특징을 '픽처레스크picturesque에 대한 사랑'이라고 말한다. 자연의 아름다움을 이상적으로 표현하느라 그리스 문화처럼 기하학적 형태나 규칙에 큰 관심을 두지는 않았다는 것이다.

가장 흥미로운 점은 미노아 예술이 보여주는 현대적 측면이다. 세련된 미감뿐 아니라 가치 측면에서도 현대인들은 미노아 예술에 쉽게 공감한다. 현재도 진행 중인 '크레토마니아' 현상이 이를 잘 말해준다. 자연 사랑과 공존, 여성성과 평화, 우아함과 자부심의 미학은 학계를 넘어 예술가들과 대중들의 관심을 끌어들인다. 특히 군사적 정신이나 성향이 잘 드러나지 않는 점은 미노아 예술의 정체성을 구성하는 핵심 요소다. 비슷한 시기 이난나, 이슈타르 같은 근동의 여신들이 전쟁과 관련되어 있었음에도, 미노아 여신들은 이를 멀리했다. 호크스의 표현을 빌리자면 여성적 원리를 수호했다.

이러한 특성은 미케네 예술과 비교하면 잘 드러난다. 미케네 유물들은 자연이 아니라 전투적 장면에 관심을 두고 찬양한다. 그들이 주로 재현한 인물들은 적을 물리치기 위해 마차를 타고 떠나는 전사들, 자연이 삭제된 공간에서 호전성을 과시하는 남성들이었다.

이제부터 미노아 예술을 인장과 반지, 프레스코화, 도자기, 궁전 건축 네 가지로 나누어 각각이 전하는 여신 문화의 내용을 구체적으로 살펴본다. 4장에서 자세히 소개할 것들은 제외하고, 가장 많이 언급되는 중요한 유물들을 중심으로 설명할 것이다.

2. 인장과 반지: 산 어머니의 위엄

수천 개에 이르는 인장과 인장 자국, 그리고 반지는 미노아 문화를 알려주는 가장 풍부한 자원이다. '글립틱glyptic 예술'로 총칭되는 이 유물들은 초기 미노아 시대부터 등장한다. 처음에는 다양한 재질로 만든 소박한 인장이 생산되었고, 신궁전기에 들어서면서 보석과 금 등을 사용한 고도로 세련된 인장과 반지가 다수 제작되었다.

이 글립틱 유물들 속 여성들은 거의 예외 없이 종교적 맥락에서 등장한다. 여사제나 숭배자 혹은 여신으로 추정된다. 이들을 통해 우리는 의례를 수행하는 여사제들과 신비로운 미노아 여신들의 모습을 엿볼 수 있다.

신궁전기의 인장과 반지에 묘사된 여신상은 매우 다채롭다. 꽃이 핀 들판에서 백합 향기를 맡거나, 동물에게 먹이를 주고 교감하거나, 그리핀이나 사자를 타고 어딘가로 향하기도 한다. 돌고래를 잡고 있거나 배를 타고 도착하는 모습인가 하면, 하늘에서 내려오는 장면도 있다. 단상이나 나무 아래 앉아 봉헌을 받기도 하고, 산 위에 우뚝 서서 경배를 받는 모습도 보인다.

권위를 표상하는 여신: '산 어머니' 인장반지 자국

'산 어머니' 인장반지 자국은 에번스가 미노아 여신신앙을 인지하고 이해하는 데 큰 영향을 미친 중요한 유물들 중 하나다. 이 반지 자국은 크노소스궁 중앙마당 서쪽의 삼분구조 신전과 그 근처에서 여럿 출토되었는데, 뱀여신상이 발굴된 공간과도 가까운 곳이다. 아마도 금제 인장반지로 찍은 자국일 것으로 추정된다.

　반지 자국의 중심에는 산꼭대기에 서서 홀笏을 든 손을 내뻗은 여신이 있다. 미노아 여신들이 그렇듯 주름 장식이 달린 긴 치마를 입고 가슴은 드러낸 모습이다. 당당하고 위엄 있는 그녀의 포즈는 양쪽에서 호위하는 암사자 두 마리에 의해 신성을 획득한다. 이 반지 자국들이 발견된 영역에서는 흰 석회암으로 만든 암사자 머리 형태의 리톤도 출토되었다.

　여신의 뒤편에는 축성의 뿔로 장식된 건물이 묘사되어 있는데, 이곳은 크노소스궁으로 여겨진다. 이런 이유로 그녀를 육타스산의 여신으로 추정하기도 한다. 에번스는 이 여신을 '산 어머니'라고 명명하며 크레타의 어머니 여신으로 해석했다. 후대의 학자들은 소아시아의 위대한 여신이나 키벨레 혹은 더 오래된 차탈회위크의 여신과 이 여신을 관련시켰다.

　여신 앞에 선 젊은 남성은 윗몸을 젖혀 그녀를 우러르며 경배하는 제스처를 취하고 있다. 그는 단순한 경배자일 수도 있지만 여신에게 왕권을 수여받는 왕으로 추정되기도 한다.(물론 이는 남성왕이 존재했다

는 가정을 전제로 한다.) 혹은 지도자의 위치에 있는 남성이 산 어머니로
부터 어떤 메시지를 받는 모습일 수도 있다.

남성이 누구이든 간에 이 반지 자국의 주인공은 강력하고 신성한
메시지를 전달하는 여산신이다. 최고신으로서 미노아 여신의 위상을
의문의 여지없이 보여준다.

의례에 현시하는 여신: 이소파타 금반지

크노소스 근처 이소파타의 무덤에서 출토된 유명한 금반지는 대체
로 여신의 현시 장면을 묘사한 것으로 해석된다. 반지에는 벌 같은 머
리를 지닌 4명의 여성이 화려한 드레스를 입고 초원에서 춤추는 모습
이 새겨져 있다. 하늘에서는 작은 몸집의 여성이 머리카락을 옆으로
휘날리며 빠른 속도로 내려오는 중이다. 초원에는 여신의 상징인 꽃
들이 피어 있다.

춤추는 여성들은 여신을 부르는 듯한 제스처를 취하고 있다. 에번

❖ 이소파타 금반지.

        3장   미노아 여신 문화—자연 사랑, 평화, 현대성

스는 이를 열광적인 '청신請神'의 춤으로 해석했다. 하강 중인 작은 여성 아래에는 구불구불한 선이 표시되어 있는데, 이는 땅과 하늘을 가르는 경계의 표시로 해석된다.

앞서 소개했듯 김부타스는 이 장면을, 봄을 맞아 벌춤을 흉내 내는 수분受粉의례로 보았다. 춤추는 여성들의 머리와 손이 곤충처럼 묘사되어 있고, 그 머리에서는 꽃가루가 흩날린다. 하강하는 여신은 '벌여신'일 것이라고 한다.

반면 도상의 여성들이 리드미컬한 움직임을 통해 변형된 의식 상태에 진입한 것으로 보는 입장도 있다. 샤머니즘적 의례를 통해 트랜스 상태에 진입한 상황이 곤충 같은 머리 형태와 그로부터 일렬로 분출하거나 흘러내리는 점들로 표현되었을 수 있기 때문이다. 이 기묘한 묘사가 상징적인 게 아니라 실제 감각적 경험일 수 있다는 주장이다. 이러한 묘사는 다른 인장이나 반지들에서도 볼 수 있다. 몸의 감각들을 적극적으로 깨우는 의례에서 엑스터시 혹은 트랜스 상태에 들어간 사람들이 겪는 경험은 일상적인 수준보다 훨씬 선명하고 실제적이다. 에피파니의 경험도 종종 일어난다. 이런 관점에서는 하강 중인 작은 여성이 트랜스 상태에서 접한 여신의 형상으로 해석된다.

그런데 이 반지의 도상에서 보이는 제스처들은 다른 글립틱 유물이나 프레스코화에서도 반복된다. 하늘로 두 팔을 뻗거나 양팔을 꺾어 들고 있는 포즈, 한 손을 늘어뜨리고 다른 손은 기울인 머리 쪽에 가져가는 듯한 제스처들이 다 그렇다. 특정한 제스처나 포즈가 여러 유물에서 반복적으로 나타난다면, 분명히 어떤 의미를 지녔을 것이다. 미노아인들에게는 자명했을 그 의미들이 우리에겐 수수께끼다.

동물의 여주인: 크노소스 줄마노 인장

미노아 여신들은 동물을 동반자로 거느리는 경우가 많다. 그리핀처럼 상상 속 동물도 있고 사자, 뱀, 새, 염소 같은 실제 동물들도 있다. 앉은 자세로 염소나 사슴, 사자를 쓰다듬거나 먹이를 주는 여신의 모습은 동물 세계와의 조화, 동물에 대한 그녀의 애정을 보여준다. 이때 여신은 동물의 여주인으로 불린다.

아르카네스 출토 금반지가 보여주듯, 그리핀 같은 신비로운 동물은 여신을 수행하며 그녀의 신성과 권위를 표상한다. 미케네에서 출토된 한 미노아 반지에는 의자에 앉아 그리핀의 목줄을 잡고 있는 여신이 묘사되어 있다. 동물의 꼬리나 목을 움켜쥔 모습은 자연에 대한 지배력을 과시하는 것으로 읽힌다. 크노소스궁의 뱀여신상도 두려운 존재인 뱀을 자유자재로 다루는 그녀의 초인적 능력을 드러내는 것이다.

동물과 함께하는 여신 도상들 중 가장 인상적인 구도는 두 마리의 그리핀, 사자, 새 등이 여신을 가운데 두고 대칭을 이루는 장면이다.

❖ 아르카네스의 무덤에서 출토된 금반지.
여신과 동행하는 그리핀의 활기찬 모습.

여신의 중심적 위상이 강조되
면서 그녀의 신성과 권위를 확
증한다. 크노소스 '산 어머니' 인
장반지 자국도 이 범주에 속한
다. 고대 동방 지역에서 유입된
것으로 여겨지는 이러한 도상은
크노소스궁 왕좌실의 그리핀 프
레스코화에서도 반복된다.

❖ 크노소스 출토 줄마노 인장의 도상.

크노소스에서 발굴된 '줄마노
(오닉스) 인장'에도 그리핀 두 마리가 대칭적으로 등장한다. 중앙의 여
신은 두 팔을 들어 머리 위의 무언가를 받치는 듯한 포즈를 취하고 있
는데, 두 줄로 묘사된 그것은 뿔이나 뱀으로 해석된다. 어느 경우든
신성함의 상징으로, 그 위에는 양날도끼가 뚜렷이 조각되어 있다.

동물들의 여주女主로서의 여신 전통은 크레타에서 매우 강력했으
며, 뒷날 브리토마르티스와 딕티나를 거쳐 아르테미스로 흡수된 것으
로 보인다.

봉헌을 받는 여신: 미케네 금반지

미노아 여신 도상의 대표적 유형 중 하나는 사람과 동물에게 봉헌
이나 경배를 받는 여신이다. 이 도상은 벽화에도 존재하지만, 반지와
인장에 많이 나타난다. 신에게 봉헌물을 바치는 도상은 이집트와 근
동 지역에서도 흔하지만 미노아 도상과는 일정한 차이가 있다.

우선 미노아 여신은 신전 안이 아니라 자연 속에 자리한다. 그녀는
주로 나무 아래나 바위에 앉아 있고, 단상에 앉아 있을 때도 배경은

❖ 미케네 원형무덤 A에서 발굴된
금반지 도상.

자연이다. 또 이집트나 근동 여신들이 흔히 왕이나 남사제의 섬김을
받는 것과 달리, 미노아 여신 주변에는 동물들이 있거나 사람인 경우
주로 여성들이 함께한다. 여신은 우선적으로 여성과 관계를 맺는다.

이를 잘 보여주는 사례가 미케네 원형무덤 A에서 발굴된 유명한
금반지다. 여기에는 여성들에게 꽃을 받는 여신이 있다. 이 반지는 미
케네 출토품이지만 크레타에서 제작되었거나 본토에 온 미노아인의
작품일 것으로 추정된다.[1] 이 금반지에는 나무 밑에 우아하게 앉아 한
손으로 풍만한 젖가슴을 받치며 과시하고, 다른 손으론 양귀비를 든
여신이 묘사되어 있다. 그 앞에 선 여성들도 가슴을 드러낸 채 백합과
크로커스를 들고 있다. 나무 뒤쪽에 떠 있는 듯한 작은 여성은 여신과
소녀로 해석이 나뉜다. 나무에 풍성하게 매달린 열매들은 여신의 풍
요로움을 표상하며 풍만한 젖가슴과 상징적으로 조응한다.

1   미노아 문명과 미케네 문명은 사회적 성격은 달랐어도 예술적·종교적 상관
성은 매우 높다. 미노아 유물에서 보이는 특정한 의례 장면이 거의 동일하게 미케
네 유물에 나타나는 경우도 있다.

여신에게 꽃을 바치는 여성들은 여사제로 보인다. 여신과 여사제 사이에는 양날도끼가 있고, 위쪽으로는 해와 달이 묘사되어 있다. 한 쪽에는 8자형 방패 형상도 있는데 신적인 존재로 해석된다. 에번스는 이 반지에서 해와 달과 양날도끼가 공존하는 것은 그녀가 낮과 밤, 천 상과 지하세계를 통합하는 여신임을 말해준다고 보았다.

봉헌이나 경배를 받는 여신은 크레타의 인장과 반지에서도 여럿 확인된다. 아기아트리아다와 크노소스에서 나온 인장 자국에는 바위 에 앉아 원뿔형 리톤을 받는 여신, 단상에 앉아 큰 그릇을 받는 여신 이 나타난다. 파이스토스 근처 칼리비아에서 출토된 한 반지에는 기 둥 앞에 벌거벗고 앉은 여신이 한 여성과 원숭이로부터 경배를 받는 모습이 있다.

그런데 사람들은 왜 여신에게 봉헌물을 바쳤을까? 여러 이유가 있 겠지만 무엇보다 여신에게 감사를 표현하기 위해서일 것이다. 자연 의 여신이 아낌없이 먹거리를 주고 보살펴주는 은혜에 대한 보답으 로 '받은 것을 선물로 드린다'는 소박한 윤리가 발현된 것이라 할 수 있다. 이를 통해 신과의 관계를 유지하고 신의 보호와 은총을 계속 구 하고자 했을 것이다.

이동하는 여신: 모클로스 금반지

미노아 여신들은 자리에 앉아 봉헌과 경배를 받기도 하지만, 때로 는 어디론가 이동하는 모습으로 나타난다. 이동 수단은 동물이나 배 혹은 마차다. 예컨대 아기아펠라지아에서 출토된 실린더 인장에는 그리핀을 탄 여신이 파피루스 서식지를 지나가는 장면이 담겨 있다. 그녀 뒤에는 그리핀을 안은 남신이 따른다. 이렇게 그리핀을 타거나 동반한 여신은 다른 인장이나 인장 자국에서도 찾아볼 수 있다.

여신은 왜 이동하는 것일까? 아마 부활의 시기인 봄을 알리는 축제에 참석하기 위해서 혹은 그녀를 찾는 사람들의 청원에 응답하기 위해서일 것이다.

모클로스에서 발굴된 한 금반지에는 바다를 건너 해안가에 도착한 여신이 담겨 있다. 용 모양의 배에는 나무가 솟은 작은 구조물이 실려 있고, 그 앞에 여신이 앉아 있다. 여신과 나무가 함께 이동하는 장면이다. 오른쪽 끝에는 신전인 듯한 건물 일부가 보이고, 위쪽에는 무언가 상징적인 형체들이 떠 있다. 이 여신은 바다의 여신이나 항해의 여신으로 해석된다.

바다를 배경으로 등장하는 여신은 크노소스에서 출토된 인장 자국에도 나타난다. 이 인장 자국의 여신은 특이하게도 파도 위에 누워 한 손을 머리 밑에 괸 채 잠자는 듯한 자세를 취하고 있다. 파도에 밀려 해안에 곧 도착할 것 같은 느낌이다. 이 도상은 바다가 섬과 외부 세계를 연결하는 경계적 공간임을 상기시키며 이 여신의 속성을 짐작하게 한다. 또 바다거품에서 태어나 떠돌다 섬에 도착한 아프로디테 신화를 연상시킨다.

❖ 모클로스에서 발굴된 금반지 도상.

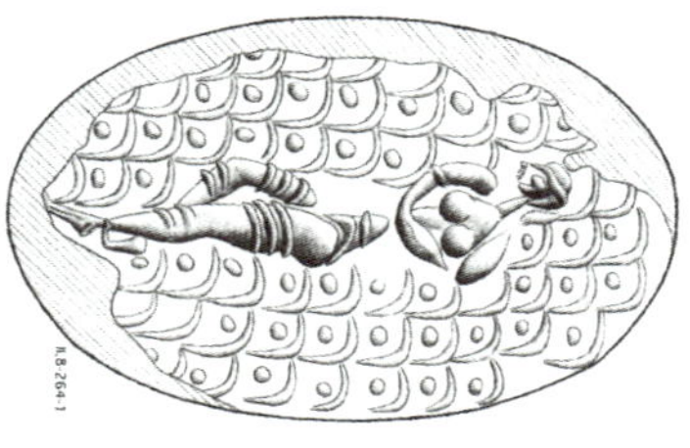

❖ 파도 위에 누워 잠자는 듯한 여신 도상.

여사제들: 아르카네스의 금반지

아르카네스와 미케네에서 출토된 2개의 금반지는 여사제들의 의례 활동을 생생하게 보여준다. 아르카네스의 금반지는 고위 여사제로 추정되는 여성의 무덤에서 나온 것으로 유해의 가슴 위에 놓여 있었다. 이 반지의 도상에는 여사제가 2명의 남성과 함께 나타난다. 여사제가 주로 여성들과 함께하는 미노아 도상에서는 드문 경우다. 중앙에 크게 자리한 여사제는 한 팔은 구부려 들고 다른 팔은 늘어뜨리고 있다. 그녀 오른쪽의 남성은 무릎을 꿇고 타원형의 물체를 안은 채 슬픔에 잠긴 듯하며, 왼편의 남자는 삼분구조 신전 위의 나무를 잡아 흔들고 있다. 나무 흔들기는 미노아 종교의 중요한 의례 중 하나다.

이 장면에 대한 하나의 해석은 남자가 껴안은 타원형 물체가 옹관이며, 삶과 죽음의 순환을 극적으로 묘사했다는 것이다. 이러한 순환하는 생명관은 미노아 종교뿐 아니라 많은 고대 종교가 보여주는 기본적 특성이다.

❖ 아르카네스의 금반지.

미케네에서 발굴된 금반지는 아르카네스 금반지와 유사한 장면을 보여준다. 도상의 한가운데에 여사제가 양손을 엉덩이에 댄 채 오른쪽을 바라보고 있다. 그곳에는 꼭대기에 나무가 있는 신전이 있고 한 남성이 나무를 잡아 흔들고 있다. 여사제의 왼쪽에는 한 여성이 테이블 같은 것에 양팔을 올린 채 몸을 굽히고 있는데, 지쳐 있거나 낙담한 듯한 모습이다.

이 두 금반지와 비슷한 도상은 다른 반지나 인장 자국에서도 볼 수 있다. '중심에 서 있는 여사제', '신전의 나무 흔들기', '무언가에 기대 낙담해 있는 인물'이라는 세 가지 요소가 반복되어 일종의 시각적 구문을 형성한다. 세 요소 중 일부만 나타나는 것도 있다. 이런 도상들은 생사의 순환과 관련된 의례나 나무 숭배 혹은 나무를 이용한 입사 의례 등 특정한 의례를 묘사한 것일 수 있다고 여겨진다. 이 의례의 클라이맥스는 신의 비전을 보는 것일 수도 있다.

의례의 성격이 어떠하든, 이 도상들은 강력한 여사제가 의례를 주관하고 있음을 말해준다. 그녀는 격렬히 나무를 흔들며 고조된 감정과 깊은 낙담이 만나는 심리적 변동의 과정을 이끈다. 이는 결코 쉬운 일이 아니며, 감정을 통제하고 관리하는 고도의 기술이 필요했을 것이다.

3. 프레스코화: 피 흘리는 신전과 월경

미노아인들이 남긴 유산 가운데 가장 인상적인 것은 단연 프레스코화다. 그들은 중요한 건축물의 벽면과 천장은 물론 바닥에까지 자신들의 신앙과 활동, 가치와 아름다움을 그려 넣었다. 이 그림들은 세

   3장   미노아 여신 문화—자연 사랑, 평화, 현대성

련된 스타일과 자연스러운 묘사, 다채로운 색의 사용과 발전된 기법으로 시대를 앞서는 미학을 창조했다.

미노아인들은 역사상 최초로 '풍경화'를 탄생시킨 사람들로 평가받는다. 그들은 축복받은 크레타의 자연을 화려하고 생동감 넘치는 그림으로 찬양했다. 이 그림들에는 자연에 대한 경탄과 사랑, 기쁨이 담겨 있다. 새와 고양이, 원숭이와 염소, 영양과 돌고래 등 동물의 움직임을 포착한 장면들은 특히 놀라운데, 생명의 활기를 불어넣는 직관적 능력과 예리한 시각이 돋보인다. 때로는 스투코 부조 기법[2]을 사용해 살짝 입체감을 더하기도 했다.

미노아인들이 벽에 회반죽을 바른 후 채색 장식을 하기 시작한 것은 신석기시대부터다. 원궁전기에는 기하하적 문양과 꽃 문양이 등장했고, 신궁전기 이후 인물상들이 대거 출현했다. 특히 의례나 행사 장면들이 많아 당시의 신앙과 사회상을 생생하게 증언한다. 이제부터 여신과 여성, 자연으로 주제를 나누어 대표적 작품들을 소개한다.

꽃을 받는 여신: 아기아트리아다와 아크로티리의 벽화

벽화로 재현된 미노아 여신은 아크로티리와 아기아트리아다에서 발굴된 작품들이 유명하다. 아기아트리아다는 파이스토스궁과 가까운 유서 깊은 도시로, 미노아 시대의 중요한 거점 가운데 하나였다. 이 도시에서 미노아 빌라들이 발굴되었는데, 그중 한 곳에서 여신으로 보이는 벽화 속 인물상이 출토되었다.

---

2 석회·모래·석고 등을 섞은 스투코 재료를 벽면에 바르고 그 위를 조각하여 얕게 입체 장식을 하는 기법.

벽화가 그려진 곳은 빌라A의 방14로 신전 영역에 있다. 안타깝게도 벽화의 보존 상태가 좋지 않아 복원과 관련해 여러 논란이 따르지만, 그럼에도 불구하고 작품의 가치와 자연 묘사의 탁월함은 손에 꼽힌다.

야생동물과 꽃무리 사이에 앉은 여신

벽화는 방의 세 벽면에 걸쳐 제작되었는데 여신으로 추정되는 인물은 가운데 자리인 동쪽 벽의 중앙에 자리한다. 입구로 들어서면 정면으로 마주 보이는 위치와 양팔을 들어올린 포즈가 여신의 지위를 말해준다. 그녀는 야산에 설치한 삼분구조 단상에 앉아(혹은 일어서는 자세로) 남쪽 벽에 그려진 야생동물들을 바라보고 있다. 미노아 벽화

　　　3장　미노아 여신 문화—자연 사랑, 평화, 현대성

에서는 인물의 얼굴을 측면으로 묘사하는데 이 여신의 경우도 그렇
다. 여신의 시선이 닿는 곳에는 거친 바위 지형에서 뛰노는 고양이와
멋진 뿔을 자랑하는 크레타 염소, 앉아 있는 새 등이 보인다. 고양이는
살금살금 새를 쫓아다니는 모양새다. 북쪽 벽에는 백합, 크로커스, 제
비꽃을 비롯한 여러 식물이 자라나 있고, 그 사이에 무릎을 꿇고 꽃을
꺾는 듯한 여성이 있다. 여신에게 꽃을 바치려는 장면으로 추정된다.
　　이 벽화 속 여신은 자연의 여신이자 동물의 여주인이다. 다채로운
동식물 묘사는 자연의 활력과 다양성, 그리고 다산성이 미노아 종교
의 주요 관심사였음을 알려준다. 이와 유사한 자연 묘사는 크노소스
궁 인근의 '프레스코 하우스'에서도 찾아볼 수 있다.

가장 아름답고 화려한 '사프란 여신'

아크로티리의 크세스테3 건물에서는 아기아트리아다 여신보다 훨씬 잘 보존된 여신상이 발견되었다. 앞서 언급한 「사프란 여신」 벽화 속에 등장하는 여신으로 '동물들의 여주'로 불리기도 한다. 크세스테3은 일종의 미노아식 맨션으로 공동체 의례 활동의 중심 성소였다. 2~3층 높이에 약 30개의 방을 갖추었으며 이곳에서 수많은 벽화들이 발굴되었다. 그중에서도 가장 압도적인 존재감을 발휘하는 작품이 바로 「사프란 여신」이다.

이 벽화는 크세스테3의 동쪽 구역에 있는 방3에 자리하며 2층의 북쪽과 동쪽 벽면에 걸쳐 길게 이어진다. 이 방에 들어선 사람은 정면 중앙에 위치한 여신의 모습에 당장 시선을 빼앗기면서 감탄과 함께 경외감에 휩싸였을 것이다. 삼분구조의 높은 단상에 당당한 포즈로 앉은 여신은 거대한 크기뿐 아니라 화려하고 장엄한 위용을 자랑한다. 그녀의 오른쪽에서 두 날개를 활짝 펴고 우러르는 그리핀과 바닥을 지지하는 장구형 제단은 여신의 신성을 드러낸다. 이 여신상은 현존하는 미노아 여신상들 중 가장 아름답고 화려하다.

미노아 여신들이 그렇듯 이 여신도 가슴을 완전히 드러내고 있으며, 특별히 공들인 드레스가 인간과 차별화된 지위를 드러낸다. 옷을 장식한 크로커스 문양과 볼에 문신처럼 그려진 크로커스 문양은 그녀와 크로커스의 불가분의 관계를 말해준다. 여신 앞에서 신비로운 푸른 원숭이가 꽃을 바치고 있고, 그 뒤의 소녀는 채집한 꽃을 바구니에 붓고 있다. 푸른 원숭이는 같은 층의 다른 방에도 그려져 있었다.[3]

---

[3] 크노소스 궁전에서도 푸른 원숭이를 묘사한 벽화가 나왔는데 여기서는 원숭이가 크로커스 꽃을 채집한다.

❖ 「사프란 여신」 벽화.
이 이미지는 손상된 부분을 복원하여 그려낸 것이다.

여신의 목에는 오리와 잠자리로 장식한 세 줄 목걸이가 걸려 있다. 전체적으로 볼 때 물과 땅의 동물, 곤충, 꽃 들이 그녀의 신성과 밀접히 연결되어 있음을 알 수 있다. 정수리에서 한 줌 묶어 구불구불 늘어뜨린 머리카락은 뱀을 표상한다는 해석도 있다.

이 독보적인 여신상에 대한 학자들의 견해는 다양하다. 김부타스는 '자연의 여주인'이라고 해석하면서 특히 봄의 생식력과 연결지었고, 마리나토스는 이 여신이야말로 '미노아의 위대한 여신'이라고 주장했다. 크세스테3의 다른 벽화와 유물들을 종합해서 내린 결론이다. 그녀에 따르면 이 유일신적 여신은 크로커스를 피워낼 뿐 아니라 지상의 모든 생명체를 자라나게 하는 근원적인 존재다.

반면 폴 레하크와 존 영거는 이 여신의 성격을 훗날의 아르테미스와 관련시켰다. 동물들을 거느리고 소녀들의 숭배를 받았던 아르테미스의 측면을 보여주기 때문이다. 일부에서는 「사프란 여신」 벽화와 크노소스궁 왕좌실이 그리핀, 장구형 제단, 벤치 등을 공유하며 유사성을 보인다고 주장한다.

꽃을 꺾는 소녀들

「사프란 여신」의 오른쪽과 그로부터 이어지는 동쪽 벽에는 활기찬 소녀들의 모습이 생생하게 펼쳐져 있다. 바위가 돌출한 야산에서 열심히 크로커스 꽃을 꺾고 있는 3명의 소녀들이다.

동쪽 벽 끝부분의 소녀는 한 발을 바위에 올린 채 꽃을 꺾고 있으며 뒤편에는 바구니가 놓여 있다. 헤어스타일과 체형으로 볼 때 가장 어린 소녀로 추정된다. 그녀 앞에는 일행으로 보이는 다른 소녀가 바구니를 들고 서서 어린 소녀를 바라보며 이야기를 나누는 듯하다. 마지막 소녀는 동쪽 벽으로 이어지는 북쪽 벽의 한 켠에서 꽃이 담긴 바구니를 어깨에 메고 여신이 있는 곳으로 향하고 있다. 소녀들이 여신에게 바칠 꽃을 꺾고 있음을 알려준다.

이 벽화와 아기아트리아다 벽화는 여신, 여성, 동물, 야산에서의 꽃

❖ 동쪽 벽에 그려진 두 소녀. 다른 한 소녀는 사프란 여신의 뒤쪽에 있다.

꺾기, 크로커스 꽃이라는 요소들을 공유해 함께 주목받아 왔다. 여기서 크로커스는 여신의 영역을 상징하는 특수한 표지로 이해되기도 한다. 페르세포네가 하데스에게 납치될 때 들판에서 꺾었던 꽃 중의 하나도 크로커스였다.

「크로커스 채집자들」 벽화는 배경에도 크로커스를 점점이 장식했으며 여신과 소녀들의 옷에도 이 꽃이 장식되어 있다. 크로커스가 이 벽화를 탄생시킨 가장 중요한 모티프임을 알 수 있다.

크로커스가 신성했던 이유

크로커스가 신성한 꽃으로 중시된 이유로 흔히 실용성을 꼽는다. 크로커스는 염료, 약재, 향신료 등으로 쓰이는 유용한 식물이었고, 크로커스로 만든 여러 제품들은 지중해 무역에서 활발히 거래되었다. 특히 말린 암술은 '사프란'이라 불리며 비싸게 거래되었는데, 염료로서 인기가 높았다. 여신이 입은 드레스의 노란색 천이나 깔고 앉은 쿠션 역시 사프란 염료로 물들인 것으로 보인다. 원숭이 뒤에서 채집해 온 꽃을 붓고 있는 소녀의 상의도 노란색이다.[4]

또 약재로서의 효용도 컸다. 고대 지중해와 근동 지역에서 사프란은 거의 만병통치약으로 여겨졌으며 특히 월경통과 산통을 완화하는 진통제로 사용되었다. 또 피임이나 임신 중단 등 부인과적 처치에도 활용되어, 식물들의 약성을 잘 파악하고 있던 산파나 치유자들과 밀접한 관계를 맺었을 가능성이 크다. 고대 기록에 따르면 기원전 2000

[4]   고대 그리스에서는 사프란으로 염색한 노란 천이 웨딩 베일로 쓰였다. 이 노란 천은 여성용으로 여겨졌기에 아리스토파네스는 노란 옷을 입은 남자들을 여자 같다고 조롱하기도 했다.

년대 이집트에서는 여의사가 부인과적 문제들을 다뤘고, 메소포타미아에서도 비슷한 상황이었다. 아크로티리의 사람들 역시 사프란의 약효를 알고 있었을 것이다. 사프란에는 당시 에게해 사람들의 식생활에서 부족했던 영양소도 많이 함유되어 있다고 한다.

「사프란 여신」 벽화에서 주목할 점은 원숭이가 여신에게 꽃 전체가 아니라 암술을 바치고 있다는 사실이다. 꽃 채집의 목적이 암술에 있음을 강조함으로써 사프란 생산 과정을 드러내고자 했던 것으로 보인다. 이 그림이 시사하듯 사프란 생산 과정은 단순한 경제적 활동이 아니라 신앙의 맥락에서 조직되었을 가능성이 높다.

크노소스의 선형문자 B 토판에도 사프란 관련 기록이 남아 있다. 궁전에서 생산을 관리한 것으로 보아 사프란의 경제적 중요성이 컸음을 알 수 있다. 미노아 시대 크로커스의 쓰임새와 가치를 고려하면 이 꽃이 여신이나 여성과 특별한 관계를 맺는 이유를 짐작하기 어렵지 않다. 여성들은 종교적·경제적·사회적·의학적 측면 모두에서 크로커스를 매우 중시했던 것으로 보인다. 특히 사프란이 약재로 쓰일 경우 '사프란 여신'의 도움을 간절히 바랐을 것이다.[5]

여성들의 통과의례 혹은 월경의례

크세스테3 건물에는 「사프란 여신」과 함께 거론되는 또 다른 중요한 프레스코화가 있다. 바로 아래층에 동일한 배열로 그려진 「경배자

---

5   이러한 맥락에서 '사프란 여신'을 치유의 여신으로 해석하는 견해도 있다. 크로커스 꽃을 통해 치유의 능력을 보여주는 여신을 경배하는 마음이 벽화에 담겨 있다는 것이다. 더 나아가 크세스테3 건물에서 실제 치유 행위가 있었을 가능성도 제기한다.

들」과 신전 그림이다. 전체 벽면을 함께 보면 상하로 나뉜 스크린이 이어지며 하나의 연속된 이야기를 전달하는 듯한 인상을 준다. 「경배자들」 아래에는 러스트럴 베이신이 마련되어 있어 그곳으로 내려가는 사람은 그림을 정면에서 마주하게 된다.

이 그림에는 3명의 여성이 등장한다. 가장 오른쪽에 위치한 소녀는 몸을 돌려 뒤를 바라보고 있는데, 특이하게도 온몸에 노란 베일을 두르고 있다. 미노아 여성상 가운데 유일한 사례다. 헤어스타일과 신체 묘사로 보아 「사프란 여신」과 이어지는 동쪽 벽에 그려진 어린 소녀보다는 조금 더 나이가 든 것으로 추정된다. 나머지 두 여성은 그녀보다 훨씬 성숙한 나이대다.

피 흘리는 축성祝聖의 뿔

그런데 베일 두른 소녀는 무엇을 바라보고 있는 것일까? 그녀의 시선이 향한 동쪽 벽에는 뜻밖의 장면이 펼쳐져 있다. 신전 건물의 일부가 벽면을 가득 채우고 있는데, 놀랍게도 신전에서 시뻘건 핏덩이들이 피를 줄줄 흘리고 있다. 그림 중앙의 문 위쪽에는 축성의 뿔이 장식되어 있고, 그 위로 무성한 가지를 늘어뜨린 올리브 나무가 자리한다. 그런데 축성의 뿔 곳곳에서 붉은 피가 흘러내리고 있으며, 올리브 가지와 문에도 흐르는 피의 흔적이 보인다. 마치 나무와 신전이 함께 피를 흘리는 듯하다.

❖「피 흘리는 신전」 프레스코화. 여러 자료에 근거해 복원한 이미지다.

아마 이 피들이 베일 쓴 소녀를 놀라게 한 것 같다. 그렇다면 무슨 피일까? 미노아인들이 황소 같은 동물의 피를 신에게 바쳤으니 제물의 피를 뿌린 것이라 생각하기 쉽다. 하지만 그림 속 소녀들이나 전체 벽화의 분위기는 희생제의와는 거리가 멀다.

「경배자들」에 등장하는 한 여성이 실마리를 제공한다. 베일 쓴 소녀의 앞쪽, 바위에 앉아 있는 젊은 여성이다. 그녀는 한 손을 이마에 대고 다른 손은 왼발을 짚은 채 고통스러워하고 있다. 돌부리에 부딪혀 상처가 난 듯 그녀의 발에서는 핏방울이 떨어진다. 도상의 해석에서 이 피는 나무 신전의 피와 상응한다. 여성의 머리에 장식된 올리브 가지는 그 연결성을 강화해 준다.

그렇다면 이 여성이 흘리는 피가 신전을 적시는 피의 성격을 말해 줄 것이다. 그 피는 무엇을 의미할까? 그림 속에 또 다른 힌트가 있다. 놀랍게도 그녀의 발이 흘리는 피에서 크로커스 꽃송이가 피어나 있다. 즉 꽃을 피우는 신성한 피다. 이는 생명을 발생시키는 재생의 피로서 월경이나 출산의 피를 함의하는 것으로 읽힌다. 축성의 뿔이 흘리는 피를 재생의 피로 해석하는 견해는, 황소 머리와 뿔이 여신의 재생력을 상징했다는 김부타스의 주장과도 연결된다.

이 여성의 뒤에는 그녀를 향해 걸어오는 또 다른 젊은 여성이 있다. 그녀의 반투명 상의에는 크로커스 꽃의 붉은 암술이 장식되어 있고, 손에는 목걸이를 들고 있다. 이는 또 무슨 의미일까?

여성들의 성인식

「경배자들」은 에게 문명이 남긴 가장 잘 보존된 유물들 중 하나지만 그렇다고 해석과 관련한 논쟁이 적은 것은 아니다. 주류 해석은 여성의 성인식이나 입사식과 관련된 장면으로 보는 것이다. 서로 다른 나이대의 여성들이 피와 함께 등장한 것으로 보아 소녀에서 성인이 되는 과정을 다룬 것으로 보이기 때문이다. 이런 관점에서는 맨 왼쪽 여성이 들고 있는 목걸이는 의례를 마친 뒤 주어지는 축하 선물로 추정된다.

그 외 소녀가 쓴 베일을 근거로 결혼의례와 관련 짓는 입장, 아크로티리 사람들이 공유했던 신화적 서사를 표현한 것으로 보는 입장, 크로커스에 주목해 치유의 측면을 강조하는 입장 등도 있다. 발의 상처와 사프란의 약성을 연결하는 후자의 경우 상징적 차원에서는 발에 난 상처의 치유가 월경통이나 산통의 치유로 이어질 수 있다.

이 벽화를 신화적 서사의 표현으로 보는 마리나토스는 발을 다친 여성을 여신으로 파악한다. '사프란 여신'처럼 중심에 위치할 뿐 아니라 몸집이 더 크고, 앉아 있으며 꽃을 피우는 능력을 보이기 때문이

❖ 크세스테3 벽화 속 어머니 세대의 여성.

3. 프레스코화: 피 흘리는 신전과 월경　　　　　177

다. 이 경우 목걸이와 베일은 여신에게 바치는 봉헌물이 된다. 신화의 내용은 알 수 없지만, 여신의 피 흘림과 재생의 원리를 다뤘을 것이라는 추정이다.

성인식 장면으로 보는 학자들은 1층과 2층의 벽화 전체를 하나의 내러티브로 통합해서 이해하려 한다. 소녀들이 맨발로 거친 야산에 올라 크로커스 꽃을 꺾는 성인식을 치렀다고 보는 것이다. 여신에게 바칠 꽃을 채집하는 과정에서 발에 상처를 입게 되고, 그것이 성인식을 구성하는 시련의 요소가 된다. 피 흘리며 꽃을 채집하면서 소녀들은 고통을 참는 법을 배우고, 피와도 친숙해지면서 월경을 예비했을 것이라는 추정이다.

이런 입장은 방 3의 2층 입구 벽에 그려진 다른 벽화에도 주목한다. 남북으로 마주한 벽에 각각 2명씩 4명의 여성들이 그려져 있는데 소녀들의 성인식과 연결될 수 있기 때문이다. 성숙한 풍모의 이 여성들은 소녀들의 어머니 세대로 보인다. 화려한 옷차림을 하고 백합과 장미 같은 꽃이나 바구니를 들고 행진하는 모습이다. 그중 바구니를 든 여성의 볼에는 '사프란 여신'처럼 크로커스 꽃이 장식되어 있다. 여신과 연결된 정체성을 보여주는 그녀는 누구일까?

세대 간 여성공동체: "여성들의 세상"

중년의 여성들은 꽃을 통해 여신과 연결되는 한편으로 도상학적으로 방3의 다른 벽화들과 관련되어 있다. 그래서 성인식이나 초경의례 등을 치르는 소녀들을 후원하고 지도하는 여성들일 것으로 추정된다. 공동체의 전통을 잇기 위해 어른 역할을 수행하는 엘리트 여성들로 볼 수 있다. 이렇게 보면 아크로티리에는 소녀부터 중년 여성까지

❖ 아크로티리 크세스테3 건물의 북쪽 벽에
3개 층에 걸쳐 그려진 벽화들.

를 아우르는 세대 간 여성공동체가 형성되었던 것 같다. 이들은 크세스테3에서 사프란 여신을 중심에 둔 다양한 의례들을 치르며 서로 간의 결속과 애정을 돈독히 했을 것이다. 레하크는 이를 '여성들의 세상'이라고 표현했다.

이러한 해석과 관련해 주목할 곳이 또 하나 있다. 「사프란 여신」이 자리한 방의 위층, 즉 3층에 마련된 공간이다. 꼭대기 층인 이곳에 넓은 공간이 있는데, 이곳의 벽화들 또한 경탄을 자아낸다. 아래층과 달리 벽면 전체가 대담한 색채와 디자인의 나선과 꽃 문양으로 가득 채워져 있다. 특히 푸른색과 흰색이 어우러진 거대하고 정교한 나선 문양들은 새빨간 바탕과 극적인 대비를 이루어 최고의 시각적 강렬함을 선사한다. 유려한 곡선들이 마치 살아 움직이는 듯해 다중적 감각이 일깨워진다. 이 벽화들은 미노아 예술가들이 자연 묘사뿐 아니라 추상적 문양의 창조에도 매우 탁월했음을 알려준다. 이 정교한 문양들을 디자인하기 위해서는 고도의 기하학적 지식이 필요했을 것이다.

꽤 많은 사람들을 수용했을 3층 방은 모임 공간으로 추정된다. 아래층에서 의례를 마친 사람들이 이곳에 모여 축하 행사 등에 참여했을 것이다. 어떤 이유에서든 이 방에 들어선 사람들은 강렬한 에너지와 아름다움에 압도되어 다른 차원의 의식을 느꼈을 법하다. 앞서 소개했듯 나선은 여신의 상징이다. 마리나토스는 이 거대한 나선 문양들이 생명을 발생시키고 성장시키는 위대한 여신의 힘을 상징하며, 동시에 아래층에 있는 '사프란 여신'의 속성을 알려준다고 해석했다.

월경의례와 러스트럴 베이신

앞서 살펴봤듯 「경배자들」과 「피 흘리는 신전」은 성인식이나 월경

 3장　미노아 여신 문화—자연 사랑, 평화, 현대성

의례와 관련해 해석되는 경우가 많다. 그런데 레하크는 초경의례를 언급하면서 논의의 초점을 러스트럴 베이신의 용도로 옮겼다. 미노아 건축 특유의 이 시설이 어떤 용도로 쓰였을지를 벽화들이 알려준다고 보았기 때문이다. 그는 러스트럴 베이신이 월경의례를 위한 공간인 것 같다고 추정했다.

> 테라의 러스트럴 베이신 그림들이 그것이 여성의례 공간임을 말해주고, 크세스테3의 베이신이 크레타의 그것과 같은 용도였다면, 크레타의 베이신들 역시 여성의례들과 연관되었을 것이다. 만약 이 해석이 옳다면, 크레타의 신궁전기 궁전들과 빌라들에 설치된 다수의 베이신은 미노아 사회에서 여성의 중요성을 한층 더 강화한다. 흥미롭게도 그리스 본토의 궁전에는 베이신이 하나도 시공되지 않았고, 가부장적 미케네인들은 프레스코화에서 식물과 꽃이 있는 자연 풍경을 사실상 없애버렸다.[6]

크레타의 러스트럴 베이신들도 크세스테3의 것과 같은 성격이었을 것이라는 레하크의 추정은 다른 학자들에 의해서도 지지를 받았다. 예컨대 자크로스궁의 베이신에 있는 제단에는 붉은 축성의 뿔이 그려져 있었고, 파이스토스궁의 베이신에서는 붉은색의 미니어처 축성의 뿔이 출토되었다. 드리센의 경우, 베이신뿐 아니라 그와 연결되어 있는 미노아 홀 역시 여성의례와 관련해 이해할 필요가 있다고 주장했다. 한편 영거는 월경을 포함한 여성의례의 틀에서 벽화들을 이해하면서도, 이를 소녀들의 교육과 연결하는 새로운 견해를 제시했다.

6　Rehak & Snihurowych, "Is Female to Male as Nature Is to Culture?"

소녀들이 성년이 되고 결혼해 아이를 낳는 과정에서 필요한 지식들이 어머니 세대에서 딸 세대로 전수되었고, 그런 활동이 크세스테3에서 이루어졌을 가능성이 있다는 것이다.

이러한 논의는 크노소스궁 왕좌실의 주인을 둘러싼 오랜 논쟁을 환기한다. 만약 왕좌실의 러스트럴 베이신과 그 연결 공간이 여성의 례와 관련되었고, 베이신이 있는 구역의 사용자가 여성이었다면, 왕좌가 남성왕의 것일 가능성은 낮기 때문이다.

공적이고 신성한 월경, 호모소셜한 자매애

「경배자들」과 「피 흘리는 신전」, 그리고 러스트럴 베이신에 대한 앞의 견해들이 타당하다면 우리는 이를 통해 미노아 문화가 월경, 더 나아가 여성의 몸을 어떻게 인식했는지를 이해할 수 있다. 가부장제 사회에서 월경은 부정한 것으로서 수치와 혐오의 대상이 되거나 기피되어 감춰진다. 하지만 아크로티리나 크레타에서는 월경이 가장 중요한 공적 건물의 존재 이유 중 하나였다. 그만큼 사회적으로 중요하고 공공연한 일이었다는 얘기다. 크세스테3은 아크로티리 공동체의 의례 중심지였던 건물로 판단된다.

미노아인들에게 월경은 생명의 탄생과 직결되는 신성한 현상이었다. '피 흘리는 신전'은 여신 스스로가 '피 흘리는 신'임을 암시한다. 여성들은 크세스테3에 모여 월경, 임신, 출산 등 몸에서 일어나는 신비한 변화들을 준비하고 축하했을 것이다. 크세스테3에는 소녀들의 성 인식으로 해석되는 벽화도 있고 입구의 현관에도 남성상이 그려져 있지만, 전체적으로 그 비중과 위상은 부차적이다. 일부 학자는 나체 상태인 소녀들과 예쁜 옷을 입고 여신과 교감하는 소녀들 사이에서 차별적인 대우를 읽기도 한다. 소년들을 묘사한 벽화들은 4장에서 소개한다.

어쨌거나 '하우스 오브 더 레이디즈' 등 다른 건물들에 그려진 중요한 여성상들까지 종합해서 보면, 아크로티리에서 여성들이 차지했던 사회적 위상은 크노소스의 경우와 유사했던 것 같다. 그녀들은 사회의 중심에 있었고, 서로 돈독한 관계를 유지했던 것으로 보인다.

레하크는 크세스테3에 재현된 여성들의 모습에서 '호모소셜한 자매애'를 읽었다. 비슷한 나이대든 세대 차이가 있든 서로 보살피는 관계가 전체를 관통하는 주제로서 잘 표현되어 있기 때문이다. 그리스 시인 사포와 그녀를 따랐던 젊은 여성들 간의 관계처럼 에로틱한 측면 또한 있었을 것이라고 본다.

꽃과 동물, 자연의 생태

미노아 여신의 대표적 속성은 자연의 여신이자 재생의 여신이다. 자연은 탄생, 죽음, 재생의 순환을 통해 지속되므로 사실상 같은 의미다. 스스로 재생의 과정을 이어가는 만물의 생명력과 신비, 찬란한 아름다움은 미노아 예술을 탄생시킨 열정의 원동력이었다. 죽음도 재생을 위한 과정이자 영원한 신비지만 미노아인들은 죽음보다 삶의 기쁨을 찬양하는 데 더 큰 관심이 있었다. 미노아 예술의 특징 중 하나는 사후 세계에 대한 관심이 약하다는 것이다. 이러한 점에서 이집트 예술과 분명한 대조를 보인다.

자연을 그린 프레스코화들은 꽃과 초목, 실제와 상상의 동물들을 풍요롭고 역동적으로 묘사한다. 숨결과 움직임이 마치 살아 있는 것 같다. 특히 자연 세계가 보여주는 순간적 변화를 포착하는 능력이 놀랍

다. 미케네 예술은 미노아 예술과 상당히 유사하다고 평가받지만, 주
제 면에서 자연 자체보다 사람과 그들의 행위에 더 관심을 기울였다.

최초로 풍경화를 그린 사람들

앞서 언급했듯 미노아인들은 역사상 최초로 풍경화를 그린 사람들
이다. 자연의 풍경 자체에 대한 관심과 사랑이 그만큼 컸다. 미노아
풍경화나 동물화의 걸작들로는 우선 '프레스코 하우스'의 작품들이 유
명하다. 크노소스궁 북서쪽에 있는 이 유적은 에번스가 1923년 발굴
했다. 이 건물의 방E에서 미노아 예술의 정수를 보여주는 「원숭이와
푸른 새」 프레스코화가 나왔다.

이 그림은 벽 상부의 세 면에 걸쳐 푸른 원숭이와 새들의 움직임
을 묘사한다. 원숭이들은 바위와 냇물 사이로 크로커스와 백합, 파피
루스, 갈대 등이 풍성하게 자라난 야생의 세계를 노닐고 있다. 미노아
풍경화에서 흔히 볼 수 있듯, 바위들은 마노석의 단면처럼 표현되어
그림 전체에 역동성과 화려함을 더한다. 푸른 원숭이들은 새들을 놀
리는 듯하고, 겁먹은 새들은 원숭이를 피해 후다닥 날아오른다. 그 와
중에 새알을 찾아 먹는 원숭이도 보인다. 그림 속 새는 그리스에 서식
하는 비둘기로 추정된다.

에번스는 이 벽화를 장식용으로 이해했다. 그는 이것이 미노아 전
성기에 도시민들이 누리던 고도로 문명화된 생활을 표상한다고 주장
했다. 이러한 견해는 20세기 중반까지 받아들여졌으나 이후 다른 의
견이 제시되었다. 빅토리아 시대 상류층 출신인 에번스의 미적 경험
이 투영된 해석일 뿐 고고학적 증거와는 거리가 있다는 비판이다.

새로운 견해들은 이 벽화를 종교적 맥락에서 해석하고자 했다. 크

로커스와 백합은 신에게 바치는 봉헌물이거나 제단을 장식하는 상징물로 쓰였다는 점, 원숭이와 비둘기 모두 신과 관련된 동물이라는 사실에 주목했다. 봄에 피는 백합과 가을꽃인 크로커스가 한 장면에 등장하고, 자연의 풍요와 활기가 강조된 것도 이 그림이 특정한 의도를 담고 있음을 시사한다. 실제로 프레스코 하우스에서 석제 봉헌 테이블과 선형문자 A가 새겨진 봉헌물이 출토되었는데, 이는 이 벽화로 장식한 방이 신전이었을 가능성을 높인다.

혼종적 꽃들의 신성성

미노아 풍경화는 근대 이후 서구에서 발전한 풍경화와 다르다. 창작 의도, 대상을 보는 시점, 표현 방식 등에서 큰 차이를 보인다. 미노아 화가들은 자연주의 화풍을 구사했지만, 자연의 상태를 그대로 모사하지는 않았다. 그 대신 특정 시공간을 초월한 이상적인 자연, 혹은 어떤 메시지를 담은 상징적 자연의 풍경을 즐겨 그린 듯하다. 그 때문인지 추상적이고 양식적인 표현이 흔히 나타난다.

이러한 태도는 식물 묘사에서도 드러난다. 미노아 풍경화에는 현실에 없는 혼종적 꽃들도 등장한다. 예컨대 파피루스와 백합, 혹은 파피루스와 갈대가 섞인 형태다. 색채의 선택에서도 자연을 그대로 모방한다기보다 자유로움이 두드러진다. 그렇다면 미노아인들은 왜 실제와 거리가 있는 식물들을 창조해 그렸을까? 그 이유는 그리핀이나 스핑크스 같은 혼종적 동물들을 참조할 때 짐작할 수 있다. 상상 속 혼종적 동물들이 신성과 관련되듯, 혼종적 식물 또한 같은 맥락에서 창조되었을 것이다. 이처럼 현실에 존재하지 않는 동식물의 형상에는 자연 세계에 개입해 형태를 변형시킬 수 있는 신의 초자연적 능력에 대한 믿음이 담겨 있다고 볼 수 있다.

미노아 풍경화에는 환상적인 장면들도 자주 등장하는데, 이 역시 현실의 제약을 초월한 신의 세상을 드러내는 방식으로 이해된다. 그 예로 비현실적인 공간 구도나 배경, 그리핀 같은 신화적 동물이 실제 동물과 함께 등장하는 경우들이 꼽힌다. 미노아 프레스코화 연구자인 사라 이머바르는 이러한 자연풍경 그림들이 기본적으로 자연의 여신과 인간 사이의 신비스러운 교감을 표현한 것이라고 해석한다.

동시대 최고의 동물화: 선사시대의 아방가르드

아크로티리의 델타 단지에서 발견된 「봄」 프레스코화는 미노아 풍경화의 대표작이다. 세 면의 벽 전체를 꽉 채운 이 장대한 벽화에는 화려한 암석 지형을 배경으로 만개한 백합과 짝을 지어 희롱하는 제비들이 그려져 있다. 붉은색과 푸른색이 만들어내는 강렬한 대비와 바람에 흔들리는 듯한 백합, 날렵하게 비행하는 제비들은 전체 화면에 살아 움직이는 듯한 생명력을 부여한다. 사람은 물론 어떤 서사도 담기지 않은 순수한 풍경화라는 점에서도 이 그림은 특별하다.

이 벽화의 성격에 대해서는 의견이 분분하다. 일부는 유물들을 근거로 이 그림이 있는 방을 침실로 본다. 다른 이들은 이 방을 신전으로 해석하면서 제비를 신의 현시로 이해한다. 또 다른 입장은 이 벽화를 공적 건물의 표지로 보고, 벽화가 있는 방에서 수행됐을 공동체의 활동과 관련해 이해하고자 한다. 반면 성聖과 속俗을 구분하는 이러한 논쟁은 현대인의 시각에 바탕한 것이어서, 당시 아크로티리인들의 삶을 이해하는 데 별 의미가 없다는 주장도 있다.

아크로티리에서는 동시대 최고 수준의 동물화로 꼽히는 벽화들도 발견되었다. 대표적으로 베타 단지에서 발견된 「푸른 원숭이들」과 「영양」이 있다. 두 벽면에 걸쳐 그려진 「푸른 원숭이들」은 야생을 뛰놀며 장난치는 원숭이들의 사실적이고 생동감 있는 묘사가 압권이다. 이집트나 메소포타미아의 동물 묘사가 정적이고 양식화된 경향이 강했던 반면, 이 벽화는 재빠른 순간의 움직임을 탁월하게 묘사한다. 자연 자체를 자유롭고 즉흥적으로 표현한 이 작품은 선사시대의 아방가르드 화가가 그린 걸작이라는 평을 듣는다.

이머바르는 "미노아 회화의 특징은 활발한 감각과 살아 있는 움직임, 자발성과 자연에서 느껴지는 기쁨이다. 동시대 이집트, 메소포타미아 예술과 확실히 다른 측면들이다."라고 설명했다.

한편 「영양」은 서로 마주 보는 영양 두 마리를 벽면 전체에 거의 실

❖ 「봄」 프레스코화.

188　　3장　미노아 여신 문화—자연 사랑, 평화, 현대성

❖「푸른 원숭이들」 프레스코화.

❖「영양」프레스코화.

물 크기로 그린 작품으로, 흰 바탕 위에 검은 선으로 스케치하듯 묘사
되어 있다. 간결한 윤곽선으로 형태를 잡은 이 그림은 미니멀리즘적
세련미를 자랑한다. 세밀한 모사 대신 캘리그라피처럼 처리했는데도
우아한 움직임을 담아내고 있으며, 전체적으로「푸른 원숭이들」보다
더 현대적인 느낌을 준다. 정교하게 휘어진 뿔과 총명하게 빛나는 눈
에서는 시대를 앞섰던 화가의 감각과 영양에 대한 사랑이 느껴진다.

　미노아인들은 사람의 형상 또한 이집트에 비해 훨씬 더 유연하게
그렸다. 각이 진 형태 대신 자연스러운 곡선으로 신체를 표현했고, 해
부학적 정확성보다 움직임에 대한 직관적인 느낌을 표현하는 데 집
중했다. 그래서 특히 손이나 발의 세부 묘사는 단순화된다는 특징이
있다.

「봄」과 유사한 벽화는 크레타의 암니소스에서도 발견되었다. 1932년 한 빌라에서 발굴된 「백합」 프레스코화가 그것이다. 이 벽화 덕분에 해당 빌라는 '백합의 집'이라는 이름을 얻었다. 2층 벽면을 따라 높이 1.8미터로 그려진 이 그림에는 희고 붉은 백합뿐 아니라 아이리스, 민트, 파피루스 등 다양한 식물이 함께 등장한다.

그런데 벽면을 돌아가며 장식한 파노라마식 구도의 이 그림에는 독특한 특징이 있다. 꽃들이 자연 상태가 아니라 인공적으로 조성된 공간에서 피어난 형태로 묘사되어 있다는 점이다. 계단식 구조물이나 화단 혹은 화분처럼 보이는 설치물 위에 규칙적으로 배열된 꽃들은 의도적으로 정돈되어 있다. 보존 상태가 나빠 세부 해석에는 여러 이견이 있지만, 이 벽화가 특별하다는 데는 대부분의 학자들이 동의한다. 이러한 특징을 근거로 이 그림이 미노아식 정원에 대한 정보를 제공할 가능성이 제기되어 왔다.

자연을 이상적으로 재배치하고 장식적·의례적 목적으로 활용하는 정원은 동시기 이집트와 근동에도 존재했다. 특히 이집트의 하트셉수트 여왕은 외국에서 들여온 식물과 동물을 모아 아름다운 정원을 만들었고, 이를 아몬신에게 헌납했다.

마리아 쇼는 「백합」을 비롯해 꽃을 묘사한 여러 풍경화들을 고려할 때, 크레타에도 정원이 존재했다고 주장한다. 앞서 에번스 역시 궁전의 중앙마당이나 내부의 개방된 공간들에 화초가 있었을 것이라고 생각한 바 있다. 이후 여러 연구자들이 이 견해를 이어받아 미노아 궁전들에 정원이 존재했다고 본다. 일례로 파이스토스궁에는 실제 정원의 흔적으로 추정되는 유적이 하나 있다. 동쪽 건물 영역에 돌출해

❖ 「백합」 프레스코화의 일부.
흰 백합이 피어 있는 뒤쪽으로 계단식
구조물이 설치되어 있다.

❖ 화단이나 화분처럼 보이는 설치물에
아이리스와 민트를 심어놓았다.

있는 큰 바위가 그것인데, 곳곳이 다듬어지고 표면에는 작은 구멍들이 나 있다. 이는 화초를 직접 심거나 화분들을 놓았던 곳으로 추정되며, 자연 바위를 화단처럼 사용한 일종의 '바위 정원'으로 여겨진다.

미노아 생태주의와 생태적 여신

미노아인들과 자연의 관계에 대한 관심이 깊어지면서 최근 부상하고 있는 관점은 생태주의다. 오늘날 우리 시대의 가장 급박한 과제인 환경 문제의 관점에서 미노아인들의 자연에 대한 사상과 태도와 실천, 나아가 영성까지 탐구하는 움직임이다. 이러한 맥락에서 과거의 '꽃을 사랑하는 미노아인들'이란 낭만적 인식은 자연과의 공존과 조화를 추구했던 '생태주의자 미노아인들'로 바뀌어가고 있다.

전통적으로 미노아인들과 자연의 관계는 무엇보다 종교적 맥락에서 이해되어 왔다. 자연은 여신이 관장했던 영역이거나 여신 자체였기 때문에 미노아인들과 자연의 특별한 관계가 형성되었다고 본 것이다. 예를 들어 이머바르는 미노아 풍경화들을 관통하는 주제로 자연에 대한 존중과 여신을 꼽았다. 여신이 직접 등장하지 않는 경우에도 풍경이 곧 여신의 현존을 함축한다고 보았다.

그런데 최근에는 관점이 달라지고 있다. 미노아인들이 열렬히 자연을 사랑한 이유와 방식을 그들이 처했던 삶의 조건에서 찾으려 한다. 초점은 더 이상 신과 인간의 관계가 아니라, 인간과 환경의 관계맺기로 이동한다. 다시 말해 종교적 해석에서 생태적 관점으로의 전환이다. 이는 미노아 종교를 이해하는 데 특히 유효하다. 왜냐하면 미노아인들은 웅장한 신전 대신 자연의 성소를 중시했고, 신상을 만들기보다 자연을 재현하는 데 더 큰 관심을 보였기 때문이다. 어떤 고대 문명도 미노아 예술처럼 자연을 그 자체로 찬미하지 않았다. 자연의 종교와 생태적 종교는 서로 멀지 않은 개념이다.

에번스 이래 다수의 학자들은 미노아 나무의례나 바위의례를 신과 관련해 이해해 왔다. 나무나 바위에 신이 깃들었기에 사람들이 그것들을 매개로 신과 소통했다고 본다. 여기서 나무나 바위 자체는 행위성이 없는 물질일 뿐 의례 행위와는 직접적 관계가 없다. 그러나 오늘날의 학자들은 생태주의 혹은 애니미즘의 관점에서 새로운 해석을 시도하고 있다.

애니미즘이란 인간과 인간을 둘러싼 비인간 존재들 간의 교제를 의미한다. 이는 환경을 인식하고 함께 살아가는 하나의 방식이기도 하다. 이 관점에서는 나무나 바위가 인간과 관계를 맺는 행위적 주체로 간주된다. 비인간 인격체로서 인간과 감응하며 상호적인 관계를 형성한다. 산정의 신전, 동굴의 성소, 신성한 바위 등은 모두 끊임없이 변화하는 생태적 연결망 안에서 인간과 적극적으로 상호작용 한다. 이러한 맥락에서 의례는 단순한 숭배 행위가 아니라, 인간이 비인간 존재들과 만나 경험적 지식을 얻고 관계를 유지하는 특수한 방식이라고 할 수 있다. 현대인에게는 낯선 '나무 흔들기'나 '바위 껴안기' 같은 행위는 이러한 실천으로 이해할 수 있다.

이러한 관점의 변화는 미노아 여신신앙을 고대의 생태론이란 새로운 맥락에 재배치한다. 미노아 여신은 인간 중심의 다산·풍요·재생의 차원을 넘어 전체 생명망을 아우르는 생태적 여신으로 거듭난다. 미노아인들이 풍경화를 그린 것도 여신의 추상적 신성을 표현한 것이라기보다 자연과 관계를 맺는 하나의 실천적 행위였을 수 있다.

4. 도자기: 문어 단지의 경이로움

도자기는 프레스코화 못지않게 미노아 예술의 고유성과 독창성을 보여주는 유물군이다. 신석기시대 초기부터 제작되었으니 매우 긴 역사를 갖고 있다. 미노아 도자기는 시간의 흐름을 타고 빠르게 변화하고 발전했다. 단계마다 새로운 기술과 기법 및 표현이 등장하면서 다채로운 스타일과 디자인, 문양이 속출했고 채색 전통에도 변화가 이어졌다. 도자기가 시대 구분의 근거로 쓰인 것은 그만큼 유물의 양이 많고 변화가 잦았다는 뜻이다.

도자기 성형에 물레가 도입된 것은 중기 미노아 초기. 즉 원궁전기가 시작되던 무렵이다. 그때부터 소박하고 단순하던 도자기들이 섬세하고 정교해지면서 질적인 비약을 이루었다. 두께가 얇아지고 형태가 유려해졌으며, 장식도 세련미를 드러냈다. 도공들의 창조성이 혁신적 기술과 기교를 통해 한껏 만개하기 시작한 것이다.

도자기들은 무엇보다 다채롭고 화려한 문양들을 통해 미노아 문화의 정수를 담아냈다. 식물과 꽃, 해양생물 같은 자연의 모티프들이 즐겨 사용되었고, 자연의 정조와 활력을 표현하는 추상적 문양들도 애용되었다. 양날도끼와 황소 머리 같은 종교적 상징들 역시 문양으로 자주 활용되었다. 이런 도자기들은 의례용으로 특별히 제작되었을 것이다.

미노아 궁전들에서 흔히 볼 수 있는 인상적인 도자기로는 '피토스'가 있다. 피토스는 매우 큰 항아리로 어떤 것은 사람보다 크다. 크노소스궁을 방문한 사람들은 여기저기 서 있는 이 항아리들을 자연스레 만나게 된다. 저장용으로 쓰인 이 항아리들의 표면에도 다채로운 문양들이 장식되어 있다. 미노아인들은 여기에 곡물이나 콩, 올리브

기름, 포도주 등을 담았을 뿐 아니라 천 같은 직물들도 보관했다고 추정된다.

미노아 도자기들은 미노아 예술의 특징 중 하나인 모던함을 특히 잘 보여준다. 어떤 작품들은 형태나 디자인 면에서 근현대 제품 못지않게 세련되었다. 완벽에 가까운 대칭과 균형, 세련된 채색은 도공들의 탁월한 미감은 물론 고도의 기술 수준을 말해준다. 미노아 도자기에서 주목되는 점은 인물상이 거의 보이지 않는다는 사실이다. 인물상이 드물지 않은 미케네 도자기나, 신이나 인간을 빈번히 묘사한 그리스 도자기와 뚜렷이 대비된다.

미노아 도자기의 미학을 대표하는 양식으로는 카마레스 웨어, 플로럴 스타일, 마린 스타일 등이 꼽힌다. 각각의 양식은 시대적 변화와 미감의 진화를 반영하며, 미노아 도자기 공예의 절정기를 보여준다. 이 정교하고 유려한 작품들은 바다를 건너 여러 지역으로 전파되어 주변의 문화에도 큰 영향을 미쳤다.

카마레스 웨어

중기 미노아 시기에 생산된 다색(폴리크롬) 도자기류다. 원궁전기에 생산되었으나 물레의 도입 덕분에 형태나 문양 및 장식에서 비약적 발전을 이루었다. 대체로 검은 바탕에 흰색, 붉은색, 오렌지색 채색의 대비가 두드러진다. 문양 또한 대담하다. 흐르면서 휘도는 곡선을 이루거나 양식화된 꽃과 식물을 묘사한 경우가 많으며, 때로 물고기 같은 해양생물이 등장하기도 한다. 크고 작은 단지와 항아리를 비롯해 물병, 컵, 과일스탠드 등 여러 종류의 기물이 발굴되었다.

카마레스 웨어라는 명칭은 크레타 중남부 이다산 남쪽에 있는 '카마레스' 동굴에서 유래했다. 파이스토스궁과 가까운 이 동굴은 인근 주민들이 찾던 신성한 장소로, 오래된 동굴신앙의 현장에서 미노아 특유의 도자기들이 발견된 것이다. 카마레스 웨어는 크레타에서 생산된 최초의 고급 도자기이자, 대량 생산되어 해외로 널리 거래된 교역품이었다. 이집트, 레반트, 키클라데스제도, 그리스 본토, 남부 이탈리아 등지에서 발견되어 당시 크레타가 형성한 국제관계를 짐작케 한다.

그중에서도 특히 주목받는 것은 이른바 '에그셸 웨어'로 불리는 컵들이다. 두께가 달걀 껍데기처럼 얇아 어떤 제품은 100그램도 나가지 않는다. 3800년 전에 어떻게 이토록 정밀하고 섬세한 도자기를 만들 수 있었는지 경이롭다. 도공들은 물레 사용이나 채색 기법, 불세기 조절 등에서 세세한 기술적 지식과 숙달된 경험을 갖추었던 것으로 보인다.

파이스토스궁에서 출토된 한 유명한 주전자는 카마레스 웨어의 고유한 미적 특징과 탁월성을 잘 보여준다. 전체 형태는 웅크리고 앉은

❖ 에그셸 웨어 컵.

새가 하늘을 쳐다보는 듯한 우아한 조형을 자랑하며, 검은색 바탕에 흰색과 붉은색이 어우러진 색채의 조화가 세련된 감성을 흠씬 풍긴다. 몸통 가운데 자리 잡은 S자 형태의 문양은 양끝이 나선형으로 말려 있는데 거의 완벽한 대칭미로 모던한 느낌을 준다.

카마레스 웨어의 도공들은 S자형 나선을 비롯해 다양한 장식 모티프를 창안하고 다채롭게 응용했다. 물결무늬, 나뭇잎, 삼각형, 양식화된 초목, 꽃잎, 라켓 모양, 지그재그, 십자형 등 다양한 패턴이 작품의 형태나 시기에 따라 다르게 조합되었다. 이 조합에는 '시각적 문법'이라고 할 만한 일정한

❖ 파이스토스궁에서 출토된 카마레스 웨어 주전자.

   3장 미노아 여신 문화—자연 사랑, 평화, 현대성

규칙이 적용되었다. 미노아인들의 뛰어난 디자인 감각과 모티프들을 조합해 멋진 구도를 만드는 능력은 동시대 최고 수준으로 평가된다.

플로럴 스타일

플로럴 스타일은 카마레스 웨어의 인기가 한풀 꺾이면서 신궁전기에 새롭게 나타난 양식이다. 이 시기에는 도자기의 형태와 디자인 전반에 뚜렷한 진화가 이루어졌다. 재료를 다루는 기술이 정교해지고, 물레를 더 빠르게 돌릴 수 있게 되었으며, 소성 온도 또한 이전보다 높아진 덕분이다. 항아리류의 몸체는 날씬해지고 아래로 갈수록 좁아져 전체적으로 우아하고 세련된 느낌을 준다. 장식 면에서도 변화가 생겼다. 카마레스 웨어에서 애용되던 나선 문양이나 여러 종류의 곡선들이 주변으로 밀려나고, 그 자리를 식물이나 꽃 중심의 모티프들이 대신했다.

이름에서 알 수 있듯, 플로럴 스타일의 소재는 꽃과 식물이다. 도자기 표면에는 흔히 식물의 길쭉한 가지들이 등장하고, 야자수나 파피루스가 백합이나 다양한 잎 장식들과 함께 묘사된다. 다채로운 꽃과 잎 문양들은 부드럽게 움직이는 듯한 느낌을 준다. 채색은 흔히 옅은 색 바탕에 검은색과 붉은색을 사용했는데, 어두운 바탕에 밝은색을 입혔던 카마레스 웨어와는 정반대의 기법이다.

플로럴 스타일을 대표하는 걸작 중 하나는 파이스토스궁에서 발굴된 한 주전자다. 이 작품의 전체 표면은 갈대잎 문양으로 촘촘하게 채워져 있다. 아래에 있는 물결무늬 장식으로 보아, 강가의 갈대를 표현한 것으로 보인다. 자연스러우면서도 규칙적으로 배열된 잎들이 깔끔한 디자인의 수준을 잘 보여준다. 또 다른 예는 팔라이카스트로에

❖ 갈대 잎 문양과 파피루스 문양으로 장식한 플로럴 스타일 도자기들.

   3장 미노아 여신 문화—자연 사랑, 평화, 현대성

서 발굴된 다른 항아리로, 파피루스 문양이 리듬감 있게 도자기 전체를 감싼다.

마린 스타일

마린 스타일은 플로럴 스타일보다 조금 늦게 등장한 양식으로, 미노아 도자기의 독창성과 예술성을 가장 잘 보여주는 대표적인 작품들로 꼽힌다. 도자기 역사에서 미노아 문명이 이룬 최고의 성취일 뿐 아니라, 동시대 에게해 지역 전체를 통틀어 가장 탁월한 수준으로 평가된다.

마린 스타일 도자기에는 문어, 물고기, 춤추는 돌고래, 전진하는 앵무조개, 불가사리, 산호, 해초 등 바다 생태계를 이루는 다양한 생물들이 등장한다. 도공들은 혁신적 기술과 기법으로 생물들의 유연하고 날렵한 움직임을 생생하게 표현했다. 양식화된 자연주의로 불리는 특유의 스타일은 다른 어떤 문화에서도 유례를 찾기 어렵다. 이 도자기들은 미노아인들이 바다와 맺었던 운명적 관계를 증언한다. 바다는 그들에게 생활의 터전이자 경외의 대상이었고, 삶의 한계이자 새로운 세계로 나아가는 열린 가능성이었다. 바다는 풍부한 먹거리를 제공했을 뿐 아니라 염료 같은 귀한 재료

❖ 포로스에서 발굴된 마린 스타일 도자기.

의 보고이기도 했다. 미노아 예술가들이 바다 생물들에 관심을 갖고 창작의 주요 소재로 삼은 것은 자연스러운 일이었다.

마린 스타일 작품들 중 백미는 도자기 표면에 조개를 부조로 표현한 것이다. 생생한 바닷속 묘사에 입체감까지 더해져, 조개들이 표면을 뚫고 나온 듯한 느낌을 준다. 포로스에서 발굴된 이 도자기는 미노아인들이 바다와 그 생태계를 얼마나 유심히 관찰하고 사랑했는지를 잘 보여준다. 일부 연구자들은 미노아 예술의 정체성을 이루는 특징들, 즉 유려하게 흐르는 선과 휘돌며 생동하는 문양 등이 해양 생태계가 보여주는 현상들과 관련되어 있을 것이라고 추정한다.

미노아 문어와 미케네 문어

팔라이카스트로에서 발굴된 '문어 단지'는 마린 스타일의 전형으로 꼽힌다. 이 용기는 특이하게도 납작한 공 모양 형태이며, 앞뒤 양면에 문어가 검은색 안료로 큼지막하게 그려져 있다. 꿈틀거리는 촉수들이 단지 전체를 휘감고 있으며 금방이라도 기어 나올 듯한 생동감을 준다. 놀란 듯 크게 뜬 두 눈은 만화의 한 장면 같아 보는 이로 하여금 문어와 소통하는 듯한 친밀감을 느끼게 한다. 꿈틀대는 촉수들 사이로는 성게, 산호, 트리톤의 고둥 나팔 등이 함께 묘사되어 있다. 이 단지는 기름이나 값비싼 액체를 담는 데 쓰였을 것으로 추정된다.

마린 스타일 도자기 역시 의례 용기로도 사용되었다. 상당수가 신전이나 제의 공간으로 여겨지는 곳에서 발굴되었다. 특히 문어는 후궁전기에 제작된 라낙스라 불리는 테라코타 관의 장식에서 자주 나타난다. 이러한 경우 문어는 장례와 관련된 의미를 지니는데, 마리나토스는 그것을 재생이라고 보았다. 크노소스궁 뱀여신상의 발굴 현

❖ 팔라이카스트로에서 발굴된 문어 단지.　　❖ 프세이라에서 출토된 돌고래 리톤.

장에서도 해양생물과 의례의 밀접한 관계를 알려주는 유물들이 발견되었다. 파이앙스로 만든 날치와 앵무조개, 채색된 조개껍데기 등이 그것이다.

크레타 북동부의 작은 섬 프세이라의 한 신전 관련 유적에서도 마린 스타일 리톤이 나왔다. 길쭉한 형태를 지닌 이 용기의 표면은 비늘 모양의 장식으로 덮여 있는데, 이는 바다를 상징한다. 이 바다에 돌고래들이 뛰놀고 있다. 바다 위로 풀쩍 솟구치기도 하고, 바다 속으로 점핑하기도 한다. 이것들은 크노소스궁과 아크로티리의 프레스코화에 묘사된 돌고래들을 연상시킨다. 마리나토스는 돌고래를 그리핀이나 원숭이처럼 여신의 수행원으로 보았다.

문어 단지를 비롯한 마린 스타일 도자기들은 매우 인기가 높아 주변 지역으로 널리 수출되었다. 그리스 본토와 멜로스섬 등지에서는 이를 본뜬 모사품들이 제작되기도 했다. 그러나 형태와 모티프는 흉내 냈을지라도 진품의 매력과 우아함은 재현하지 못했다. 미케네에서 만들어진 문어 단지가 대표적이다. 미노아 문어가 리드미컬하게 촉수를 움직이며 유영하는 듯하다면, 미케네 문어는 똑바로 선 경직된 자세에 정돈된 촉수 형태를 보인다. 전자가 자연스러운 곡선과 유기적 움직임을 쾌활하게 보여준다면 후자에서는 인간의 통제력이 느껴진다.

5. 궁전 건축: 영적 경험을 만들다

인류가 동굴을 벗어나 거처를 짓기 시작한 이래, 건축물에는 다층적 의미와 가치가 반영되어 왔다. 건물의 규모와 형태, 내부 공간의 배치, 장식적 요소 등 건축물을 구성하는 모든 측면들은 당대의 사회문화적 구조와 사상의 산물이다. 또 오래된 건물에는 그 공간을 만들고 사용했던 사람들의 역사와 정체성이 켜켜이 쌓여 있다. 그래서 고고학자들은 과거 사회에 대한 심층적인 탐사를 위해 유적지의 건축 유구를 정밀조사하며 최대한의 정보를 얻으려 한다. 건축 유구는 '기억의 공간'이기 때문이다.

자연과 삶을 사랑하며 그 재능을 마음껏 펼쳤던 미노아인들은 건축에서도 역사에 길이 남을 기념비적 걸작들을 창조했다. 크노소스궁을 비롯한 크레타 전역의 궁전 건물들이 대표적이다. 우리는 이 건축물들을 통해서도 미노아인들이 어떤 사람들이었는지, 어떤 삶을 살았는지 어느 정도 짐작해 볼 수 있다.

   3장　미노아 여신 문화—자연 사랑, 평화, 현대성

"궁전의 기원은 중앙마당"

크노소스, 파이스토스, 말리아, 자크로스 등지에 존재했던 미노아 궁전들의 핵심은 중앙마당이다. 드리센은 "미노아 궁전들의 기원은 곧 중앙마당의 기원"이라고 설명했다. 즉 공동체의 모임과 의례를 위해 역사적으로 형성된 성스러운 공간이 먼저 있었고, 그 주변으로 서비스 기능을 위한 건물들이 마련되었다는 것이다. 그 결과 중앙마당을 둘러싸고 다양한 종류의 방과 신전, 계단, 저장 공간, 작업실, 기록 보관실 등이 들어섰다. 궁전들의 높이는 최대 4층 정도였을 것으로 추정된다.

궁전은 전체적 설계 없이 유기체가 성장해 나가듯 '안에서 밖으로' 확장되어 나간 구조다. 중앙마당을 중심으로 이뤄진 건물의 확장 및 개조에 엄격한 경계나 통일된 하부구조는 존재하지 않았다. 이러한 건축 원리는 제약들을 최소화하며 건물을 자유로이 성장하게 했다. 그 결과 미노아 궁전은 미궁처럼 복잡하고 비정형적인 구조를 갖게 되었다.

신궁전기 미노아 궁전들은 크기나 배치에서 차이를 보이지만, 큰 틀에서 몇 가지 특징을 공유한다. 가장 핵심은 중앙마당인데 남북으로 긴 직사각형 형태로 대부분 2대 1의 비율을 보인다. 궁전 서쪽 건물에도 큰 마당이 붙어 있는 경우가 많다. 서쪽 구역에는 커다란 피토스들이 늘어선 넓은 저장 공간이 집중되어 있고, 동서 양쪽 건물에는 큰 홀들이 많으며, 북쪽 건물에는 기둥이 늘어선 홀이 입구와 연결되어 있다. 궁전들은 당대의 최첨단 건축 기술과 세련된 미학이 어울려 완성된 걸작이다. 건물의 규모와 설계뿐 아니라 세부적 아이디어들에도 뛰어난 과학적 지식과 지혜가 활용되었다.

일례로 내부 공간을 가변적으로 활용할 수 있도록 한 '피어 앤 도어 파티션Pier-and-Door Partition' 같은 구조는 미노아인들의 창의적인 공간 활용 능력을 보여준다. 이는 공간 내부에 여러 개의 직사각 기둥들을 나란히 세우고, 그 기둥들 사이에 나무문을 연결한 구조다. 문을 모두 닫으면 공간이 분리되고 열면 확장된다. 또 열린 문의 수를 조절해 입구와 시야를 통제할 수 있었고, 복도 같은 통로도 만들어낼 수 있었다. 특히 문을 여닫음으로써 내부의 빛과 온도, 공기의 흐름을 조절할 수 있었던 점은 놀라운 혁신으로 평가된다.

미노아 네트워크의 다목적 허브

미노아 궁전들은 미노아인들의 삶 전반을 지탱한 중심적 공간이었다. 여러 도시와 마을을 하나의 네트워크로 연결하여 미노아 문명을 개화시킨 근거지이기도 했다. 궁전이나 주요 건축물들은 잘 개설된 포장도로를 통해 도시 내부는 물론 인근 도시나 항구들과도 긴밀히 연결되어 있었다. 특히 북쪽의 크노소스에서 고르틴을 지나 남쪽 해안의 항구 도시 레베나까지 이어진 약 50킬로미터 길이의 '미노아 로드'는 유럽에서 가장 오래된 포장도로로 알려져 있다. 이 도로에는 배수 시설도 완비되어 있었다. 도시의 변두리에 사는 주민들도 포장도로를 따라 걸으면 궁전에 이를 수 있었다. 학자들은 이 길들이 주로 궁전의 의례에 참가하는 주민들을 위해 마련됐을 것이라고 추정한다.

궁전에서는 종교적·행정적·경제적 측면을 아우르는 다양한 활동들이 이루어졌다. 수많은 인장과 문자가 기록된 토판들은 궁전의 행정 기능을 증언하고, 여러 신전과 의례 용품, 프레스코화 들은 종교적 기능을 보여준다. 또 궁전 터의 상당 부분을 차지하는 넓은 저장 공간은 궁전이 생산물의 수확과 저장, 재분배 과정에 어떤 식으로든 개입했음을 시사한다. 궁전은 동시에 여러 종류의 작업장과 공방을 갖춘 생산 시설이기도 했다. 그래서 사제나 엘리트 계층만이 아니라 직조공, 도공, 대장장이, 공예품 장인 등이 바쁘게 오갔을 것이다.

크노소스 궁전의 서쪽마당과 중앙마당은 크노소스인들의 중심적 회합 장소였다. 특히 외부로 개방된 서쪽마당은 궁전과 주변 지역이 만나는 접촉과 어울림의 공간이었다. 이 넓은 마당에 직선으로 깔린 좁은 돌길은 의례 행렬을 인도하기 위한 통로로 여겨진다. 궁전 안팎의 두 마당에서는 계절의 순환 주기나 공동체적 사건에 맞춰 각종 의례와 행사가 거행됐을 것이다. 여기에는 소들이 자주 동원되어 그중 일부는 제물로 바쳐졌을 가능성이 높다.

궁전 북서쪽에 자리한 야외의 극장 구역theatral area 역시 의례용 공간으로 추정된다. 이곳은 L자형으로 꺾인 긴 계단들로 이루어져 있으며, 외부로 이어지는 '로열 로드'와 연결된다. 궁전 행사에 참여하기 위해 길을 따라 밖에서 행진해 온 사람들은 이곳에서 잠시 멈추어 일종의 도착 의식을 치른 후 다음 절차에 따라 궁전 안으로 들어갔을 것으로 추정된다.

궁전 내부에서 경험되는 신비

신궁전기 이후 크노소스궁을 처음 방문한 사람들은 그 규모와 건축 미학에 압도당했을 것이다. 축성의 뿔이 장식된 거대한 고층 건물이 발코니에 도열한 붉은 기둥들과 함께 장엄함을 과시했을 것이기 때문이다. 크레타의 투명한 햇살 아래 빛났을 이 궁전은 최고의 성소로서 권위를 뽐냈을 것이다.

서쪽 건물의 입구로 들어선 방문자라면 또 놀라운 경험을 마주했을 것이다. 긴 복도의 양쪽 벽면에 실물 크기로 그려진 인물들이 행렬을 이루고 있어, 마치 그들과 함께 복도를 걷는 듯한 착시와 환상을 경험했을 것이기 때문이다. 이 장대한 벽화는 '행진'이라 불리는데, 이에 대해서는 4장에서 소개한다.

이러한 기묘한 경험은 미로 같은 내부를 지나며 반복적으로 겪게 되는 빛과 어둠의 교차에 의해 더욱 증폭된다. 높이 설치된 창문과 기둥을 세운 공간들, 좁고 복잡한 통로와 내부 계단들, 곳곳의 지하공간과 빛 우물lightwell이 만드는 효과 때문이다. 빛 우물이란 햇빛과 공기가 다량 유입되도록 건물 곳곳에 수직으로 뚫린 통로를 말한다. 보통 지붕이 없거나 부분적으로 덮혔으며 채광을 극대화하기 위한 재료가 사용되기도 했다. 일부 빛 우물의 바닥에는 러스트럴 베이신이 자리했는데, 왕좌실의 경우가 그렇다.

앞으로, 옆으로 혹은 위아래로 이동하면서 겪는 빛과 그늘과 어둠의 변화는 단순한 감각적 경이를 넘어, 체험자의 의식적 변화를 유도하고 종교적 심성에 큰 자극을 주었을 것이다. 빛과 어둠의 교차는 낮과 밤, 삶과 죽음, 천상과 지하의 연결을 상징하며 영적 의식을 고양하기 때문이다. 지리정보시스템을 이용해 크노소스 궁전을 공간적·시각적으로 분석한 한 연구에서는 신궁전기 미노아인들이 그 안에서 경험했을 법한 의식의 변화를 다음과 같이 서술했다.

크노소스 궁전에서 움직이는 사람들은 신비한 경험을 했다. 그것은 다층적 현실의 서로 다른 차원들을 엿보게 하고, 익숙한 일상 세계 너머로 확장되는 세계의 풍부함을 느끼게 하는 것이었다. 크노소스는 영적 경험을 발생시키는 미궁 같은 장치였다. 그것의 토대는 몸과 마음과 영혼의 통전적 상호작용으로, 그 작용은 신비한 경험으로의 통로를 창조했다. 영적 경험은 순전히 내적 인지 현상이라기보다 환경과의 관계에서 전개되었다. 크노소스는 미궁과 유사한 방식으로 사람들의 인식과 세상에 대한 의식을 조종했다.[7]

이 분석은 크노소스 궁전이 상징적 건축물에 그치지 않고, 영적 체험을 창출하기 위해 정교하게 설계된 기술적 공간이었을 가능성을 제기한다. 이런 관점에서 보면 중앙마당의 기능 또한 완전히 새롭게 보인다. 대규모 회합 장소라는 일상적 인식을 넘어, 다른 차원의 세상으로 변형되는 것이다.

방문자가 빛과 어둠이 교차하는 미로 같은 내부 통로를 거쳐 마침내 도착하게 되는 곳은 중앙마당이다. 이때 중앙마당은 갑자기 확 트인 빛의 세상을 열어주면서 빛과 어둠의 변주에 눈부신 마침표를 찍었을 것이다. 이러한 경험은 일종의 영적 각성 내지 환희가 아니었을까? 이렇게 본다면 중앙마당은 방황했던 영적 여정 끝의 최종 도착지로서, 궁극적 신성을 담지하는 지성소였을 것이다.

궁전 건물에 담긴 여신과 해의 운행

건축이 하나의 매체라면, 미노아 궁전들은 다른 예술품들처럼 여신신앙의 메시지와 가치, 상징 들을 담고 있었을 것이다. 그래서 연구자들은 궁전 건물의 입지, 형태와 구조와 배치, 디자인과 장식 등 전반을 여신신앙의 관점에서 분석해 왔다.

---

7   Herva & Rapakko, "Insides, Outsides and the Labyrinth."

미노아 궁전 건축을 여신신앙의 관점에서 해석한 대표적 인물은 김부타스다. 그녀는 미노아 여신을 '생명을 탄생시키는 자', '죽음을 다루는 자', '재생시키는 자'라는 세 측면으로 설명했고, 이 측면들이 궁전의 건축에도 반영되었다고 보았다. 그녀에게 미노아 궁전들은 무엇보다 여성 지향적 상징체계를 품고 있는 사원 단지였다.

김부타스는 크노소스궁의 서쪽 건물과 동쪽 건물이 서로 다른 영적 기능을 담당했다고 주장했다. 서쪽은 죽음으로부터의 재생 과정, 동쪽은 탄생이나 생명의 부여와 관련되었다는 것이다. 이렇게 볼 때 크노소스 궁전은 죽음과 재생, 탄생과 삶이 성소의 양 날개에 투영된, 하나의 위대한 여신을 표상하고 있는 셈이다.[8] 이런 식의 건물 배치는 몰타섬의 신석기시대 '쌍둥이 사원'에서도 발견된다.

그녀는 특히 서쪽 건물에 자리한 필라 크립트에 주목했다. 이 지하 공간이 자궁을 닮은 동굴의 은유로서 재생의 의미를 품었다고 보았기 때문이다. 동굴 속 석순을 닮은 내부의 돌기둥은 여신의 상징이거나 여신상으로 해석되었다. 돌기둥은 솟아오르는 땅 에너지를 표상하며 생명의 나무와 유사한 상징적 의미를 갖는다. 김부타스는 필라 크립트에서 행해졌던 의례가 훗날 그리스에서 성행했던 엘레우시스 비의[9]와도 관련이 있을 것이라고 여겼다.

궁전 단지에서 가장 신성한 구역은 서쪽 건물이었다. 에번스는 서

8　크노소스궁 평면도를 보면 전체적으로 여성의 성기 형상이 환기된다. 김부타스에 따르면 여성의 성기는 구석기시대부터 파르스 프로 토토Pars Pro Toto(전체를 대변하는 부분)로서 여신을 상징해 왔다.

9　고대 그리스의 도시 엘레우시스를 기반으로 했던 유명한 비밀 종교 의식이다. 비의의 중심에는 대지의 여신 데메테르와 그녀의 딸 페르세포네가 있었다. 그리스뿐 아니라 지중해 전역에서 몰려든 대규모 참가자들은 이 신비로운 의식에 참가해 죽음과 재생에 대한 심오한 체험을 했다고 한다.

쪽 건물을 "작은 신전들과 의례용 필라 크립트들, 그리그 그 위의 홀들로 구성된 집합체"라고 설명했다.

서쪽 건물에서는 목적과 성격이 다른 다양한 의례들이 연중 계속되었을 것이다. 특히 주목할 것은 하지와 동지 의례다. 서쪽 건물의 출입구 배치와 공간 구성이 해의 운행을 따라 설계되었다는 해석이 있기 때문이다. 구디슨에 따르면, 왕좌실의 경우 떠오르는 해가 하짓날에는 러스트럴 베이신을, 동짓날에는 왕좌를 비췄을 것이라고 한다. 그 광경은 매우 신비롭고 상징적이었을 것이다. 왕좌 다리 부분에 새겨진, 해로 해석되는 둥근 문양이 이러한 맥락에서 의미심장해진다.

동쪽 건물은 서쪽 건물과 달리 지하실이 없고 홀과 접견실, 큰 방

등이 있다. 빛이 들어오는 공간들이 여럿 있어 서쪽 건물보다는 환한 분위기였다. 건물의 벽과 바닥에는 「돌고래」, 「춤추는 여인」 등 여러 벽화들이 장식되어 있었다.

호크스는 크노소스 궁전의 여러 설계와 장식 전반에서 여성적 정신을 읽어냈다. 궁전 건물이 정치적 권력을 드러내기보다 일상적 삶을 환기하는 측면이 강하고, 프레스코화를 비롯한 내부 장식이 여성적 성격들을 드러내기 때문이다. 그녀는 아마도 궁전 곳곳에 아름다운 정원과 화단들이 가꿔져 있었을 것이라고 상상했다.

유별난 기둥 사랑

미노아 건축에서 눈에 띄는 특징 중 하나는 기둥의 적극적인 활용이다. 미노아인들은 궁전은 물론 신전과 빌라, 맨션 그리고 가정집에 이르기까지 거의 모든 건축물에 기둥들을 사용했다. 건물 안팎 어디에서나 늘어선 기둥들을 쉽게 볼 수 있었다. 메소포타미아인들은 건축적 목적으로 기둥을 거의 사용하지 않았고, 이집트인들도 왕의 거처나 거대한 사원의 내부 홀들에 주로 사용했다. 이에 비하면 미노아인들의 기둥 사랑은 유별나다.

기둥은 미노아 건축에서 공간을 구성하는 핵심 요소였다. 공간을 분할하면서도 개방감을 주고, 건물 내부에 공기와 빛이 잘 통하도록 했다. 형태는 크게 원통형과 사각형으로 나뉘는데, 원통형은 특이하게도 아래에서 위로 조금씩 넓어지는 형태다. 이는 후대의 그리스 사원 기둥들과 정반대의 형태로 미노아 건축의 독특한 특징 중 하나로 꼽힌다. 미노아 기둥은 주로 목재로 만들어져 석재인 그리스 기둥들에 비해 지지력은 약했지만 유연성이 높아 지진의 충격을 흡수할 수

❖ 크노소스궁 북쪽 입구의 붉은 기둥들.

있다는 점에서 오히려 실용적이었다.

기둥들은 궁전의 구조를 지탱하는 동시에 심미적·종교적 효과도 발휘했다. 원통형 기둥들은 대개 붉은색 몸통에 검은색 머리를 얹어 색채의 대비가 강렬하다. 붉은색은 생명력과 활력을, 검은색은 신비와 깊이를 상징하며, 이 기둥들이 도열한 공간은 그 자체로 매우 스펙터클한 광경을 연출했을 것이다.

미노아 종교에서 기둥의 중요성을 처음 인식한 사람은 에번스다. 그는 필라 크립트의 돌기둥을 비롯해 여러 미노아 기둥들을 신의 비성상적 이미지로 보았다. 후기 미노아 시기 프레스코화와 인장, 도자기 등에는 명백히 신성을 표상하는 기둥이 나타난다. 대표적인 예가 삼분구조 신전의 도상이다. 이 신전의 중심에는 기둥이 세워져 있는데, 축성의 뿔이 받치고 있다. 또 다른 도상에서는 기둥을 가운데 두고 동물 두 마리가 대칭적으로 배치되어 있다. 신이 있어야 할 중심의 자리에 기둥이 서 있는 것이다.

에번스는 기둥 숭배가 나무신앙과 밀접한 관련이 있다고 보았다. 둘은 상징적으로 교환 가능한 신성의 표상이며, 실제로 나무를 모방한 기둥들도 존재했다. 이러한 해석은 기둥을 여신의 상징으로 본 김부타스의 견해와도 상통한다. 그녀는 미노아 기둥 숭배가 '위대한 여신' 숭배와 관련되어 있었다고 보았다. 구디슨과 모리스 역시 유사한 입장을 보였다. 그들은 미노아 여신이 나무와 바위뿐 아니라 기둥에도 깃들어 있었을 것이라고 추정했다.

통합의 메시지

미노아 궁전의 대표적 특징 중 하나는 방어 시설의 부재다. 동시대의 다른 문명권에서와 달리 방어벽이나 해자 같은 것이 없었다. 궁전과 그 일대 주거 지역 사이에도 뚜렷한 경계가 없었으며, 개방된 서쪽 마당과 다수의 출입구들은 외부 세계와의 우호적 관계를 드러냈다. 특히 포장도로와 연결된 극장 영역은 사람들을 환대하는 느낌을 준다. 웅장한 외관에도 불구하고 사람들은 궁전 앞에서 위축되지 않았을 것이다.

미노아 궁전은 주변의 산 등 자연환경과도 긴밀한 상징적 관계를 형성했다. 크노소스궁과 육타스산, 파이스토스궁과 이다산이 대표적 사례다. 이 신성한 산들은 궁전의 정체성을 구성하고, 궁전을 살아 있게 하는 핵심적 행위자이기도 했다.

크노소스궁에는 사방에 걸쳐 최소 5개의 출입구가 있었다. 이 중 서쪽과 북쪽 문이 주출입구였던 것으로 추정된다. 동쪽과 남쪽의 출입구는 크기도 작고 외진 곳에 있었으나 공들여 조성되었다. 당시 사람들은 행사의 성격이나 각자의 활동 및 필요에 따라 서로 다른 출입구들을 이용했을 것이다.

물론 궁전이 모든 사람에게 똑같이 개방된 것은 아니었다. 공동체성이 강한 사회였지만 특히 신궁전기에는 계층적 위계가 작동했을 것으로 판단된다. 그러므로 궁전에 대한 사회적 거리와 특정 공간에 대한 접근성은 서로 간에 달랐을 것이다. 다수의 연구자들은 서쪽마당에서 궁전 안으로 들어갈 때는 어떤 절차를 거쳤거나, 중앙마당에는 선택된 그룹만 입장이 가능했을 수 있다고 추정한다. 또 내부의 미로 같은 통로들은 외부에서 보이는 개방성과 달리, 건물 내에서의 이동이 통제되었을 가능성을 암시한다.

그럼에도 불구하고 크노소스 궁전의 건축 디자인에서 소수 지배자의 권력과 배타성을 찾기는 쉽지 않다. 동시대 이집트나 메소포타미아의 전제적인 통치와는 매우 다른 포용적인 정치사회 체제를 상상해 볼 수 있다. 일부 연구자는 크노소스궁이 전하는 메시지 중 하나로 '통합'을 읽는다. 그들은 크노소스궁이 '크레타의 우주론적 중심'으로서 서로 경쟁하는 지역의 파벌 세력들을 아울렀다고 본다. 파벌들은 경쟁적이었고 갈등관계에 있기도 했지만 크노소스궁을 통해 하나의 신앙과 사상 아래 통합될 수 있었을 것이라고 한다.

"미노아 홀은 여성의 공간"

미노아 궁전들에는 '미노아 홀'이라 불리는 독특한 공간이 있다. 미노아 건축의 독창적 산물로 꼽히는 미노아 홀은 메인 홀과 전실forehall을 피어 앤 도어 파티션이 나누는 구조다. 전실에는 빛 우물이 이어져 있고 그 경계에 기둥들이 서 있었다. 벽면에는 화려한 프레스코화들이 장식되어 있었다. 미노아 홀은 필요에 따라 공간의 넓이와 형태를 조절할 수 있었으며, 계단이나 러스트럴 베이신, 정원과 밀접한 관련이 있었다.

그런데 앞서 언급했듯, 드리센은 러스트럴 베이신과 연결된 미노아 홀이 여성들의 의례용 공간이었을 것이라고 추정한 바 있다. 반면 접근이 더 쉬운 연회용 홀들은 남성들과 더 관련되어 있었다고 한다. 이러한 해석은 미노아 홀이 연회용 홀보다 접근성이 제한된, 보다 권력과 가까운 공간이었을 가능성을 시사한다.

이에 따라 일부 연구자들은 미노아 홀이 소수 엘리트 여성들의 모임 장소였을 가능성을 제기했다. 특히 정원이 딸린 홀의 경우, 피어앤 도어 파티션을 모두 닫아 외부와 격리된 상태에서 비밀 모임을 열었을 수 있다고 본다. 아마도 의례적이었을 그 모임은 사회적으로 매우

 3장 미노아 여신 문화─자연 사랑, 평화, 현대성

중요한 지식과 정보들이 공유되고 다뤄지는 장이었을 수 있다.

　이러한 추정은「그랜드 스탠드」프레스코화에 등장하는 장면과 맞닿아 있다. 크노소스궁에서 발견된 이 벽화는 행사를 주관하는 듯한 엘리트 여성들이 서로 대화를 나누는 모습을 담고 있다. 만약 미노아홀에서 중요한 여성들의 모임이 있었다면, 그 장면을 근거로 모임의 현장을 상상해 볼 수 있다.「그랜드 스탠드」에 대해서는 이어지는 4장에서 자세히 소개한다.

4장

여성보다 지위가 높은 남성이 없다

1. 사회의 중심에 선 여성

인류 문명사는 대체로 가부장제의 역사와 다르지 않다. 우리가 이해하기로 역사의 주도권은 남성의 손아귀를 벗어난 적이 없었고, 문명의 건설자 또한 남성이었으며, 신의 역사에서도 최고의 자리는 거의 남성신이 차지했다.

그러나 미노아 크레타에서는 여신을 최고신으로 경배했으며 여성을 사회적 관심의 우선순위에 놓았다. 문자가 해독되지 않았고 사회상이나 젠더관계를 알려주는 고고학 자료들도 많지 않지만, 거의 모든 미노아학 학자들은 여성들이 사회에서 중요한 존재로 존중받았다고 인정한다.

아마도 이는 강력했던 여신신앙과도 관련이 있을 것이다. 마리나토스는 미노아 여신이 우선적으로 여성들의 보호자였을 것으로 추정했다. 여신이 대개 여성과 함께 나타나기 때문이다.

신의 젠더와 세속적 젠더관계의 상관성은 인류학·사회학·종교학의 흥미로운 탐구 주제이기도 하다. 인류학자 샌데이의 연구가 대표적인데, 그녀는 이 문제에 대해 "대체적으로 상관관계를 찾을 수 있다"라고 주장했다. 문자를 사용하지 않은 150여 개 부족 사회에 대한 데이터를 분석한 결과, 창조신의 젠더와 세속적 젠더 권력 사이에 상관관계가 나타났다.

여성적 창조 원리가 지배적이거나 남성적 원리와 함께 작동할 때는 젠더관계가 비교적 평등하게 나타났다. 반면 신이 남성적으로만 정의될 때 거의 예외 없이 남성 지배적인 사회를 형성했다. 샌데이는 어떤 사회가 여성의 창조 원칙에 가치를 둘 때 여성의 권위는 존중된다고 말했다.

하지만 미노아 여성들의 사회적 지위를 종교 하나로만 설명할 수
는 없다. 경제적·사회적 차원에서 그녀들이 담당했던 역할과 가치도
함께 살펴봐야 한다. 또 지정학적 조건도 고려할 필요가 있다. 호크스
는 크레타가 섬이라는 사실에 주목했다. 그러한 자연적 조건이 크레
타를 보호해 비교적 평화로운 상태를 유지할 수 있었고, 안정된 사회
분위기가 여성들의 사회적 지위를 지켜주었다는 것이다. 여성적 문
화의 창조 역시 같은 맥락에서 가능했을 것이라는 추론이다.

미노아 여성들의 다양한 활동들

마거릿 에렌버그는 선사시대 여성들이 경제적 생산에서 담당했던
역할을 탐색했다. 그리고 우리의 편견과 달리, 그녀들이 농업을 시작
하고 발전시키는 등 경제적·기술적 혁신을 이끈 주체였다고 주장했
다. 직조 기술이나 도기 제작도 여성들이 주역이었다.

미노아 여성들의 역할도 출산이나 양육, 농사일 정도에 그치지 않
는다. 수많은 유물은 그녀들이 영적 전문가이자 집단적 기억과 전통
의 보존자였음을 알려준다. 또 여성들은 천을 짜서 염색한 후 옷을 만
들고, 다채롭고 세련된 그릇들을 빚어내는 기술자이기도 했다. 새로
운 음식과 요리법의 창안자들이었고, 식재료를 처리하고 보관하는 지
식의 담당자들이었다.

약초들을 찾아내 아픈 아이와 노인을 낫게 하는 일 또한 여성의 역
할이었다. 야금술은 주로 남성의 일이었겠지만, 김부타스는 미노아
여신이 야금술과도 관련되었다고 말한다. 크노소스 남쪽의 한 동굴
은 성소이자 청동을 생산하는 곳이었다. 김부타스는 공예의 여신인
아테나에게서 선사시대 여성들이 남긴 흔적을 읽어낸다. 구유럽에서

여성들이 발전시킨 각종 공예술이 전승되어 아테나에게 투영되었다는 것이다.

현대인의 감각으로는 느끼기 어렵지만, 선사시대 크레타에서 여성들이 활용했던 기술들은 첨단적이고 놀라운 비법들이었을 것이다. 양털로 실을 자아 직물을 생산하고 그것을 물들여 아름다운 천을 만드는 일, 흙으로 멋진 그릇을 빚어 장식하는 일, 각종 채소와 약초로 맛있는 먹거리와 신통한 약을 만드는 일은 모두 '변환의 신비'를 보여준다. 자연의 재료들이 인간의 손을 거쳐 형태와 성질 모두에서 놀랍게 변신한다. 야금술은 말할 것도 없다.

이 기술들은 단순한 생계 수단을 넘어 공동체 전체의 생존과 번영을 좌우하는 요체였고, 그만큼 성스러운 일로 여겨졌다. 생산된 물품들은 일상적 소비재이기도 했지만 의례 용품이기도 했고 무역 활동의 교역품들이기도 했다.

여성적 특성들의 상징적 가치

미노아 남성들 역시 다양한 경제 활동에 종사했다. 무엇보다 바다는 그들의 주요 활동 영역이었다. 남성들은 배를 타고 나가 물고기를 잡았을 뿐 아니라 지중해를 누비며 활발한 무역 활동을 주도했다. 사냥이나 쇠를 다루는 일도 남성이 주역이었다. 도자기 제작처럼 여성과 함께 한 일도 있었으나 대체로 상보적 관계에서 일이 분담되었을 것으로 추정된다.

그런데 중요한 것은 경제 활동에 대한 미노아인들의 인식이다. 가부장제 사회에서 경제 활동은 남성적인 일로 여겨진다. 그런데 미노아 사회에서는 상황이 달랐던 것으로 보인다. 일부 학자들은 미노아 사회에서 생계 제공이나 생산 및 공예 활동들이 여성의 출산 및 양육 능력과 상징적으로 엮여 있었다고 추정한다. 이는 앞서 소개한 초기 미노아 시대 여신상들을 통해 알 수 있다. 도자기를 안고 있는 미르토스 여신상이나 젖가슴을 받치고 있는 모클로스 여신상은 도예와 생명의 양육, 더 넓게는 생계유지가 '여성적인 것'으로 인식되었음을 시사한다.

이 '여성적인 것'은 여신에게 바쳤던 물이나 우유, 기름 등과도 관련되어 있다. 미노아인들이 정성껏 만든 리톤에 각종 액체를 담아 신에게 바칠 때, 그들은 여성적 생명 원리를 경배했던 것이다.

생계유지나 각종 생산품이 '여성적인 것'과 관련되어 있었다면, 여성의 사회적 지위에 영향을 미쳤을 것이다. 미노아 궁전들에서 무수히 출토된 피토스를 관리하는 일도 여성이 담당했을 가능성이 높다. 궁전이 건축되고 사회가 복잡해지면서 직조술과 공예술도 전문화되는 양상을 보이는데, 이 과정에서 자원과 지식, 생산품에 대한 통제력을 지닌 여성 전문가들에게 특별한 사회적 지위가 부여되었을 수 있다. 개별 가문이나 가구의 차원에서도 여러 기술들에 능한 여성 연장자들이 권위자로서 존중받았을 것으로 추정된다.

크노소스궁과 파이스토스궁에서는 베틀 추들이 무더기로 출토되어 궁전에서 대규모로 직물을 생산했음을 알 수 있다. 그 외 여러 지역에는 직물 생산을 위한 특별한 장소들이 있었다. 많은 고대 사회에서 직물 생산업자들은 높은 지위를 누렸다.

평등한 관계인가, 여성 우위인가

미노아 유물들에 묘사된 젠더관계는 여성 우위 사회이거나 최소한

　　　　4장　여성보다 지위가 높은 남성이 없다

평등한 사회임을 추정케 한다. 학자들의 견해는 평등을 강조하는 측과 여성의 특권에 더 주목하는 측으로 나뉜다. 대부분의 학자들이 전자의 입장에는 암묵적으로 동의하기에 대개 후자와 관련해 논쟁이 발생한다. 이는 미노아 가모장제 논쟁과도 관련된다.

흥미로운 건 오히려 남성 학자들이 여성 우위와 관련해 과감한 발언을 한다는 사실이다. 미노아 젠더관계에도 큰 관심을 보여온 드리센은 2020년 한 논문에서 다음과 같이 썼다. 드리센은 혁신적인 연구와 독창적인 접근 방식으로 미노아학을 이끄는 명망 있는 고고학자다.

> (크노소스궁의 프레스코화를 보면) 여성과 남성 간의 수직적 위계와 권위 서열이 분명히 보인다. 이 젠더 서열은 여러 개의 금 인장들과 인장 자국들에도 나타난다. 우리가 아는 한, 미노아 유물 중 명확히 여성보다 높은 서열의 남성을 보여주는 것은 단 하나도 없다. …… 남성 지배를 가장 강력히 표현하는 이미지인 '마스터' 인장 자국에는 사람이 등장하지 않는 점도 흥미롭다. 미노아 문명은 이 점에서 독특하다.[1]

이는 동시대 이집트와 근동 지역뿐 아니라 그리스 본토의 시각 예술이 보여주는 세상과 확실히 다르다. 예술사학자이자 고고학자인 이머바르도 자신의 명저 『청동기시대 에게해 회화Aegean Painting in the Bronze Age』에서 프레스코화에 그려진 남성 인물상들을 분석한 후 다음과 같이 결론지었다.

> 확실히 왕이나 지배자 혹은 망자처럼 특별하게 구분되는 개인 남성

---

1   Letesson & Driessen, "On the House."

이 없다. 신성을 표현한 경우도 없다. …… 미노아 회화를 전체적으로 볼 때 남성 인물들은 여성에게 종속된 것으로 보이고, 여신을 모시는 보좌역으로서 제물을 바치거나 의례적인 스포츠를 수행한다. 이 또한 여신을 위한 행위일 것이다.

반면 여성들은 개성과 주체성을 동시에 드러낸다. 의상만 보아도 화려한 색감과 다채롭고 정교한 무늬와 디자인 등이 이집트 여성들의 경우와 대조된다. 이집트 여성의 의상으로는 소매 없이 몸에 붙는 단순한 흰색 리넨 드레스가 많다. 미노아 여성들의 장신구 또한 그대로 따라 만들 수 있을 정도로 디테일하게 묘사되었다. 서로 다른 의상과 헤어스타일, 장신구는 각각의 여성들에게 개성을 부여한다. 이는

   4장   여성보다 지위가 높은 남성이 없다

미노아 여성들의 사회적 위상이나 존재감과 관련이 있다.

미노아 사회에서는 여성 젠더가 권위와 권력의 은유이자 상징이었을 것이라는 주장도 제기되었다. 특히 인장과 반지에 묘사된 여성들은 종교적 메시지와 함께 권위를 드러낸다. 반면 남성들은 대체로 스스로의 권위를 입증해야 하는 상황에 있었다. 인정받기 위해 경기나 싸움에서 경쟁하며 민첩성, 공격성, 통제력, 보호 능력을 보여줘야 했던 것 같다.

프레스코화의 주인공은 여성

프레스코화에서 개인으로 재현된 여성들의 숫자는 남성보다 훨씬

❖ 「그랜드 스탠드」 프레스코화.

많고 스케일도 크다. 크노소스궁을 비롯해 여러 유적지에서는 비록 파편들이긴 하지만 큰 스케일의 여성상들이 남긴 유물들이 발굴되었다. 유명한 「푸른색 배경의 여주인들」도 그중 하나다. 아크로티리의 유물에도 여성을 그린 대형 그림들이 남성의 경우보다 상당히 많다.

미노아 사회의 젠더관계는 행사를 묘사하는 벽화들에서 더욱 분명히 드러난다. 왕이나 남성 권력자라고 할 만한 인물은 보이지 않고, 사회적으로 중요해 보이는 여성들이 전면에서 스포트라이트를 받고 있다. 이머바르는 이런 특유의 상황을 '여성 편향'이라는 말로 표현했다.

크노소스 궁전 북서쪽 건물에서 발견된 유명한 프레스코화 「그랜드 스탠드」를 살펴보자. 이 벽화에는 성대한 행사를 보기 위해 모여든 대규모의 군중이 묘사되어 있다. 위아래로 빼곡이 들어찬 무리는 간단한 머리 형상으로 콩나물시루처럼 표현되어 있는데 대부분 남성이다. 반면 중심부와 앞자리에 배치된 여성들은 화려하게 꾸민 몸 전

❖ 관람석 앞자리의 여성들.

　　　　　4장　여성보다 지위가 높은 남성이 없다

체가 디테일하게 묘사되어 있다. 한눈에 행사의 귀빈들이거나 주관자임을 짐작할 수 있다.

이러한 상황은 함께 발견된 프레스코화「성스러운 숲과 춤」에서도 반복된다. 이 벽화는 일군의 여성들이 마당에서 춤추는 장면을 보여주는데 관중석의 맨 앞 나무 밑에도 여성들만 배치해 놓았다. 마리나 토스는 이 그림을 "여자가 주인공인 축제 장면"이라고 해석했다. 이상 두 벽화는 벽면의 일부를 장식한 작은 크기여서 미니어처 프레스코화로 불린다.

미케네 도상들도 여사제 같은 힘 있는 여성들을 묘사하긴 한다. 하지만 무대의 중앙은 대체로 남성들이 차지한다. 그리고 남성들은 흔히 군사화된 맥락에서 재현된다. 미케네 여성이 함께 등장하는 남성보다 더 중요한 자리를 차지하는 경우는 거의 없다.

'놀랍고 도발적인' 섹슈얼리티

미노아 여성들은 거리낌 없는 섹슈얼리티로 일찍이 연구자들의 큰 관심을 끌었다. 한 예로 1902년 프랑스 고고학자 에드몽 포티에르는 크노소스궁에서 출토된 한 프레스코화 조각에 담긴 여성상을 보고 이런 글을 남겼다.

그녀의 흐트러진 머리카락, 이마에 도발적으로 늘어뜨린 곱슬머리, 커다란 눈과 강렬한 붉은색으로 물든 관능적 입술, 파랑·빨강·깜장 줄무늬가 있는 튜닉, '이리 오라'는 듯 어깨 뒤로 넘겨진 큰 리본, 이 순진한 고풍주의와 멋진 모더니즘의 혼합, 3000여 년 전 크노소스궁의 벽에 칠해져 도미에 혹은 드가를 연상시키는 이 빠른 스케치, 파리 술집의 단골

손님처럼 보이는 이 파시파에……. 이 작품의 모든 것들은 우리를 경탄시킨다. 요약하자면 놀랍고도 도발적인scandalous 이 전대미문의 예술의 발견에는 사람을 사로잡는 무언가가 있다.

포티에르가 경탄하며 묘사한 여성상은 신성한 매듭을 소개할 때 언급한 '파리지엔느'다. 그가 이 여성상을 파리의 현대 여성에 비유하면서 그런 명칭을 갖게 되었다. '미노아 레이디'로 불리기도 하는 이 프레스코화 조각은 크노소스궁 서북쪽에서 발굴된 「캠프 스툴」 프레스코화의 일부다. 사람들이 모여 연회를 즐기는 장면을 담은 이 벽화에는 같은 유형의 여성이 1명 더 그려져 있으며 둘 다 여사제로 해석된다.

신이든 인간이든 미노아 여성상들은 자신의 아름다움과 성적 매력을 자신 있게 어필한다. 보는 이의 시선에 종속되지 않는 주체적인 드러냄인데 아마도 신성과 관련되어 있었을 것이다. 크노소스궁에는 미용을 위한 공간도 있었을 것으로 추정된다. 그곳에서 '미노아 레이디'는 얼굴을 희게 만들고 입술에 붉은 칠을 하고 눈가를 검게 칠해 '스캔들적' 아름다움을 창조했을 것이다.

❖ '파리지엔느'라 불리는 그림.

　　　4장　여성보다 지위가 높은 남성이 없다

'어머니 여성'이 없다

미노아 여성들의 재현에서 가장 놀라운 사실은 어머니인 여성들이 거의 보이지 않는다는 것이다. 어린 자녀를 돌보거나 남편과 함께 있는 여성상이 없다. 이를 근거로 에번스의 '어머니 여신론'에 대해 비판이 제기되기도 했다.

미노아 도상들에서 여성들은 가정적 맥락이 아니라 사회적이고 공적인 맥락에서 등장한다. 그녀들은 대규모 행사의 중심에서 서로 대화하거나 춤을 추며 의례를 수행한다. 가정의 영역에 배치된 경우가 많은 미케네 여성상들과 대비된다. 미케네 유물 중에는 어린아이를 돌보는 여성을 묘사한 도상이 70개가 넘는다.

신궁전기 미노아 예술에서 아이와 함께 등장하는 여성은 거의 없다. 예외적으로 아크로티리에서 유사한 사례가 하나 발견되긴 했다. 웨스트 하우스의 한 벽화에 묘사된 장면인데, 그것도 익숙한 모자상母子像이 아니다. 이 그림에는 배들이 입항 중인 바다를 바라보는 한 고귀한 여성이 있고, 그녀 뒤에 어린 소년이 서 있다. 그는 돌봄의 대상으로 보이지 않으며 여성의 관심은 온통 바다에 가 있어 정서적 연결이 느껴지지 않는다. 이 중요한 벽화에 대해서는 뒤에서 자세히 소개한다.

어머니 여성을 찾아보기 어려운 미노아 도상은 미노아 사회에서 주양육자가 누구였는가 하는 의문을 불러일으킨다. 이 또한 논쟁적 주제로, 연구자들 사이에서 서로 다른 견해들이 존재한다. 마리나토스는 도상의 부재에도 불구하고 여성들이 우선적으로 어머니이자 양육자 역할을 맡았다고 본다. 지중해 지역의 민족지학적 자료에 기반한 판단이다. 하지만 바버라 올슨은 이에 동의하지 않는다. 프레스코화들이 보여주듯 미노아 여성들은 "생물학적이기보다 사회적이고, 가정적이기보다 공적"인 존재로 여겨졌다는 것이다.

물론 어머니 도상이 없다고 해서 여성들이 양육을 하지 않은 것은 아니다. 당시 사회의 조건상 그것은 생물학적으로 불가능하다. 그래서 올슨의 주장은 현실 그 자체라기보다는 이데올로기적 차원에서 이해된다. 즉 미노아 사회에서 양육은 여성의 가장 중요한 일이 아니었고, 모성 찬양의 이데올로기 또한 존재하지 않았다는 것이다. 아이들이 등장하는 도상들을 분석한 연구에 따르면 미노아 사회에서 양육은 핵가족 단위가 아니라 집단적 차원에서, 혹은 공동체와의 관계망 안에서 이루어졌을 것이라고 한다.

2. 성난 소를 다루는 여성들

미노아 여성의 활동과 관련해 가장 뜨거운 논쟁은 「황소 재주넘기」 프레스코화를 둘러싸고 벌어졌다. 미노아 크레타의 성평등을 주장하는 연구자들은 그 증거로 이 그림을 자주 제시한다. 달려오는 황소 위로 날아올라 재주를 넘는 위험한 경기에 여성도 동참하고 있기 때문이다.

그림에는 3명의 젊은이가 등장하는데 그중 2명이 여성으로 여겨져 왔다. 하나는 소의 뿔을 꽉 잡고 있고, 다른 하나는 양손을 앞으로 올려 쭉 뻗고 있다. 달리는 황소 등 위에서 재주를 넘는 인물은 남성이다. 이 벽화는 여성의 역할, 두 성 간의 협동, 육체적 능력 등의 측면에서 가부장제 사회의 상식을 벗어나 있다. 황소 재주넘기같이 위험하되 보상이 높은 일을 여성들이 수행하는 경우는 찾기 힘들다.

    4장   여성보다 지위가 높은 남성이 없다

스투코 부조 기법을 활용한 이 프레스코화는 크노소스궁 동쪽 건물의 북쪽에 있는 벽들을 장식하고 있었다. 같은 주제의 그림판들이 여럿 이어져 있었는데 그중 하나만 복원되었다. 여성 재주꾼은 다른 그림판들이 남긴 조각들에서도 보인다.

황소 재주넘기는 프레스코화뿐 아니라 인장, 리톤, 조각 같은 유물들에도 다수 묘사되어 있어 미노아 사회를 대표하는 경기였던 것으로 보인다. 행사 장소로는 크노소스궁 중앙마당이 거론되어 왔지만, 여건상 가능성이 낮다는 목소리가 크다. 돌로 포장된 중앙마당은 달리는 황소에게나 재주꾼들에게나 위험했을 것이다. 다른 후보지로는 서쪽마당 혹은 궁전 밖 야외의 별도 공간 등이 거론된다.

황소 재주넘기를 실제 경기라기보다 상징적이고 신화적인 차원에서 보는 견해도 있다. 달려드는 소의 뿔을 잡는 것은 불가능하기 때문이다. 그러나 에번스는 유사한 실제 경기가 있었을 것으로 보고 경기의 전 과정을 네 단계로 구성해 보기도 했다. 반면 마리나토스는 어떤 식으로든 황소 경기는 있었겠지만, 이 그림은 상징적 차원에서 과장되었다고 보았다.

현재 스페인과 프랑스에는 황소 재주넘기와 유사한 놀이들이 전승되고 있다. 이 놀이들은 잘 알려진 투우와 달리 소를 친구처럼 여겨 칼로 찌르거나 피 흘리게 하지 않는다. 프랑스 남서부 지역에서 전해져 온 소놀이 '쿠르스 랑데즈Course landaise'는 달려오는 소를 피하거나 뛰어넘기만 하는데, 뛰어오르며 공중제비를 넘기도 한다. 이로 보아 그림 그대로는 아닐지라도 매우 근접한 황소 경기는 있었던 것으로 보인다.

그런데 쿠르스 랑데즈에 등장하는 소는 황소가 아니라 암소다. 여러 학자들에 따르면「황소 재주넘기」속 황소도 성별을 확정할 수 없

❖「황소 재주넘기」 프레스코화.

다. 수많은 파편 조각 중 상태가 좋은 것들을 골라 퍼즐을 맞추듯 복원한 것이기 때문이다.

뜨거운 성별 논쟁

「황소 재주넘기」에서 가장 논쟁적인 이슈는 소의 앞뒤에 있는 두 인물이 정말 여성이냐는 것이다. 이들이 남성복인 코드피스(성기를 감싼 주머니 형태의 덮개)와 로인클로스(허리에 둘러 입는 간단한 천)를 입고 있는 데다 체격도 남성으로 볼 수 있어 논란이 가열되었다.

에번스는 이들을 여성이라고 판단했다. 무엇보다 미노아 벽화에서 여성은 흰 피부로, 남성은 적갈색 피부로 묘사되기 때문이다. 이는 이집트의 회화 화법을 차용한 결과인데 다른 프레스코화들에서도 일관되게 나타난다. 에번스는 또한 다른 그림판들에서 나온 흰 피부의 인물들을 함께 분석해 그 외의 근거도 제시했다. 바로 장식적인 꾸밈새다. 남성용 의상을 입었지만 색상이 더 다양하고, 팔찌와 구슬 목걸이로 치장하고 있으며, 이마와 관자놀이에 짧은 곱슬머리를 드리웠다는 것이었다.

에번스는 황소 재주넘기에 여성들이 참여한 이유를 종교적 관점에서 해석했다. 황소 재주넘기는 종교의례이기도 했는데 여성이 의례의 주역이었으니 이는 자연스러운 현상이라는 것이다. 미노아 종교 전통의 영향을 받았던 스파르타에서도 여성들이 공식 경기에 참여했다고 한다. 에번스는 황소 재주넘기에 참여한 여성들은 사회적으로 높은 신분이었다고 주장했다.

김부타스도 황소 재주넘기를 종교의례로 보고, 흰 피부의 인물들이 의례를 수행하는 명예로운 여성들이라고 판단했다. 그녀에게 황소는 여신의 재생력을 의미하므로, 이 경기에 여성이 참여하는 것은 하등 이상한 일이 아니었다.

그러나 흰 피부의 인물을 남성으로 보아야 한다는 주장도 적지 않다. 남성 의상을 입고 남성적 행위를 하고 있을 뿐 아니라 넓은 어깨에 튼실한 몸통이 남성의 체격과 유사하기 때문이다. 이들은 흰 피부를 다른 관점에서 해석했다. 우선 그것이 남성이 수행하는 재주넘기의 서로 다른 단계를 말해주는 서사적 장치라는 입장이 있다. 즉 재주넘기의 시작과 끝 단계를 표상한다는 것이다. 마리나토스도 흰 피부의 인물들이 여성이기 어렵다고 보고, 황소 재주넘기를 남성들의 성인식으로 추정했다. 그리고 흰 피부는 성인식 이전의 미숙한 소년의 지위를 표현한다고 주장했다. 하지만 이런 이견들은 아직까지 흰 피부의 인물이 여성이라는 오래된 견해를 넘어서지 못하고 있다.

이들이 여성이라고 보는 사람들은 의상이나 체격을 근거로 젠더를 판단하는 일이 생각보다 어렵다고 강조한다. 우선 역사상 다른 성의 의상을 착용한 사례는 수없이 많다. 크노소스궁의 「캠프 스툴」 벽화의 경우 등장인물들의 의상은 여남 모두 같은 스타일이다. 체격의 경우에는 같은 기준을 적용하면 재주를 넘고 있는 적갈색 인물의 여성스럽고 유연한 몸태 역시 문제될 수 있다. 그리고 크노소스궁의 여성 도상들에서는 넓은 어깨가 흔하다.

일부 학자들은 코드피스가 격렬한 활동 시 착용하는 유니섹스 의상이었을 것이라고 본다. 그리고 젖가슴이 분명하지 않은 것은 소녀의 몸이기 때문이라고 설명한다. 그녀들은 고도로 훈련된 사춘기 소녀들로서 강한 육체를 지녔던 것으로 보인다. 레하크에 따르면 미노아 여성들은 사냥을 하기도 했고 칼을 쓰기도 했다. 영거는 이견을 제기하는 사람들에게 "왜 유독 「황소 재주넘기」에서만 색채 사용 전통이 바뀌었다고 하는지 설명해 보라."라고 주문한다.

미케네 유물에도 흰 피부의 인물이 등장하는 황소 재주넘기 장면이 있다. 티린스에서 발굴된 벽화 조각으로, 점프 동작을 하는 듯한 흰 피부의 인물이 보인다. 이는 여성이 재주넘기 역할도 맡았을 가능성을 보여준다.

제3의 젠더?

황소 재주꾼들의 성별을 둘러싼 논의가 이어지면서 최근에는 흰 피부의 인물을 제3의 젠더로 해석하는 관점도 등장했다. 사실 모든 인간을 여성과 남성 둘로 나누는 인식은 근대 이후에 강화된 것이며, 종교사나 인류학 연구들은 여러 젠더로 구성된 토착 사회들을 소개해 왔다. 따라서 미노아 사회에도 제3의 젠더가 존재했을 가능성은 결코 배제할 수 없다.

몇몇 학자들은 특히 크노소스궁 출토 인물상들의 경우 젠더 표현이 비일관적이고 모호하다고 지적해 왔다. 몸의 형태, 의상, 헤어스타일, 장식, 지물持物 등이 성별에 따라 명확히 나뉘지 않고 서로 섞이는 경우가 많기 때문이다. 젖가슴은 여성을 나타내는 확실한 기호였으나 그 묘사도 일관적이지 않다. 예를 들어「그랜드 스탠드」프레스코화에서는 젖가슴이 사실적으로 표현된 여성은 2명에 불과하고 나머지는 점 2개로 대신했다. 그래서 젖가슴이 안 보인다는 이유로 흰 피부의 황소 재주꾼을 여성으로 보지 않는 건 설득력이 약하다.

크노소스 예술가들은 서로 다른 몸들을 형태상 별 차이 없이 그렸다. 대부분 어깨는 넓고 허리는 한 줌밖에 안되는 모래시계형 체형이다. 이렇듯 양식화되고 과장된 신체 표현은 여성을 남성보다 좁은 어깨와 젖가슴으로 구분한 이집트와는 확연히 다르다.

벤저민 알베르티는 크노소스 인물상들을 여성과 남성이라는 이분법으로 구분하면 안 된다고 주장했다. 이는 신궁전기 크노소스 예술가들의 표현 방식과 어긋나기 때문이다. 그들에게 몸의 성적 차이는 인물의 정체성을 규정하는 우선적인 지표가 아니었으며, 오히려 의상이나 장식품, 헤어스타일 등이 더욱 중요하게 다뤄졌다. 이러한 요소들은 미노아 사회에서 미적 관심사가 아니라 사회적 의미를 전달하는 매체였고, 그 의미 중 하나가 바로 젠더였을 것이다.

크노소스에서는 몸의 성적 차이보다 어떤 의상과 장식품을 착용했는지 혹은 어떤 행위를 하는지가 여성, 남성, 그리고 다른 젠더를 구분하는 기준이 되었을 수 있다. 이러한 알베르티의 분석은 젠더 이분법적 시각으로는 해석이 어려운 유물들을 읽어내는 새로운 통로를 열어준다. 이를 적용하면 「황소 재주넘기」 속 흰 피부의 인물을 여성 몸을 가졌으나 남성적 활동에 참여하는 제3의 젠더로 추정해 볼 수 있다.

미노아 시대의 이집트와 메소포타미아 사회에는 제3의 젠더가 사회적으로 존재했다. 바빌로니아의 사랑과 전쟁의 여신 이슈타르의 의례에서 노래를 불렀던 아시누는 남성에서 여성으로 전환한 사제였고, 이집트의 여성 파라오 하트셉수트는 자신을 남성의 이미지로 묘사하도록 했다. 이러한 사례를 고려하면, 미노아 인물상들에서 드러나는 모호한 성별 문제도 당시의 상황을 고려해 다시 살펴볼 필요가 있다.

3. 여사제-여신-여왕의 삼중주

미노아 여성들의 사회적 지위를 논할 때 가장 먼저 주목되는 대상은 여사제들이다. 수많은 유물이 그들의 존재를 증언하고, 미노아 신권정치가 종교 지도자들의 높은 위상을 시사하기 때문이다. 신권정치 체제에서 최고의 여사제는 곧 여왕과 동일한 위상을 지녔다.

고대 사회에서 종교의 역할은 현대와 비교할 수 없이 심대했다. 문화적 가치와 태도를 형성하는 것은 물론 정치권력의 정당성을 담보했고, 때로 기존 질서를 전복할 수도 있었다. 특히 주기적으로 실행된 의례들은 물질의 재생산뿐 아니라 사회적 재생산에도 관여했고, 종교 지도자는 공동체의 복지에 막중한 책임을 지고 있었다.

　　　　　　4장　여성보다 지위가 높은 남성이 없다

미노아 여사제들의 사회적 역할을 논하는 일은 해독된 문자 기록이 없기 때문에 조심스러울 수밖에 없다. 선형문자 B 토판에 여사제에 대한 기록이 있기는 하나 너무 희소해 큰 의미를 찾기는 어렵다. 이에 대해서는 뒤에서 자세히 설명한다.

아르카네스 푸르니 묘지의 톨로스A 무덤에는 여사제가 묻힌 것으로 추정된다. 피장자는 금으로 장식된 화려한 의상을 입고 여러 개의 금반지를 비롯한 귀중품들과 함께 묻혔다. 그중 하나가 앞서 소개한 '아르카네스 금반지'다. 부장품의 수준이 왕족을 연상시킬 만큼 뛰어나, 학자들은 그녀를 여사제이자 공주 혹은 여왕으로 보기도 한다. 그녀의 장례를 위해 소와 말이 희생된 흔적도 발견되었다. 이 무덤은 미케네 지배하의 기원전 14세기경에 조성된 것으로, 미노아 여사제 전통이 별 변화 없이 이어졌던 것으로 여겨진다.

크노소스 궁전의 여사제들

미노아 여사제를 가장 인상적으로 보여주는 유물은 크노소스궁 서남쪽에서 발굴된 「행진」 프레스코화다. 보존 상태는 나빴지만, 대략적인 구도를 그려보기가 불가능할 정도는 아니었다. 이 벽화는 궁전 서쪽 입구에서 입장할 때 바로 이어지는 긴 복도의 양쪽 벽면을 따라 길게 그려졌다.

거의 실물 크기로 그려진 이 장대한 벽화에는 여사제나 여왕 혹은 여신으로 추정되는 여성상이 등장한다. 에번스의 복원을 따르자면, 그녀는 양쪽에서 행렬을 이루며 다가오는 젊은 남성들을 서서 맞이하고 있다. 남성들은 경배의 제스처를 취하거나 제물을 담은 용기를 들고 있다. 행렬의 한쪽 끝에는 남성 악단이 뒤따르는데 그 선두에는

사제로 추정되는 또 다른 여성이 있다. 이 장면은 복도의 양벽을 장식했던 전체 행렬 장면의 일부분에 해당한다.

이 스펙터클한 벽화는 크노소스 궁전에서 벌어졌던 행진 장면이거나 신화를 묘사한 것으로 해석된다. 여사제를 묘사한 유물은 많지만, 이 벽화처럼 압도적인 스케일로 그녀들의 존재를 증언하는 것은 없다.

앞서 언급했던 「성스러운 숲과 춤」 프레스코화는 넓은 마당에서 춤추고 있는 일군의 여성들을 묘사한다. 구불구불 멋을 낸 검고 긴 머리에 화려한 드레스를 입은 여성들은 팔을 움직이며 집단적 율동을 보여준다. 이 여성들 역시 여사제일 가능성이 높다. 좁은 돌길이 묘사된 것으로 보아 행사 장소는 크노소스궁의 서쪽마당으로 추정된다. 함께 발견된 「그랜드 스탠드」의 경우는 중앙마당에서 벌어진 행사를 묘사한 것으로 여겨진다.

여사제 혹은 고위층 여성을 묘사한 것으로 추정되는 또 다른 벽화로 「푸른색 배경의 여주인들」이 있다. 이 벽화는 크노소스궁 동쪽 건물에서 출토되었다. 그림 속 세 여인들은 큰 사이즈로 보나, 화려한 의

❖「행진」프레스코화.

❖「성스러운 숲과 춤」프레스코화.

❖ 「푸른색 배경의 여주인들」 프레스코화.

상과 장신구로 보나 매우 중요한 인물들이다. 이 그림은 복원의 정도
가 지나치다는 비판을 받아왔으나 이머바르는 아크로티리에서 나온
프레스코화들을 고려할 때 기본적으로 큰 문제가 없다는 입장이다.

아기아트리아다 석관의 여사제들

미노아 여사제들의 구체적인 의례 장면을 생생하게 증언하는 유
물로는 아기아트리아다 석관이 유명하다. 파이스토스궁 근처에 있는
아기아트리아다 유적지의 한 무덤에서 발굴되었다. 이 관에는 미노
아 의례를 스냅숏처럼 묘사하는 그림들이 장식되어 있다. 관의 주인
은 고위직 남성으로 추정된다.

석회암으로 만들어진 이 관은 미케네인들이 세력을 잡았던 기원전

14세기에 제작되었다. 크레타의 종교 전통이 미케네인들의 등장으로 얼마간 변화를 겪던 시기다. 그럼에도 불구하고 의례의 중심에는 여전히 여사제가 있었던 걸 보면 미노아 종교의 요체는 그대로 유지되었던 것이다. 호크스는 당시에도 여사제들이 남사제보다 우위에 있었다면 이전 시기 여사제들의 지위는 의심할 바 없다고 말했다.

석관의 긴 옆면 양쪽에는 수직으로 배열된 나선 문양이 장식되어 있다. 그 사이의 직사각형 공간에는 서로 다른 의례 장면들이 서사적으로 펼쳐진다. 먼저 한 면을 보면, 한쪽 끝부분에 솟대 같은 기둥 2개가 서 있고, 그 위에 매우 큰 양날도끼가 꽂혀 있다. 양날도끼 윗부분에는 새들이 앉아 있다. 기둥 사이 아래쪽에는 시루 모양의 큰 단지가 놓여 있고, 그 안에 여사제가 무언가를 쏟아붓는 중이다. 그녀 뒤에는 관을 쓴 또 다른 여사제가 양동이 같은 단지 2개를 어깨에 들고 서 있으며, 리라를 연주하는 남성이 그녀 뒤를 따른다.

그런데 그 옆으로 이어지는 장면은 전혀 다른 이야기를 담고 있다. 하나의 면 안에 서로 맥락이 다른 두 장면을 이어붙인 셈이다. 이 장면의 끝에는 신전 같은 건물 앞에 선 한 남성이 보인다. 팔과 발이 보이지 않고 몸이 경직되어 있어, 관에 안치된 망자로 추정된다. 그 앞에서는 가죽옷을 두른 남성 셋이 각각 동물과 배 모양의 제물을 들고 망자를 향해 다가가고 있다. 그들이 들고 온 제물은 망자에게 바치는 봉헌물이고, 배는 저세상으로 보내는 운송 수단으로 해석된다.

관의 반대쪽 긴 면에는 다른 의례 장면이 묘사되어 있다. 그림의 한가운데에는 제단 위에 묶여 희생된 소가 자리한다. 제단 아래에는 염소 두 마리가 웅크려 앉아 있고, 그 앞의 양동이 같은 단지로 희생된 소의 피가 흘러내린다. 이렇듯 노골적인 희생제의 도상은 신궁전기에는 나타나지 않기 때문에 미케네 종교의 영향으로 해석되기도 한다.

❖ 아기아트리아다 석관의 의례 장면.

❖ 반대 면에 그려진 의례 장면.

소의 한쪽 편에서는 한 남성이 플루트를 불고, 그 뒤쪽으로 여러 여성들이 줄지어 서 있는데 그중 맨 앞의 관을 쓴 여사제는 두 팔을 내밀어 소에게 손을 대고 있다. 아마 특별한 의미를 지닌 제스처일 것이다. 그림의 오른쪽에도 한 여사제가 서 있는데, 그녀 역시 두 팔을 뻗어 제단 위 그릇에 손을 댄 모양새다. 그녀 앞에는 양날도끼 기둥이 새와 함께 자리하고 그 앞쪽, 그림의 맨 끝에는 축성의 뿔이 장식된 신전이 보인다. 신전과 제단은 나선으로 장식되어 있다. 신전 지붕에는 신성한 나무가 솟아 있고, 기둥 앞에 의례 용기와 과일을 담은 큰 그릇이 보인다.

수레를 타고 있는 여신들

앞에서 다룬 그림들은 여사제들이 집전하는 의례의 현장을 생생하게 보여준다. 그리고 양날도끼와 새, 축성의 뿔과 나선, 신성한 나무 등을 통해 여신신앙에 기반한 의례임을 알려준다.

실제로 여신은 이 석관의 다른 부분, 즉 양쪽 끝의 좁은 표면에 등장한다. 흥미롭게도 양쪽 모두 여신이 둘씩 수레를 타고 있는데, 이는 미케네 문화의 영향으로 보인다. 한쪽에서는 그리핀이 수레를 끌고, 반대쪽에서는 말이 수레를 끈다. 말이 수레를 끄는 장면은 상하로 나뉜 구도의 아래쪽에 위치하며, 그 위쪽에는 행진하는 남자들이 묘사되어 있다.

석관의 그림들은 망자의 영혼이 사후 세계로 무사히 건너갈 수 있도록 인도하는 의례를 묘사한 것으로 여겨진다. 수레를 탄 여신들은 사후의 여정에서 망자를 보호하며 이끄는 역할을 부여받았을 것이다. 이집트에서 망자의 보호자였던 이시스와 네프티스가 관에 그려

졌던 것과 유사하다. 망자에게 제물을 바치는 장면에서 망자 숭배를 추정하기도 한다. 마리나토스는 망자가 왕이었을 가능성도 제기했다.

아크로티리 벽화 속 여사제

여사제로 추정되는 프레스코화는 아크로티리의 웨스트 하우스에서도 발굴되었다. 매우 젊은 여성상이어서 '젊은 여사제'로 불린다. 그녀의 머리는 꼭대기에 얹어진 뱀 모양의 머리 다발을 제외하고는 푸르게 칠해졌는데 이는 삭발된 상태를 가리킨다. 미노아 도상에서 삭발은 어린 나이를 뜻한다.

하지만 이 여사제의 장신구는 화려하다. 굵은 목걸이를 둘렀고, 바퀴 형태의 큰 귀걸이를 달고 있다. 그런데 이 소녀가 걸친 옷은 매우 예외적이다. 가슴을 활짝 드러내는 보디스(상체를 꼭 조이는 의상)에 화려한 긴 치마 대신 한쪽 어깨에 걸쳐 입는 넉넉한 원피스형 옷을 입고 있다. 이는 미노아 남사제들의 복장과 유사하다.

또 하나 눈길을 끄는 건 붉게 칠해진 귀다. 입술보다 귀가 더 붉게 강조되어 있다. 이에 대해서는 여러 해석들이 있는데, 그중 하나는 소리를 통해 신과 소통하고 있음을 표상한다는 견해다. 미노아 인장들에서 보이는, 공중에 떠 있는 귀의 형상과 관련시킨 해석이다. 그녀가 들고 있는 그릇은 향로로 추정되며 향을 피워 신을 불렀을 것으로 여겨진다.

❖ 웨스트 하우스의 젊은 여사제.

남사제의 위상과 역할

미노아 종교에서 사제직은 여성에게 국한되지 않았다. 여사제가 의례의 중심에 있었지만 남사제도 존재했다는 점에 대해서는 학자들 사이에 이견이 없다.

남사제의 약한 존재감은 미노아 종교가 보여주는 독특한 측면이다. 같은 시기 근동 지역에서 사제직은 대체로 남성이 맡았다. 일부 여성들이 중요한 종교적 지위를 차지하기도 했지만, 크레타처럼 여사

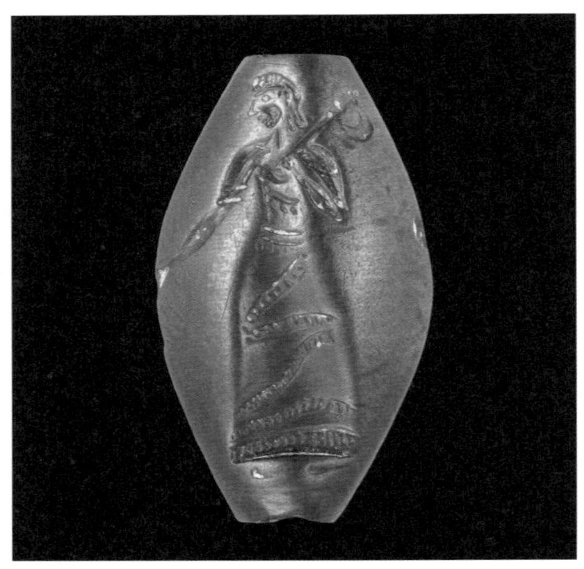

❖ 미노아 인장 속 남사제.

제가 빈번히 등장하지 않는다. 이러한 정황은 미노아 사회에서 남사제의 위상과 역할에 대한 견해 차이를 낳았다. 동시기 주변 국가들의 종교적 상황과 그 영향력을 중시하는 측에서는 남사제의 위상을 높이려 하는 반면, 그렇지 않은 측에서는 이에 비판적이다.

미노아 종교에서 남신과 남사제의 비중을 높게 평가하는 대표적 학자로는 마리나토스가 있다. 그녀는 신궁전기 크레타에서 남사제들이 중요한 존재였고, 상황에 따라 다양한 역할들을 수행했다고 주장한다. 특히 여사제가 여신을 대리했듯이 남사제 역시 남신의 역할을 대리하는 일도 했을 것이라고 본다.

남사제의 도상은 프레스코화에서는 드물고 대개 인장과 반지에서 나타난다. 이들은 주로 한쪽 어깨에 걸친 긴 원피스 형태의 예복을 입고 있다. 옷에는 대각선 띠 장식이 있고 아래에는 술이 달려 있기도 한데 시리아 남사제들의 의상과 유사하다. 머리 모양은 상대적으로 짧고 독특하며 턱수염을 기른 모습으로 묘사되기도 한다. 일부 인장에서는 남사제의 머리 부분만 따로 강조해 새겨 넣은 예도 있다.

남사제들은 지위와 권위를 상징하는 물품을 손에 들고 있다. 가장 흔한 것은 둥근 도끼와 돌망치이며 종종 활도 보인다. 이들이 때로 사냥꾼으로 묘사되는 것을 보면, 이러한 공격적 도구의 소지는 그들의 역할과 관련되었다고 짐작된다. 마리나토스는 남사제들이 희생제의에서 동물을 제물로 바치는 일과 의례적 사냥을 담당했다고 보았다. 그 외에도 음악을 연주하는 일 또한 남사제들이 담당했던 것으로 보인다. 아기아트리아다 석관에서 긴 가운 같은 옷을 입고 악기를 연주하는 남성들이 좋은 예다.

그런데 남사제들은 단독으로 묘사될 경우 여사제와 달리 의례 활동을 적극적으로 수행하지 않는다. 기껏해야 권위를 상징하는 물품을 들고 있는 정도다. 남사제는 여사제와 함께 있을 때에만 의례를 수행하는데 대체적으로 보조적인 위상에 머문다. 이는 여사제가 의례를 주관하는 아기아트리아다 석관의 그림이나 여러 인장과 반지들에 잘 나타나 있다. 한 예로 아르카네스 반지의 경우 여성과 남성이 함께 의례를 수행하지만 의례의 주관자는 중심에 크게 자리한 여사제다.

4. 미노아 가모장제 논쟁

가모장제는 가부장제와 대칭을 이루는 개념이다. 그래서 수많은 미노아 유물들이 가부장제 사회들과는 질적으로 다른 젠더관계를 보여줄 때, 사람들은 가모장제 사회를 떠올렸다. 마침 미노아 문명이 세상에 모습을 드러낼 무렵 서구 지식 사회는 요한 바흐오펜, 루이스 모건, 프리드리히 엥겔스의 저작들이 촉발시킨 '부권제 이전의 모계 사회 혹은 가모장제 사회'에 대한 관심이 높아져 있었다.

앞서 언급했듯 에번스는 미노아 사회가 가모장제였다고 판단했다. 이후 이 문제는 학계뿐 아니라 페미니즘 진영에서도 큰 관심을 받았고 관련 논쟁들이 이어졌다. 일부는 인류사에 가모장제가 존재했다는 믿을 만한 증거가 없다며 에번스의 견해를 비판했고, 몇몇은 남성 중심적 시각을 벗어나면 얼마든지 가능한 해석이라고 옹호했다. 후자에 속한 사람들은, 똑같은 유물들을 인물상의 성별만 바꿔 제시하면 주저 없이 가부장제 사회라고 단정할 사람들이 편견에 사로잡혀 가모장제 관련 논의를 회피한다고 비판했다.

상황이 어떠하든 미노아 문명이 유례를 찾기 힘들게 여성 중심적 특성을 보여준다는 사실을 부인할 수는 없다. '가모장제'란 용어를 조심스러워 하는 학자들도 미노아 크레타가 모계제나 처가거주제에 기반한 성평등한 사회였을 것이라고 보는 경우가 많다.

에번스의 미노아 가모장제론

에번스는 미노아 사회가 가모장제일 수밖에 없는 이유로 종교를 들었다. 그는 미노아 종교에서 명백히 드러나는 여신의 우위를, 상당히 가모장제적이었던 미노아 사회의 반영으로 해석했다. 의례 장면에서 여성들만 춤을 추는 것도 가모장제의 표징으로 인식했다. 이러한 관점은 미노아 남신을 여신의 배우자가 아니라 아들로 상정했다

　　　4장　여성보다 지위가 높은 남성이 없다

는 점에서도 드러난다. 가모장제와 관련한 에번스의 설명 중 일부는 다음과 같다.

> 미노아 문명의 전성기에 이르러 남성적 요소가 정부의 영역에서 얼마나 많이 주장되었든 간에, 종교는 여전히 사회발전 단계에서 더 오래된 가모장제를 반영했다. …… 미노아 종교 시스템이 뿌리를 두고 있는 가모장제적 사회 단계는 그 자체로 '남성 배우자'라는 거념과 양립하지 못한다. 왜냐하면 가모장제의 본질상 아이들의 아버지는 알려지지 않았거나 적어도 비본질적 요소였기 때문이다.

그는 여신을 모시는 일에서 여사제들이 최고의 자리에 있었을 뿐 아니라, 세속적 측면에서도 여성들이 중요한 지위를 누렸다고 보았다. 위대한 미노아 여신이 최고의 지위를 누린 것처럼 미노아 여성들도 사회에서 더 높은 서열에 있었다는 것이다. 에번스는 특히 「그랜드 스탠드」 프레스코화를 가모장제의 증거로 제시했다.

> 여성들이 앞자리에서 공연을 관람하고 남성들은 배제되어 있는데 이는 가모장제 단계의 특징인 여성의 우세를 나타내는 표시일 수 있다. 그 아래 군중들 가운데 보이는 여성들이 다른 성과 자유롭게 섞여 있는 것도 그녀들의 사회적 우월감 때문일 것이다. 여성과 남성은 의도적으로 함께 무리지어 있고 서로 대화하는 관계에 있다.

인용문에서 드러나듯 에번스는 가부장제를 뒤집은, 여성 우위의 가족 및 사회체제로서 가모장제란 용어를 사용한 듯하다. 그런데 그가 이 용어를 쓸 당시, 가모장제 사회는 유럽 지식인들 사이에서 사회발전 단계상 원시적 수준에 속하는 것이었다. 스위스의 법학자 바흐오 펜의 『모권』 이후, 20세기 초반까지 관심을 끌었던 가모장제 역사에 대한 대체적인 관점이 그러했다. 따라서 에번스의 '미노아 가모장제 론'은 여성의 종교적·사회적 권력에 대한 관심뿐 아니라 미노아 문명 을 인류사의 '오래된' 원류로서 부각시키려는 의도도 담고 있었던 것 으로 추정된다.

바흐오펜의 가모장제론

바흐오펜은 『모권』에서 인류의 사회발전 단계를 다루며 가부장제 이전에 가모장제가 존재했다고 처음으로 주장한 인물이다.[2] 그에 따 르면 가모장제는 남성의 육체적 힘이 지배하는 잡혼雜婚 상태의 폭력 에 맞서 저항하던 여성들의 주도하에 등장했다. 여성들은 자신들이 어머니로서 더 높은 권리를 가졌다고 주장하면서 배타적 혼인관계 등 새로운 사회질서를 형성해 나갔다. 이 시기는 농업이 뿌리내린 때 로, 여성의 생산력이 대지의 생산력과 연관되면서 여성들이 종교적 우위를 차지하게 되었다. 그 결과 어머니들이 최고의 권위를 인정받 고 가계 역시 모계를 따라 이어지는 사회가 형성되었다는 것이 바흐 오펜의 설명이다.

바흐오펜은 『모권』의 앞부분에서 크레타의 사례를 다루었다. 크노 소스가 발굴되기 약 40년 전의 일인데, 예견이라도 한 듯한 내용들 이 인상적이다. 그는 크레타의 가모장제 전통을 보여주는 근거로 헤

---

2 그는 영어의 'matriarchy'에 해당하는 용어를 사용하지는 않았지만 여성의 지 배를 의미하는 'gynecocracy'를 쓰고 있어 가모장제론자로 불린다.

  4장 여성보다 지위가 높은 남성이 없다

로도토스의 기록을 제시했다. 헤로도토스에 따르면 리키아인들은 어머니의 이름과 모계혈통을 따르는데 그들은 크레타에서 이주해 왔다고 한다. 바흐오펜은 이를 통해 가모장제의 유습이 당시 크레타에 남아 있었다고 보았다. 크레타는 고대 세계에서 아버지의 땅이 아니라 어머니의 땅으로 불린 유일한 나라였다. 바흐오펜은 플루타르코스가 남긴 기록들을 토대로 고대 크레타가 여성들에 의해 지배되었다고 주장했다.

> 다음의 관습들은 고대 크레타의 여성 지배가 남긴 중요한 흔적들이다. 오직 딸들만이 아폴론 신전을 방문해 테세우스의 출발을 기념했다. …… 오직 어머니들만이 디오니소스와 아리아드네를 기리는 오스코포리아Oschophoria 축제에 참석했다. 이와 관련해서 보면, 크레타인들이 "사랑하는 어머니의 땅"이라고 말하는 관습은 이중의 의미가 있다. 자연에서 여성적 원리가 가장 중요한 것처럼, 국가와 가정에서도 여성이 가장 중요하다.

바흐오펜은 크레타 제우스의 어머니 레이아 역시 여성 지배의 상황을 전해주는 존재라고 보았다. 또 다른 어떤 지역들보다 크레타에서 여성신들이 가장 중요한 역할을 담당했다고 말했다. 여성의 지배는 종교뿐 아니라 사회적 차원에서도 동일하게 적용되었다고 한다.

하지만 바흐오펜은 시간이 흐르면서 가모장제가 더 우월한 사회 발전 단계인 가부장제에 자리를 내주게 되었다고 주장했다. 인류가 자연을 따르던 단계에서 뛰어넘는 단계로 발전했기 때문인데 그 결과 종교도 변화했다. 즉 형이상학적 원칙들이 확립되면서 물질세계의 속박을 초월한 영적 진화를 이루었는데, 이 진화가 남성들에게서 나타났다는 것이다. 흥미롭게도 바흐오펜은 테세우스 신화를, 크레타 가모장제에 대한 그리스 가부장제의 승리를 증언하는 서사로 읽었다. 테세우스가 자연의 남성적 힘을 상징하는 미노타우로스를 죽임으로써 영적인 부권father right을 확립했다는 해석이다.

에번스는 바흐오펜에 대해 직접 언급하지 않았지만, 바흐오펜에게서 상당한 이론적 영향을 받았다고 봐야 한다는 견해가 많다. 그런데 에번스는 미노아 사회가 가모장제였다고 하면서도, 크노소스궁 왕좌실의 주인은 강력한 사제-왕이라고 주장했다. 그리고 이 모순된 주장을, 가모장제가 주로 종교의 영역에 남았고 정치적 권력은 남성에게 주어졌다며 합리화했다.

가모장제 옹호론 대 비판론

미노아 크레타가 가모장제 사회였다고 본 학자들은 에번스 외에도 여럿이다. 그들은 각자의 관점에서 여러 근거를 제시했다. 우선 이집트나 근동 지역에서 볼 수 있듯, 청동기시대에 보편적이었던 남성 지배자의 초상이나 형상이 없다는 점이 꼽혔다. 또 종교 활동에서 여성의 활약이 두드러지고, 여성들이 사회적으로 자유롭게 활동했던 것으로 보인다는 점도 거론되었다. 단상이나 왕좌에 앉아 있는 인물들이 모두 여성이라는 사실도 중요하다. 당시 지중해 지역에서 왕좌는 지배권과 신성의 상징이었기 때문이다.

인류학자 루비 로어릭-레빗은 미노아 크레타가 가모장제 사회에 해당하는 여러 기준, 즉 "정치적·경제적·사회적·종교적 측면에서 여성들이 누린 특권과 권위"를 충족한다고 주장했다. 그녀에 따르면 미노아 여성들은 가정이나 종교 영역에만 머무르지 않고 항해에도 나섰으며, 모계 전승에 기반해 농업에서도 중심적 역할을 했다. 로어릭-레빗은 이러한 전통의 흔적이 농업의 여신 데메테르가 크레타 출신으로 전해지는 신화에 남아 있다고 보았다.

역사학자 캐럴 토머스는 고르틴 법전(기원전 5세기)을 미노아 가모장제론을 뒷받침하는 근거들 중 하나로 제시했다. 이 법전은 크레타 중남부에 있는 고르틴시의 거대한 석벽에 새겨져 있으며 친족관계, 재산권, 노예의 지위 등에 관한 사항들을 담고 있다. 법률은 속성상 보수적이기 때문에 이 법전에는 이전 시대의 관습들이 남아 있을 것으로 추정된다.

고르틴 법전에는 여성의 독립적 재산소유권과 이혼권 등이 보장되어 있다. 남편은 아내의 재산을 팔거나 담보 잡힐 수 없으며, 아들 역시 어머니의 재산에 대해 유사한 관계에 있다. 또 여성도 '마음대로' 이혼할 수 있었고, 이혼 시 혼인할 때 가져온 재산을 되찾을 뿐 아니라 혼인 중 그 재산으로 이룩한 부의 절반도 가져갈 수 있었다. 재산상속 및 양육과 관련해서도 모계 사회적 특징이 여러 곳에서 드러난다. 일례로 엄마가 죽었을 때 상속받을 어린 딸의 양육을 외삼촌에게 맡기기도 했는데 이러한 양육 체제는 모계 사회들에서 나타나는 특징이다.

토머스는 이런 자료들을 근거로 미노아 가모장제가 존재했음을 추론할 수 있다고 주장했다. 고르틴 법전의 전문가인 윌릿츠도 이 법전이 오래된 모계제 혹은 가모장제 질서에서 가부장제로 전이되는 과정을 보여준다고 해석했다.

한편 고르틴 법전에 남아 있는 여권 보호의 정도는 동시대 아테네에서 시행됐던 법 조항과의 비교를 통해 잘 드러난다. 아테네 법전에서는 여성의 재산이 결혼 때 가져간 지참금 정도에 국한되었으며 그것도 후견인인 남편이 관리하면서 재량껏 처리할 수 있었다.

그러나 학계 전반에서는 미노아 가모장제론에 대한 비판이 훨씬 우세하다. 인류학적 연구들을 보더라도, 가모장제 사회가 역사적으로 존재했다는 뚜렷한 증거를 찾기 어렵다고 보기 때문이다. 마리나토스는 미노아 사회에서 여신의 중심적 위상을 인정하면서도 그것이 곧 여성의 정치적·사회적 권력으로 이어졌다고는 보지 않았다. 남미 가톨릭 사회들에서 성모 마리아 숭배가 대단하지만, 남성 지배가 유지되어 온 상황을 참고할 필요가 있다는 주장이다.

미노아 크레타뿐 아니라 선사시대 전반의 가모장제 이론을 가장 강력하게 비판한 사람은 종교학자 신시아 엘러다. 그녀는 미노아 종교가 여신 중심적이라는 합의된 견해에 대해서도 비판적이며, 가모장제 이론이 페미니즘의 필요에 의해 만들어진 신화에 불과하다고 주장했다. 페미니스트들이 선사시대의 이상적인 가모장제 사회를 내세워, 가부장제를 극복할 수 있는 역사적 산물로서 드러내고자 했다는 것이다. 그러나 '여성적' 가치들을 강조하는 가모장제 이론은 페미니즘의 관점에서도 문제적이라는 게 그녀의 입장이다.

젖가슴이 권력의 상징?

미노아 가모장제를 둘러싼 논쟁에서 학자들은 대체로 조심스러운 태도를 취한다. 역사상 확실한 선례나 유례를 찾기 힘든 데다 확신을 주는 근거도 찾기 어렵기 때문이다. 그래서 미노아 가모장제는 주로 대중적 저술들에서 다뤄지는 경향이 있다. 그럼에도 불구하고 개중에는 상대적으로 과감한 목소리를 내는 학자들도 있다. 역시 명망 있는 남성 학자들이다.

영거는 최근 "역사상 가모장제 사회가 존재했다면 신궁전기 크레타가 최고의 후보일 것”이라고 주장했다. 한편 레하크는 미노아 가모장제에 대한 학계의 거리 두기가 남성 중심적 편견과 관련되어 있다고 지적했다. 그 편견을 내려놓고 유물들 자체에 집중한다면 미노아 가모장제의 가능성을 진지하게 생각해 보지 않을 수 없다는 것이다.

미노아 인물상들은 성별로 따로 묘사된 경우가 많으나 함께 등장하는 장면들도 있다. 그런데 이 경우 더 중요한 위치에서 더 크게 묘사된 쪽은 항상 여성이다. 그리고 역할에 있어서도 성별 차이가 드러난다. 레하크는 아기아트리아다 석관의 그림에서 음악을 연주하는 남성들에 주목한다. 이집트나 메소포타미아의 경우와 다르기 때문이다. 이 지역들에서는 대개 여성 연주자들이 등장하며, 종종 에로틱한 대상으로 묘사되었다.

그렇다면 크레타에서는 반대의 상황이었던 것일까? 확언할 수는 없으나 최소한 이 질문을 피해서는 안 된다. 하지만 학자들은 고대 근동 사회가 가부장제였고 여성 음악가들이 주변적인 존재였다고 언급하면서도, 크레타의 사례에 대해서는 침묵하거나 못 본 체한다. 레하크는 이러한 현실을 비판하면서 크레타에서는 남성들이 여성들을 위해 음악을 연주했던 것은 아닐지 생각해 보자고 제안한다.

그는 또 인물들이 묘사된 유물의 종류와 재질에도 주목했다. 여성들은 금반지의 종교적 도상에 함께 등장하는 경우가 많지만, 남성들은 주로 돌로 된 단지나 리톤에 부조로 묘사되었다. 돌단지에는 여성 인물들이 등장하지 않는다. 그래서 그는 돌단지가 남성들의 의례에 사용되었을 것으로 추정한다. 물론 정교하게 조각된 돌단지도 귀중품이었지만, 고대 사회의 가치 순위에서 금에 비할 바는 아니었다. 레하크는 이러한 미노아 젠더관계의 여러 측면들을 고찰한 후, 다음과 같이 결론지었다.

우리는 왜 에게해 지역, 최소한 크레타에서의 가모장제를 진지하게
고려하지 않았던 것인가? …… 20세기 후반의 서구 백인 남성으로서 내
가 익혀왔던 젠더 구조와 편견들은 (미노아 크레타에) 작동하지 않는 것
같다. 에게해 예술에서 남성 사냥꾼들은 찾기 쉽지만 남성 지배자의 경
우는 아니다. 여성의 젖가슴은 흔히 노출되어 있지만 에로틱한 이미지
는 아니다. 에게해 지역에서는 젖가슴이, 후기 그리스에서 팔루스(남근)
가 그러했듯, 권력의 상징이었을까?[3]

젖가슴이 남근처럼 권력의 상징이었을 수 있다는 레하크의 추론은
신선하면서도 흥미롭다. 초기 미노아 시대 젖가슴을 강조한 여신상
들을 떠올리면 그의 추론에 역사적 타당성이 더해진다. 또 젖가슴을
강조하면서도 양육하는 어머니의 이미지가 없는 점도 그 상징성을
강화한다. 호크스는 여성들이 자유롭게 가슴을 노출했다는 사실 자
체가 높은 지위를 시사한다고 해석했다.

새로운 가모장제 이론

미노아 가모장제론을 비판하는 사람들은 가모장제를 '여성들이 남
성들을 지배하는 체제'로 상정하는 경향이 있다. 하지만 이는 가모장
제를 가부장제에 의거해 이해한 것일 뿐, 실제 사회에 대한 인류학
적·사회학적 현장 연구에서 도출된 내용이 아니다.
가모장제가 실제로 어떤 사회체제인지를 이해하기 위해서는 과거
에 존재했거나 현재 존재하는 가모장제 사회들에 대한 사례 연구가

3　Rehak, "The Construction of Gender in Late Bronze Age Aegean Art: A Prolegomenon."

　　　4장　여성보다 지위가 높은 남성이 없다

선행되어야 한다. 세상에는 최근까지도 가부장제와 다른 젠더 체제를 유지해 온 사회들이 있다. 그 대표적인 예가 스스로를 가모장제 사회로 지칭하는 인도네시아 수마트라의 미낭카바우족이다. 북아메리카 이로쿼이족이나 호피족도 유사한 사례로 꼽힌다. 중국 운남성의 소수민족인 모쒀족도 오늘날까지 모계 중심의 친족체계와 주혼走婚이라는 비혼 파트너 관계를 유지하고 있는 것으로 유명하다.

하이데 괴트너-아벤트로트는 1980년대부터 세계 각지의 가모장제 사회들을 연구해 온 학자다. 그런데 그녀가 제시한 가모장제 개념은 기존의 통념과는 매우 다르다. 실제 가모장제 사회들은 가부장제의 성별만 바꾼 형태가 아니라, 그와 질적으로 다른 체제이자 문화이며 우리가 몰랐던 새로운 세상이라고 한다. 샌데이 역시 오랜 세월 미낭카바우족의 문화를 심층적으로 연구해 가모장제에 대한 기존의 인식을 바꾸는 데 크게 기여했다.

이들의 견해는 과거의 가모장제론과 다르기 때문에 '현대 가모장제 이론'으로 불린다. 이 이론에 따르면 가모장제 사회에서는 여성이 남성을 지배하는 게 아니라 평등하고 호혜적인 관계를 맺는다. 또 신성한 여성성과 모성적 원칙 및 가치를 존중하며, 민주적이고 평화로운 공동체를 유지하는 특성을 보인다. 괴트너-아벤트로트는 가모장제 사회들이 공유하는 구조적 특징들, 즉 가모장제 패러다임을 다음과 같이 정리했다.

첫째, 경제적 측면에서 보통 농업에 종사하면서 사적 재산권 없이 평등한 공동체를 운영한다. 물품의 배분은 여성들이 담당하는데 항상 호혜성을 추구하며 균형 잡힌 경제를 만들어낸다. 사회적 관습으로 '선물을 주는' 방식이 정착되어 있다.

둘째, 사회적 측면에서 젠더 평등의 모계 사회를 구성하며 처가 거주적 특징을 보인다. 자녀들은 결혼 후에도 모계 씨족 그룹에 소속되어 남으며, 땅이나 사회정치적 자산들도 모계로 전승된다. 또 위계적이지 않은 사회관계를 형성한다.

셋째, 정치적 측면에서 만장일치를 중시하는 민주적 합의 체제를 갖고 있다. 잘 조직된 합의제가 엄격하게 유지되므로 평등주의적 성격이 나타난다. 마을이나 외부의 문제들은 씨족 모임에서 토의된 후 결정된다. 외부에 의견을 전달하는 일은 대개 남성이 맡는다.

넷째, 문화적 측면에서 이들은 세계 전체를 성스럽게 여기며 모든 것이 여신 혹은 신성한 여성성에서 기원했다고 믿는다. 지구를 위대하고 베푸는 어머니로 여기며, 보살핌과 사랑, 관대함의 원칙들을 어머니와 관련시켜 중시한다.

이처럼 가모장제의 개념이 재정의되고 새로운 연구가 이어지면서 이 용어에 대한 관심도 늘고 있다. 일례로 종교철학자인 조안 시숀은 괴트너-아벤트로트의 가모장제 정의에 따라 미노아 유물과 유적, 역사와 신화 자료를 분석했다. 그리고 미노아 사회가 그 기준들에 잘 부합한다는 결론을 내렸다. 현대 가모장제 이론이야말로 미노아 사회를 가장 잘 이해할 수 있는 해석 틀을 제공한다는 것이다. 이런 관점에는 드리센도 일정 부분 동의한다. 그는 미노아 사회의 젠더관계를 이해하는 데 샌데이의 미낭카바우족 사례를 활용했다.[4]

---

4 샌데이에게 가모장제 여부는 정치권력을 어떤 젠더가 쥐고 있는가가 아니라 모성적 상징들이 그 사회의 문화적 의미망에서 중심을 차지하는가의 문제다. 이런 사회에서 여성은 지배자가 아니며 남성들 역시 모성적 원리와 가치들에 의거해 여성들과 협력하는 삶을 산다.

모계 사회, 모성 사회, 처가거주제 사회

학자들은 미노아 사회의 젠더관계를 설명할 때 모계제 혹은 처가거주제 같은 보다 익숙한 용어들을 선호한다. 김부타스는 미노아 문화가 생산한 방대한 종교적 예술과 건축 그리고 장례 관련 증거들이 문화의 모계 계승 패턴을 보여준다고 말했다. 또 고르틴 법전의 결혼 관련 조항에 크레타의 모계 문화가 잔존해 있다고 보았다. 호크스 역시 미노아 크레타가 모계 사회로서 여성들이 세속적 권력도 누렸을 가능성을 언급했다. 미노아 크레타가 모계 사회였을 것이라는 추정은 학계에서 널리 통용된다.

김부타스는 가모장제 대신 모성 사회matristic society라는 용어도 사용했다. 모성 사회란 모계 계승과 파트너십에 의거하며 여성이 존중되지만 남성을 복속시키지 않는 사회를 뜻한다. 선사시대 여신신앙과 평등한 사회상을 인정하되, 가모장제란 용어를 기피하는 사람들이 이 용어를 선호한다.

처가거주제는 대체로 모계제와 얽혀 있는 거주 방식으로, 결혼 후 남편이 아내의 본가에서 거주하는 혼인 및 가족 형태를 의미한다. 그런데 기원전 1세기 그리스 역사가 스트라본은 크레타의 처가거주제 결혼에 대해 언급한 바 있다. 또 고르틴 법전에도 관련 기록이 남아 있다. 모계제 내지 처가거주제는 여성의 높은 지위와 상관성이 크다.

드리센은 전궁전기와 원궁전기의 크레타 사회가 처가 거주 원리에 의해 조직되었을 것이라고 추정했다. 그에 따르면 당시 크레타에서는 거주지에 뿌리를 내린 친족 그룹들이 대규모의 가문을 형성하고 있었는데, 이 가문들은 모계 계승과 처가살이를 기반으로 구성되어 있었다.

모계 계승의 처가거주제는 남성들이 오랜 기간 집을 떠나 있곤 하는 사회들에서 잘 나타나는데 미노아 남성들도 무역이나 장거리 어로 작업 등으로 자주 집을 떠나 있어야 했을 것이다.

처가살이를 기반으로 한 모계 사회에서는 일반적으로 인근 지역에서 새로운 남성들이 유입되는데, 이것이 지역 간 응집력을 높인다고 한다. 그래서 가까운 이웃과 전쟁이 잦은 부계 사회보다 평화로운 상태를 유지하는 경향이 있다. 드리센은 처가거주제하의 남성들이 우애로 결속되어 공동체의 일들을 함께 수행했으며, 궁전도 건축했을 것으로 추정했다.

5. 남성왕은 존재했는가?

미노아 가모장제론과 관련된 뜨거운 논쟁 중 하나는 남성왕의 존재 여부다. 여성이 사회의 중심이었다면 정치권력 역시 예외가 아니었을 수 있다. 캐슬던 같은 학자는 남성왕이 존재했더라도 최고의 권력은 여사제에게 있었고, 왕은 그에 종속되어 움직였을 것이라고 추정한다.

하지만 이미 소개했듯 에번스는 실질적인 정치권력은 남성에게 있었다고 생각했다. 사제-왕에 의한 통치 체제다. 이는 현재까지도 많은 사람이 암묵적으로 공유하는 인식이다. 미노아 문명이라는 명명 자체가 미노스왕에 기인한 것이고, 고대 사회의 지배자로서 남성왕의 이미지는 너무나 강력하기 때문에 그러한 인식 틀을 벗어나기는 매우 어렵다.

하지만 유물들이 보여주는 세상은 다르다. 숱한 인물상 중에서 학자들이 남성왕이라고 합의한 도상이 하나도 없다. 대규모 행사 장면을 묘사한 벽화에서도 주인공은 여성들이다. 권력을 상징하는 인장이나 반지를 보아도 좌대에 앉아 경배받는 여성은 있지만 남성은 없다.

그러나 크레타의 남성 왕권은 "당시 지중해와 근동의 청동기 문명 전반을 고려할 때 남성왕이 없는 경우를 상상하기는 힘들다."라거나 "미노아 크레타의 부강했던 시기를 보면 강력한 남성왕의 존재를 상정할 수밖에 없다."라는 역사적 타당성을 근거로 인정받아 왔다. 미케네가 남성왕의 통치하에 있었다는 사실도 역사적 정황으로 고려된다.

지금까지 왕일 가능성이 있는 인물상으로 거론되어 온 유물은 크게 세 가지가 있다. 「백합 왕자」 프레스코화와 '마스터' 인장 자국 그리고 몇 개의 인장들이다.

'마스터' 인장 자국은 앞서 남신의 도상으로 소개했지만 왕이라고 보는 견해도 있다. 마리나토스는 미노아 도상에서 신과 왕은 교환 가능한 관계라면서 '마스터' 인장 자국의 남성상이 신이지만 왕과 상호 수렴된다고 주장한다. 미노아 크레타가 신권정치 체제였기 때문이다. 그러나 이 도상을 왕으로 보지 않는 견해도 많고, 앞서 언급했듯 미노아적이지 않다는 주장도 있다.

'백합 왕자'는 사제–왕인가?

에번스는 간절히 원했던 사제–왕의 초상을 궁전 남쪽 건물의 한 벽 근처에서 찾았다. 「행진」 프레스코화가 끝나는 곳과 가까운 위치였다. 「백합 왕자」로 불리는 이 유명한 그림은 백합 장식 관을 쓰고 활기차게 걸어가는 젊은 남성의 모습을 보여준다. 백합 장식은 목걸이에서도 보인다. 에번스는 이 벽화가 그리핀을 끌고 가는 사제-왕의 초상이라고 해석했다. 인물을 장식한 특이한 백합 형상, 즉 파피루스와 합쳐진 백합이 신성한 왕위의 상징물이라는 것이다.

여기서 우리는 확실히 미노아 어머니 여신의 지상 대리인(그녀의 양아들)이자 미노스의 계보를 잇는 사제-왕을 보고 있다. 달리 말해 미노스의 여러 인간적 화신들 중 하나를 인지하는 것이다.

그러나 이 벽화는 복원의 적절성부터가 큰 논쟁거리다. 발굴 당시 에번스는 수습된 파편들이 3명 정도의 인물상들에서 나온 것으로 판단했으며, 그중 가슴 부분이 남아 있는 인물상은 권투 선수일 것이라고 추정했다. 하지만 그는 얼마 지나지 않아 생각을 바꾸었다. 그리고 수습한 파편들을 자의적 추정에 따라 배치해 벽화를 '복원'했다.

지금까지 여러 학자들은 백합 왕자의 가슴과 그 외 몸통 부분이 서로 다른 인물의 것이었다고 주장해 왔다. 깃털 달린 백합 장식 관도 발굴 당시의 맥락을 살피면 백합 왕자의 것이 아닐 가능성이 크다고 한다. 미노아 도상에서 그런 관은 여사제나 스핑크스의 것이기 때문에 관의 주인이 사람이라면 여성일 가능성이 높다. 아기아트리아다 석관에 그려진 여사제들도 유사한 관을 쓰고 있다. 게다가 가슴 부분이 붉은색이 아니라 원래 흰색이었다는 주장이 제기되었다. 흰색 파편이 오랜 시간 묻혀 있다 보니 흙이나 주변의 붉은 파편들에 의해 물든 것으로 보인다는 것이다.

복원의 오류 문제는 '마스터' 인장 자국이 발견된 후 더 큰 관심을 얻었다. 마침내 지배적인 남성상이 온전한 모습으로 등장했기 때문이다. 그 결과 '마스터' 인장 자국의 남성상과 유사하게 '백합 왕자'의 이미지가 재구성되기도 했다. 머리의 관은 없애버리고 왼쪽 팔을 앞으로 쭉 뻗은 모습으로 복원시킨 후 그가 남신일 가능성을 제기했다.

다른 한편으로 '백합 왕자'의 본모습이 여성일 것이라는 추정도 있었다. 이머바르는 백합 왕자가 승리한 여성 황소 재주꾼일 가능성을 생각해 봐야 한다고 주장했다. 그런가 하면 황소를 끌고 경기장으로 향하는 공주로 볼 수 있다는 견해, 이집트 하트셉수트처럼 남자같이 묘사된 여사제-여왕일 가능성이 있다는 견해도 제시되었다.

그러던 와중에 2004년에는 쇼가 에번스의 복원을 옹호하면서 논쟁

❖ 복원된 「백합 왕자」
프레스코화.

의 방향이 달라졌다. 그녀는 인물의 머리 방향이나 팔 자세, 백합 장식 관에 큰 문제가 없다면서 대체로 에번스가 옳았던 것 같다고 주장했다. 피부색은 원래 흰색이었을 가능성을 배제하지 않았으나 그럼에도 남성이라고 판단했다. 그리고 백합 왕자가 최고의 황소 재주꾼으로서 왕이 될 수도 있었을 것이라고 주장했다. 하지만 이 또한 여러 견해 중 하나일 뿐이다. 결국 「백합 왕자」를 둘러싼 복잡한 논란은 지금도 별다른 진전을 보이지 못한 채 제자리를 맴돌고 있다.

인장에 묘사된 남성왕?

에번스는 인장에서도 사제-왕의 이미지를 찾았다. 앞서 남사제들이라고 소개한 것들이다. 술이 달린 긴 예복을 두르고 권위를 드러낸다는 점에서 여타 인물상들과 구분되지만, 이 인물에 대해서는 종교적 소임을 맡은 고위직 인사로 보는 경우가 많다.

이는 아크로티리 웨스트 하우스에서 발굴된 「젊은 여사제」 프레스코화를 통해서도 뒷받침된다. 이 여사제는 남사제들과 거의 같은 의상을 입고 있다. 젊은 여사제도 입는다면 왕의 의상으로 특정하기는 어렵다.

이처럼 남성왕으로 추정해 볼 수 있는 어떤 이미지도 논란의 대상이 아닌 것이 없다. 에게 문명 연구자인 엘런 데이비스는 가능성 있는 여러 남성상들을 꼼꼼히 분석한 후, 그나마 남사제 도상이 가능성이 있긴 하지만, 결국 왕이라고 믿을 만한 것은 없다는 결론을 내렸다. 그러나 그녀는 이러한 상황이 곧 크레타에 왕이 없었음을 증언하는 것은 아니라고 주장했다. 청동기시대 지중해 지역에 남성 지배자가 없는 문명을 상상하기 힘들다는 이유였다.

대다수 학자들이 남성왕의 이미지를 찾기 힘들다는 견해를 보이지만 그러지 않은 경우도 있다. 대표적으로 마리나토스는 인장의 남사제들과「백합 왕자」그리고 '마스터' 인장 자국의 남성상 모두가 사제-왕의 초상이라고 주장한다.

왕 부부의 공동 통치론

남성 왕권에 의문을 갖는 학자들은 그를 대체할 새로운 통치 체제의 가능성을 탐색해 왔다. 그 결과 왕 부부의 공동 통치나 집단 통치 혹은 여왕에 의한 통치 등이 제안되었다. 로버트 쾰은 청동기시대 크레타에 크고 작은 다수의 자율적 도시국가들이 있었다고 보았다. 그리고 각 국가들은 왕 부부가 함께 통치하는 평등한 사회였을 것이라고 주장했다. 하지만 그는 왕이 사제이자 샤먼으로서 더 중요한 위상을 차지했던 것처럼 서술해 남성왕에 대한 편향을 드러냈다.

공동 통치의 가능성은 선형문자 B 토판 기록을 통해서도 제기되었다. 포트니아와 와낙스가 함께 통치했던 흔적이 조금이나마 보이기 때문이다. 와낙스는 왕을 뜻하고, 포트니아는 여신으로 해석되지만 이 경우 그녀를 대리하는 여사제 혹은 여왕일 수 있다. 그런데 이러한 미케네의 상황은 크레타에서 유래했을 수 있다고 한다.

여성과 남성이 권력을 공유했을 가능성은 유물 속 인물상들의 제스처 분석을 통해서도 추정된다. 미노아 인물상들이 보이는, 한 팔을 앞으로 쭉 뻗는 '명령하는 제스처'가 여남 모두에게서 나타나기 때문이다. 공동 통치론은 여신을 대리하는 여사제-여왕과 사제-왕 사이의 결합을 토대로 제기된 측면이 강하다. 이 경우 여사제-여왕이 왕의 지위를 합법화하면서 모계 계승이 이어졌을 가능성이 크다고 여겨진다.

엘리트 계층의 집단 통치 혹은 민주적 합의제

미노아 정치 체제에 대한 또 다른 견해는 엘리트들에 의한 집단 통치제다. 크레타가 근동 지역의 왕정과 달리 엘리트 계층에 의해 통치되었을 것으로 추정하는 입장이다. 이들은 군사적 업적보다 종교적 권위와 권력을 활용했기 때문에 더 평화로운 사회를 유지할 수 있었을 것이라고 한다. 무기를 동원한 위압적 권력은 그들의 선택이 아니었다.

엘리트 계층의 통치를 상정하는 학자들은 "유물들에 지도자는 보이지만 따로 구별되는 지배적 인물이나 가족은 보이지 않는" 상황을 근거로 든다. 신궁전기까지 중앙화된 통제의 흔적이 별로 없는 점도 그렇다.

크레타 각 지역에는 다수의 파벌이 존재했는데, 각 파벌을 이끌던 인물들이 엘리트 계층을 형성했을 것이다. 구체적으로 인장을 사용했던 고위직들, 인장과 벽화에 등장하는 사제들, 크레타 전역에 있던 빌라의 주인 등이 엘리트들로 추정된다. 여성과 남성을 아울렀을 이 집단들은 궁전을 중심으로 권력을 협상하며 공유했을 것이라고 한다.

다른 한편 미노아 크레타가 현대 가모장제 이론에 부합하는 사회였다고 보고 그에 의거해 미노아 정치를 탐색한 경우도 있다. 시쥰은 이러한 입장에서 미노아 정치 체제를 민주적 합의제로 상정했다. 이 합의제에서 더 중요한 위치에 있었던 여성들은 각 집단들 사이의 합의를 이끌어내는 지도자로서 활동했을 것이라고 한다. 그녀는 미노아 사회의 평화적 특성이 이러한 합의 체제가 잘 작동한 결과라고 생각한다.

이런 관점에서 시쇤은 크노소스궁 왕좌실의 벤치를 정치협의체의 회의를 위한 용도로 해석했다. 그녀의 상상에 따르면 벤치에는 각 지역의 대표들이 앉고, 중앙의 왕좌에는 전 지역을 아우르는 씨족의 어머니가 자리했을 것이다. 이러한 벤치는 다른 궁전들뿐 아니라 아기아트리아다의 빌라에서도 발굴되었다. 벤치가 있는 방을 정치적 협의를 위한 공간으로 보는 견해는 일부 다른 연구자들도 공유한다.

미노아 여왕론

1992년 미국고고학연구소 연례 회의의 한 패널 토론에서는 미노아 크레타의 통치자 문제가 주제로 다루어졌다. 그런데 이 토론에 참여한 저명한 에게 문명 연구자들은 한 가지 점에서 의견을 같이했다. "미노아 예술 속에 남성 통치자는 보이지 않으며 오히려 중요한 여성들이 등장한다."는 것이었다.

그런가 하면 레하크와 영거는 함께 쓴 글에서 미노아 여성들이 정치적으로도 최상의 지위에 있었을 가능성을 제기했다. 신궁전기 프레스코화와 인장의 도상에서 여성과 여신이 차지하는 중요한 위상을 보면 여성들이 정치적인 영역까지 지배했을 수 있다는 것이다.

이러한 상황은 자연스레 이제 더는 사제-왕을 찾지 말고 여사제-여왕을 찾아야 하는 것 아니냐는 질문을 낳는다. 실제로 사제-왕을 찾는 기준으로 전체 인물상들을 분석하면 '여사제-여왕'으로 해석할 수 있는 이미지들이 매우 많다. 마리나토스는 인장 속 남사제들이 왕이라고 했는데, 동일한 논리로 보면 수많은 여사제들도 여왕이 될 수 있다.

미노아 크레타를 통치했던 여왕의 존재 가능성에 대해서는 오래전부터 논의가 있었다. 호크스는 1968년 『신들의 새벽』에서 미노아 여왕의 존재 가능성을 언급했다. 그녀는 미노아 사회를 구조적으로 이해하려면 여신보다 여사제의 현저한 존재감에 주목해야 한다고 보았다. 여사제들이 종교 활동을 주도했으니 당시 신권정치 체제 속에서 그녀들의 위상은 매우 높았을 것이기 때문이다. 미노아 크레타에 사제-왕이 존재할 수 있다면 여사제-여왕의 경우도 다를 것이 없다는 생각이었다.

호크스는 특히 크노소스궁의 「행진」 프레스코화에서 위엄 있게 서 있는 여성 인물이 여사제-여왕일 수 있다고 보았다. 또 왕좌실의 주인은 여사제-여왕이며, 아르카네스의 톨로스A 무덤에 묻힌 고귀한 여성이 그 주인이었을 수도 있다고 주장했다.

헬렌 워터하우스와 로어릭-레빗도 일찍이 사제-왕의 존재에 의문을 표했다. 그리고 미노아 사회가 여신과 여사제-여왕에 의해 통치된 신권정치 체제였을 가능성을 제기했다. 국가의 주요 사안들을 여신의 인도하에 처리하는 체제에서 여사제는 통치자로서의 역할도 수행했을 수 있다.

아크로티리 벽화 속의 여왕?

미노아 여왕의 존재 가능성을 인정했던 김부타스는 아크로티리의 한 벽화에서 여왕으로 볼 수 있는 인물상을 지목하기도 했다. 웨스트 하우스의 「함대」 프레스코화에 등장하는 한 여성상이다. 이 벽화는 방5의 남쪽 벽 상단에 길게 그려진 프리즈 형식으로, 당시 사회상을

　　　4장　여성보다 지위가 높은 남성이 없다

❖ 「함대」 벽화의 일부. 맨 앞 건물의 발코니에 서서 오른 팔을 들고 있는 여성을 여왕으로 추정하기도 한다.
그녀 뒤에는 어린 소년이 보인다.

구체적으로 보여주는 독보적인 사례로 평가된다.

벽화의 양쪽 끝에는 2개의 도시가 묘사되어 있고, 그 사이 바다에 화려하게 장식된 여러 척의 배들이 항해 중이다. 돌고래들이 뛰노는 바다는 축제 같은 분위기를 자아낸다. 배들은 서쪽 끝에 있는 도시로 입항 중인데 이곳이 바로 아크로티리일 가능성이 높다.

그런데 입항하는 배들을 맞이하느라 들떠 있는 도시의 인물군들이 흥미롭다. 해안가의 복합건물 아래로는 일군의 남성들이 희생제의에 바칠 동물을 끌고 행진 중이다. 건물의 맨 앞 발코니에는 한 여성이 홀로 서서 오른팔을 들고 있다. 입항 중인 배들을 환영하거나 전체 상황을 총괄하는 듯한 모양새다. 그녀 뒤에는 앞서 언급한 소년이 서 있다.

발코니의 여성 뒤쪽, 건물 꼭대기에도 여러 명의 여성들이 모여 바다를 바라보고 있다. 남성들보다 크게 묘사된 그녀들도 고귀한 신분으로 보인다. 도시의 성문 옆 건물에 축성의 뿔이 장식되어 있어 여사제들로 해석된다.

김부타스는 맨 앞에 홀로 서 있는 여성이 여왕일 수 있다고 보았다. 마리나토스도 그녀가 여사제-여왕일 가능성을 제기했었으나, 최근에는 도시의 "매우 중요한 여성"이라는 모호한 표현으로 입장을 바꾸었다. 어쨌거나 그녀가 남다른 권력을 가진 여성이라는 해석에는 변화가 없다. 최고의 권력을 지니지 않았다면 도시의 대표적 행사에 여성이 홀로 가장 중심적 자리를 차지하지 못했을 것이다.

왕좌실의 주인공은 여사제?

에번스가 상정한 사제-왕에 대한 의구심은 왕좌실의 주인공에 대한 궁금증을 낳는다.

만약 크노소스궁의 주인이 사제-왕이 아니었다면 왕좌에 앉았던 사람은 누구일까? 학자에 따라 다르겠지만 가장 합의된 답은 여사제다. 다수의 학자들은 왕좌의 주인이 여신을 대리한 여사제였을 것으로 추정한다. 왕좌 양쪽에 대칭으로 배치된 그리핀은 미노아 도상에서 여신의 수행원이고, 왕좌 뒤에 그려진 야자나무도 여신과 관련된 상징물이다.[5] 의자 아래쪽에 새겨진 해와 초승달도 마찬가지다.

왕좌실은 에번스도 인정했듯 종교적 성격이 강하다. 게다가 러스트럴 베이신은 앞서 소개했듯 여성들의 의례 공간으로 새롭게 인식되고 있다. 김부타스는 베이신에서의 의례가 구유럽의 여신신앙에서 기원한 것이라고 주장한 바 있다.

그런데 현재 우리가 보는 왕좌실은 미케네인들에 의해 바뀐 것이다. 기원전 1450년경 크노소스궁의 새 주인이 된 미케네인들은 궁전 건물 전체를 개보수했다. 미노아 건축의 요체는 그대로 받아들였다고 하나, 일정 정도 변화는 불가피했다. 왕좌실의 그리핀은 이 시기에 새로 그려진 것이라고 한다. 학자들은 미노아 화풍과 다른 그리핀의 배치가 미케네인들의 통치 전략과 관련되어 있을 거라고 본다.

그들의 통치 전략 중 하나는 '와낙스 이데올로기'였을 것이다. 강력한 남성 지배자인 와낙스의 통치를 정당화하는 내용이다. 그 전략은 분명한 변화를 가져왔다. 여성들의 공간이 없어졌고, 여성을 그린 대형 프레스코화들도 사라졌다. 도자기 역시 특유의 자유로운 생동감이 약화되었고 형식적으로 변했다. 미케네인들의 새로운 질서가 자

---

[5]   이 야자나무는 에번스가 복원 시 무슨 이유에서인지 제외해 소개된 사진에는 보이지 않는다.

리 잡으면서 신들의 세상에도 변화가 생겼다. 선형문자 B 토판에 제우스가 등장한 것이다.

이때부터 크레타의 여성들은 악화하는 현실에 적응해 나가야 했을 것이다. 일정 부분 저항하기도 했겠지만 역사의 물길은 그녀들 편이 아니었다.

6. 선형문자 B가 전하는 크노소스 여성들

미케네 지배하에서 크레타 여성들이 겪었을 변화는 선형문자 B 토판들에 일부나마 담겨 있다. 이 토판들은 다른 곳에서도 일부 출토되었지만 주로 크노소스궁에서 나왔다.

올슨은 그리스 필로스의 미케네 왕궁과 크노소스 궁전에서 발굴된 선형문자 B 토판들에서 여성 관련 기록들을 전부 모아 분석했다. 대부분 생산 활동과 재산 관리에 대한 것들이다.

후기 청동기시대(기원전 1400~1200년)에 생산된 이 토판들에는 거의 2000명에 이르는 여성들의 기록이 담겨 있어, 당시 여성들의 실생활의 일단을 알 수 있다.

올슨은 필로스와 크노소스의 여성들이 수행했던 경제 및 종교 활동을 자세히 비교했다. 미케네 사회와 미노아-미케네 사회 간의 차이를 알아보고자 한 것이다. 그녀는 이를 위해 생산 영역, 재산, 토지 보유권, 종교 분야를 분석했으며, 두 궁정 국가의 젠더 조직과 구조가 상당히 달랐다는 결론을 도출했다. 우선 필로스 궁전과 관련됐던 미케네 여성들의 삶부터 소개한다.

필로스의 여성들: 차별적 지위

필로스인들의 사회적 지위는 크게 셋으로 나뉘었다. 많은 재산을 가진 엘리트 고위 행정관들, 중간 지위의 관리들과 장인들, 그리고 하층의 노예적 노동자들이었다.

이 중 여성들은 아래의 두 지위에만 속했다. 대표적으로 사제직과 직물 노동자들이 이에 해당했다. 우선 하층 여성들은 대체로 궁전에 소속되어 고되고 반복적인 노동을 집단적으로 수행했다. 주로 직물 생산과 관련된 노동으로 양털 다듬기에서부터 직조, 바느질, 천의 장식까지 전 과정에 참여했다. 이 중에서도 전문성이 떨어지는 여성들은 근대 조립라인의 노동자들처럼 분화된 노동을 반복하며 직물을 생산하고 마무리했다.

하층 여성들이 담당한 또 다른 일은 궁전을 유지하고 가꾸면서 궁전 안의 사람들을 보살피는 것이었다. 일종의 시녀로서 청소나 물 관리, 각종 시중을 수행했고, 밀가루 생산 등 음식 공급과 관련된 노동을 반복했다. 올슨은 이 여성들이 궁전이 부리던 노예와 같은 처지에 있었다고 판단했다. 필로스에는 집단적으로 힘든 노동을 이어갔던 하층 여성들 외에 궁전 밖에서 직업을 가졌던 장인 여성이 없었다. 반면 다수의 남성은 궁전 권력의 통제 밖에서 100개가 넘는 직업 활동에 전문적으로 종사했던 것으로 보인다.

그러나 필로스 여성들의 낮은 지위는 종교 영역에서 극적으로 달라진다. 여사제 등 종교직에 있던 여성들은 높은 사회적 인정과 함께 경제적 자율성을 비롯한 혜택을 누렸기 때문이다. 이들의 숫자는 기록된 전체 여성의 10퍼센트 정도에 이른다.

필로스의 여사제들: 에리타의 법적 소송

필로스의 종교직 여성들은 지위와 역할에 따라 여섯 가지 명칭으로 불렸다. 여사제, 열쇠 관리자, 신의 노예, 여사제의 노예, 열쇠 관리자의 노예, 키-리-테-위-자Ki-ri-te-wi-ja가 그것이다. 이 중 키-리-테-위-자는 특정한 집단을 가리키는 명칭으로 여겨진다. 그리고 명칭에 '노예'가 붙은 경우, 일반 노예와 달리 신성한 함의를 갖는 것으로 해석된다.

종교직 여성들은 노예들을 거느렸고, 다른 자유민들을 감독하기도 했다. 또 식량이나 직물, 청동 같은 중요한 물품들은 물론 신을 위한 재산, 즉 신전과 그 부속 물품 등도 관장했다. 게다가 자신의 이름으로 된 재산도 있었다. 무엇보다 필로스에서 유일하게 땅을 사용할 수 있는 여성 집단이었다. 그러나 땅의 소유는 허락되지 않았다. 오직 임차를 통한 보유만이 허용되었고 땅의 크기도 작았다. 하지만 여사제 에리타의 경우를 보면 이러한 제약이 엄격하게 적용된 것은 아니었다.

토판 기록에서 에리타는 두 필지의 토지와 관련되어 있다. 하나는 임차한 공유지이고, 다른 하나는 그보다 훨씬 큰 땅인데 이와 관련해 지역 행정기관과의 분쟁이 있었다. 지역의 관청에서는 그 땅이 임차된 공유지라고 본 반면, 에리타는 자신이 모시는 신에 속한 자유 보유지라고 주장했다. 지역 관청과 여사제 간에 법적 분쟁이 발생한 것이다. 결과는 알려져 있지 않지만, 여사제가 신의 소유를 명분으로 토지를 자유롭게 사용할 수 있었음을 알 수 있다. 나아가 지역 관청에 맞서 자신의 이익을 주장할 정도의 사회적 지위를 누렸던 것 같다.

물론 여사제의 지위가 많은 재산과 땅을 소유했던 고위직 남성들에 비견될 정도는 아니었다. 하지만 남사제들과는 동등한 지위였던 것 같다. 토판 기록을 보면 남사제는 12개의 토판에 등장하고, 여사제는 11개의 토판에 등장하며, 기록의 맥락이나 재산의 보유 등에서 같거나 비슷하다. 남사제들 역시 땅의 임차권만 보유했고, 크기도 여사제의 경우보다 약간 큰 경향이 있으나 별 차이가 없었다.

필로스 사회에서는 종교 영역의 지배자도 최고 권력자들이었던 것으로 보인다. 와낙스와 라와게타스는 포세이돈 축제와 같은 대규모 종교 행사의 후원자들였다. 라와게타스는 최고위 군사 지도자에게 주어진 직책으로 추정된다. 그들은 황소를 비롯해 여러 제물들, 엄청난 양의 포도주와 보리, 밀, 치즈, 향유 등을 제공했다. 와낙스와 라와게타스는 크노소스의 토판 기록에도 등장한다.

크노소스의 여성들: 독자적 재산권

크노소스궁의 토판들은 필로스의 토판들에 비해 보존 상태가 좋지 않다. 또 기록된 내용들이 통일적이지도 않기 때문에 크노소스의 사회상을 독자적으로 그려내기는 어렵다. 결국 올슨은 필로스의 경우를 거울 삼아 크노소스의 상황을 분석할 수밖에 없었는데, 그럼에도 그 결과는 상당한 의미가 있었다.

큰 그림에서 볼 때 크노소스의 젠더관계는 필로스의 그것과 크게 달라 보이지 않는다. 엘리트 관료 계급에 여성이 없고, 남성들이 훨씬 더 많은 재산을 통제하며, 여성들 다수가 노동 그룹에 속해 있다는 점에서 같다. 그러나 구체적인 내용을 살펴보면 두 도시 사이의 흥미로운 차이가 드러난다.

크노소스의 노동 계급 여성들은 음식 장만이나 궁전 내 시녀 노동을 하지 않았고, 직물 생산을 할 때도 궁전의 직접적 통제하에 있지 않았다. 또 목표량이 정해져 있어 연중 쉼 없이 직물을 짜야 했던 필로스의 여성들과 달랐다. 그녀들은 일정한 기간만 부역에 참여해 어느 정도 자율성을 가졌던 것으로 보인다. 올슨은 이러한 차이가 상대적으로 높았던 크노소스 여성들의 사회적 지위를 시사한다고 해석했다.

두 도시 여성들의 지위 차이는 재산권에서 더 분명하게 드러난다. 필로스에서는 여사제 등 종교직 여성들만이 재산을 보유할 수 있었고, 땅의 소유는 금지되어 있었다. 그러나 크노소스에서는 일반 여성들도 땅을 비롯한 재산을 소유할 수 있었다. 특별히 종교적 지위가 있거나 고위직 남성의 아내가 아니어도 재산의 소유에 문제가 없었던 것으로 보인다. 또 노동 그룹 여성과 중간 지위 여성 간 재산의 차이도 크지 않았다.

여성 토지 소유자들은 남성과 같은 방식으로 기록되어 있어 성별에 따른 차별도 보이지 않는다. 하지만 현재 데이터상으로는 과수원을 소유한 남성들의 숫자가 여성들보다 압도적으로 많다. 토지 소유 관련 데이터가 매우 적다는 한계를 감안하더라도, 남성의 경제권이 훨씬 더 컸다는 인상은 부인하기 힘들다.

고대 사회에서 권력 구조는 땅의 사용과 소유권을 어떻게 관리하고 배치하느냐에 반영되어 있다. 그런 땅을 크노소스의 여성들이 상속받거나 사들였다면, 그녀들의 사회경제적 지위는 결코 낮지 않았을 것이다. 그래서 올슨은 크노소스의 미케네화에 일정한 한계가 있었다고 판단했다.

그런데 흥미로운 점은 크노소스의 종교직 여성들이 필로스의 경우에 비해 훨씬 축소된 재산권을 가졌다는 사실이다. 대체로 종교 활동

   4장 여성보다 지위가 높은 남성이 없다

에 필요한 물품이나 사람들을 먹일 식량 정도를 관장하는 데 그친다. 땅이나 노예를 소유하거나 경제적으로 큰 역할을 담당했다는 기록이 없다. 또 필로스의 종교직 여성들이 여섯 직급으로 구분되었던 것과 달리, 크노소스에서는 세 직급만 확인되었다. 여사제, 키-리-테-위-자, 신의 노예가 그것이다.

선형문자 B 토판의 주인공은 남성

크노소스 여성들의 사회경제적 지위는 남성들에 비해 많이 기울어져 있었다. 이는 와낙스의 지배 아래에서 사회의 상당 부분이 미케네화되었기 때문일 것이다. 현재 해독 가능한 데이터로는 남성들이 약 세 배 많은 물품을 소유했고, 가축과 노예뿐 아니라 갑옷과 마차 같은 귀한 물품들도 차지했다. 미노아 프레스코화의 경우와 달리 선형문자 B 토판의 주인공은 남성들이다.

그러나 4명의 여성은 예외적 사례를 보여준다. 이들 중 2명은 자신의 이름으로 넓은 땅을 소유했고, 나머지 둘은 생산자이거나 작업장의 감독자로 추정된다. 그중 특히 주목할 인물은 '포-포'라는 여성이다. 그녀의 이름은 6개의 토판에 반복해 등장하며, 리넨과 울의 전체 생산 및 판매 과정을 관리했던 것으로 보인다. 그녀가 관장했던 울의 생산량은 상당히 큰 규모로 아마도 그녀는 직물 생산에서 최고 지위에 있던 여성들 중 하나였을 것이다.

그런데 올슨은 크노소스 여성들의 경제 활동과 재산 문제에 관한 이상의 모든 논의는 '잠정적'일 수밖에 없다고 강조한다. 해독 가능한 데이터 자체가 너무 적기도 하고, 미노아 계통의 여성 이름을 구별해 내는 일도 매우 어렵기 때문이다. 앞으로 새로운 데이터들이 추가된다면 그녀의 잠정적인 해석도 바뀔 가능성이 있다.

크노소스의 여사제들: "바람의 여사제에게"

안타깝게도 크노소스에서 발견된 선형문자 B 토판들 중 '사제'를 언급한 것은 겨우 4개에 불과하다. 이 중 남사제는 2명으로, 관련 기록에 종교 활동과의 연관성이 잘 드러나지 않는다. 반면 여사제는 분명한 관련성을 보인다. 그녀들은 2개의 토판에서 세 차례 언급되는데 모두 올리브 기름이나 곡물을 배급하는 기록을 통해서다.

흥미로운 점은 세 경우 모두 '바람의 여사제anemon hiereiai'라는 명칭으로 등장한다는 사실이다. 그녀들은 자신들이 모시는 신을 대신해 식품을 받았다. 한 토판은 크노소스 지역과 암니소스항에서 모신 신들에게 월별로 기름을 할당하는 내용을 담고 있다. 그중 일부는 다음과 같다.

데우키오스의 달에

딕테의 제우스에게: 기름 12리터

다이달레이온 신전에: 기름 24리터

모든 신들에게: 기름 36리터

암니소스, 모든 신들에게: 기름 24리터

에리니스에게: 기름 6리터

바람의 여사제에게: 기름 8리터

특이하게도 바람의 여사제는 신들과 신전이 열거된 목록에서 유일

한 인간으로 등장한다. 이는 그녀가 자신이 섬기는 신과 동격의 존재로 간주되었음을 시사한다. 그녀는 암니소스에 거주했으며, 토판에 기록된 전체 기름 할당량 중 세 번째로 적은 양을 받았다. 한 달에 8리터라면 그녀가 관리했던 신전의 규모는 작았을 것이다.

여사제가 등장하는 두 번째 토판의 내용은 첫 번째 기록과 상당히 유사하다. 그중 일부를 인용하면 다음과 같다.

라파토스의 달에

피-피-투-나에게: 2리터

아우리모에게: 기름 8리터

모든 신들에게: 12리터

바람의 여사제에게: 기름 36리터

우타노스에서, 바람의 여사제에게: 16리터

이 두 번째 기록에서도 여사제들은 유일한 인간으로 명단에 포함되어 있다. 그런데 이번에는 그녀들이 상당히 많은 기름을 할당받았다. 여신 피-피-투-나가 겨우 2리터를 받았는데 바람의 여사제가 36리터나 받은 사실이 흥미롭다. 크노소스 토판에는 여사제 외에도 '신의 노예'와 '키-리-테-위-자'도 등장한다. 그중 '마-리-네-웨'라는 신의 여성 노예는 신을 대신해 일정량의 꿀을 배급받았다. 종교직 여성 집단인 '키-리-테-위-자'는 올리브 기름과 밀을 배급받았는데, 특히 밀의 배급량이 매우 많다.

1. 크노소스의 여성들(키-리-테-위-자 여성들): 한 달 식량 밀 1만 2000리터
2. 암니소스의 여성들: 한 달 식량 밀 1만 2000리터
3. 파이스토스의 여성들: 한 달 식량 밀 1만 2000리터

1만 2000리터면 약 500명의 여성이 한 달간 먹을 수 있는 양이라고 한다. 이 토판에는 노동 그룹 여성들과 관련된 기록도 있어 키-리-테-위-자 여성들이 그녀들에게 식량을 배급했을 가능성도 제기된다. 종교직 여성들이 여성들을 위한 공적인 업무도 수행하지 않았을까 하는 추정이다.

그러나 몇 안 되는 자료로 크노소스 여사제들의 지위와 역할을 유추하기는 어렵다. 현존 자료로 추정할 수 있는 것은 여사제들이 자신이 모시는 신을 대리했다는 것, 그녀들이 남사제보다 종교 활동의 전면에 있었던 것 같다는 정도다. 남사제들은 종교 활동보다는 물적·인적 자원의 관리 등 사회적 차원에서 더 역할이 컸던 것으로 추정된다.

올슨은 크노소스의 여사제들이 필로스에서와 달리 사회경제적 특

혜를 누리지 못했던 것으로 판단한다. 그렇다면 그 이유는 무엇이었을까? 왜 토판의 사제 관련 기록이 적은 걸까? 많은 생각을 하게 하는 질문들이다.

7. 미노아 남성성: 소프트 파워

대다수 학자들은 미노아 크레타가 가부장제 사회가 아니었다는 견해에 동의한다. 가부장제 사회를 구성하는 요소들이 잘 보이지 않기 때문이다. 이는 미노아 남성상들만 보아도 그렇다. 유물에 재현된 남성상들이 드러내는 남성성은 미노스왕이 환기하는 가부장적 남성성과는 거리가 있다. 그들은 여신을 경배하고 음악을 연주하며, 의례를 이끄는 여성들을 존중하고 서로 화합한다. 미노아 남성들은 활력이 넘치고 용감해 보이지만, 에게해에 해상왕국을 건설한 제국의 군주로서 미노스의 풍모는 보이지 않는다. 미노스가 일부 지닌 폭군의 이미지까지 생각하면 거리는 더 멀어진다.

「백합 왕자」가 정말로 크노소스궁의 중요한 남성을 묘사한 것이라면, 그 의미는 결코 작지 않다. 그는 고대 사회의 남성성을 상징하는 무기나 완력이 아니라 꽃과 함께 있다. 그의 몸을 장식한 파피루스와 합쳐진 백합은 갱신을 의미한다고 한다. 마리나토스는 이 그림에서 재생의 봄을 표상하는 상징들을 읽어냈다. 봄날의 아우라 속에서 활기차게 걷고 있는 백합 왕자에게서 가부장제의 남성성을 느끼기는 어렵다.

권투와 레슬링, 흥겨운 농부

미노아 남성들은 주로 돌이나 금속으로 만들어진 용기들에 묘사되어 있다. 특히 리톤의 경우 걸작들이 많은데 여기에는 운동경기를 하거나 사냥을 하는 남성들이 등장한다. 이 리톤들은 남성들의 축제나 행사에서 사용되었던 것으로 추정된다.

리톤들에 조각된 남성들은 대부분 젊고 건강하며 활력적이다. 그들에게 육체적 단련은 매우 중요한 덕목이었던 것 같다. 아기아트리아다의 맨션에서 출토된 '복서' 리톤에는 권투나 레슬링 같은 경기를 벌이는 남성들이 조각되어 있다. 일부는 투구까지 쓰고 상대를 제압

❖ '복서' 리톤 하부에 묘사된
활력적 남성들.

 4장 여성보다 지위가 높은 남성이 없다

하려는 위협적인 포즈를 취하고 있으며, 장면 전체가 긴장감으로 가득하다. 그러나 그 배경에는 궁전이나 신전을 표상하는 기둥들이 서 있어, 단순한 스포츠라기보다 의례로서의 경기였음을 추정케 한다. 리톤의 중간 부분에 새겨진 황소 재주넘기 장면은 이러한 의례적 성격을 더욱 분명히 한다.

비슷한 장면은 크노소스궁에서 발굴된 리톤에서도 확인된다. 비록 일부 조각만 수습되었지만, 긴 머리의 권투선수가 코드피스를 착용한 채 당당히 서 있는 모습이 담겼다. 그의 발치에는 나가떨어진 상대가 널브러져 있다. 크노소스에서 출토된 다른 돌 용기 조각들에는 건장한 몸으로 활을 쏘는 수염 난 남성이나 뿔을 잡고 염소를 끌고 가는 남성이 묘사되어 있다. 이들은 사냥꾼이나 전사, 염소지기로서의 미노아 남성을 보여준다.

돌 리톤에는 또한 의례를 수행하는 남성들도 등장한다. 크노소스에서 나온 한 리톤 조각은 축성의 뿔이 장식된 건물 앞에서 줄지어 행진하는 젊은이들을 보여준다. 그들은 팔을 앞으로 쭉 뻗고 손바닥으로 그릇을 받쳐 들고 있다. 또 다른 돌 리톤 조각에는 산 속 신전을 찾은 젊은 남성이 나타난다. 그는 삼분구조 신전 앞에서 봉헌물이 담긴 바구니를 공손하게 바치고 있다.

농사꾼 남성들을 묘사한 매우 유명한 유물도 있다. 아기아트리아다 맨션에서 발굴된 '하베스터' 단지는 최고의 예술적 감각과 기교로 당시 농부들의 생활상을 사실적으로 보여준다. 이 돌 용기에는 한 무리의 젊은 남성들이 나이 든 지도자를 따라가는 장면이 정교하게 묘사되어 있다. 지도자는 갑옷처럼 보이는 독특한 상의를 걸치고 미소 띤 얼굴로 행렬을 이끈다. 그 뒤를 따르는 남자들은 어깨에 도리깨를 메고 행진 중인데 개중에는 악기 연주자도 있다. 몇몇은 입을 크게 벌

❖ 하베스터 단지 속 남성들.

❖ 하베스터 단지 조각을 펼쳐놓은 이미지.

린 채 신나게 노래를 부르는 모양새다. 이 장면은 추수 활동과 관련된 공동체의 흥겨운 행사로 해석된다.

지도자는 공동체의 수장이거나 사제로 해석되는데, 권위적인 모습이 아니다. 사람들은 모두 즐겁고 흥겨운 몸짓으로 하나가 되어 있다. 마리나토스는 지도자와 그를 따르는 젊은 남성들 사이에서 농사 기술 교육이나 훈련 등이 이루어졌을 것이라고 추정했다.

이상적 남성성

미노아 사회의 이상적 남성성은 무엇이었을까? 우리에게 익숙한 것은 가부장제의 남성성이므로 학자들의 논의도 자연스레 이로부터 시작된다. 특히 고대 사회에서 남성 정체성은 대체로 전사의 용맹함이나 신체적 힘, 권위적 지배력 등으로 구성되었다.

그러나 미노아 남성들 역시 그에 동화되어 있었는지에 대해서는 논란이 있다. 전사로서의 남성성이 크레타에도 존재했다고 보는 사람들은 몇몇 유물들을 근거로 든다. 자크로스와 아기아트리아다에서 출토된 인장 자국들에 창을 들고 상대를 공격하는 젊은 전사들이 묘사되어 있기 때문이다.

마리나토스는 미노아 남성들 역시 전사이자 사냥꾼이었다고 보는 대표적 학자다. 젊은 남성의 지위는 육체적 기량과 사냥 능력으로, 나이 든 남성의 지위는 전사로서의 권위에 의해 결정되었을 것이라고 한다. 그러나 그녀는 이들이 호전적이고 폭력적인 남성성과는 거리를 두었다고 주장했다. 한편 미노아 남성상들이 보여주는 육체적 단련과 대결 장면 등을 미노아 사회의 문화적 특성과 관련해 이해하려는 입장도 있다. 권위가 우선적으로 여성들에게 주어졌던 미노아 사회에서 남성들은 자신의 권위를 입증하기 위해 민첩성, 공격성, 경쟁심, 통제력 등을 키울 수밖에 없었다는 것이다.

그런데 언급된 남성성은 결은 다를 수 있어도, 그 성격에서 우리가 알고 있는 가부장제적 남성성의 틀을 크게 벗어나지 않는다.

이런 입장에 비판적인 사람들은 도상 자체의 스타일만 보고 결론을 내려서는 안 된다고 주장한다. 흔히 미노아 유물에 나타나는 공격적인 장면들을 미케네의 유사한 이미지들과 단순 비교하는데 이는 잘못된 방식이라는 것이다. 도상이 위치한 특수한 정황들을 함께 분석해야 비로소 구체적 실상에 다가설 수 있기 때문이다. 이들은 유사한 도상이어도 미케네의 맥락과 크레타의 맥락은 다를 수 있다고 말한다.

미노아 남성성의 두드러지는 특징 중 하나는 종교성이다. 각종 유물의 도상에서 그들은 황홀경 속에서 의례를 수행하거나 공손하게 봉헌물을 올리는 모습으로 자주 등장한다. 이는 신을 경외하고 모시며 체험하는 일 또한 미노아 남성들의 정체성 구성에 중요한 요소였음을 말해준다.

성인식과 통과의례

젠더 정체성을 구성하는 데 중요한 요소로는 성인식이 있다. 성인식을 통해 사회가 기대하는 젠더 역할을 내면화할 뿐 아니라 책임과 의무도 부여받기 때문이다.

미노아 남성들의 성인식 장소로는 산정 성소가 꼽힌다. 성년에 들어선 남성들은 그곳에서 남신의 지도와 보호 아래 성인이 되는 통과의례를 치렀을 것으로 추정된다. 그 남신은 여신의 아들이거나 연인, 동물의 주인이나 사냥꾼으로서 가부장제 이전의 남성성을 현시하고 가르쳤을 것이다.

남성들의 통과의례와 관련해 대표적으로 언급되는 유물은 '치프텐' 컵이다. 아기아트리아다에서 출토된 돌컵으로 한 쪽 면에 마주 보고 선 두 남성이 묘사되어 있다.

누가 보아도 첫눈에 둘 사이의 위계가 보인다. 더 크게 묘사된 긴 머리의 남성은 오른손에 막대 같은 것을 쥐고 명령하는 자세로 서 있다. 반면 그 앞에 선 남성은 칼을 든 채로 고개를 약간 숙이고 있다.

❖ 치프텐 컵.

무언가 지시를 듣는 듯한 태도다. 크기와 나이뿐 아니라 헤어스타일과 장식에서도 두 남성 간의 분명한 차이가 드러난다. 막대를 잡은 남성은 공들여 가꾼 머리에 치장도 화려하다.

퀼은 이 장면을 통과의례와 관련해 해석했다. 귀족 계급인 연장자가 어린 남성을 선택해 교육하는 것으로 보았기 때문이다. 아마도 둘은 야생에서 함께 사냥하며 생활하는 기간을 거쳤을 것이라고 한다. 이는 크레타의 오래전 전통에서 볼 수 있는 남성들의 관습으로, 이 과정을 마친 소년에게는 선물이 주어졌다. 이를 근거로 퀼은 어린 남성이 갖고 있는 칼뿐 아니라 치프텐 컵 자체도 통과의례를 마친 남성에게 주어진 기념물일 것으로 추정했다.

두 남성이 보여주는 장면이 성인식인지, 엘리트 집단에 소속되기 위한 입사식인지는 알 수 없다. 다만 이런 의식들이 미노아 남성들의 정체성 형성에 중요한 역할을 했음은 분명하다. 퀼은 연장자가 어린 상대를 선택하는 기준으로 단정한 외모와 용기 그리고 행동거지를 꼽았다. 그리고 이들 사이에 호모 섹슈얼한 관계가 형성되었을 가능성이 높다고 주장했다. 그에 따르면 동성애적 관계는 남성들이 성장의 각 단계에 입문하는 데 중요한 요소였다.

미노아 사회에는 남성들이 함께 모여 식사하며 사교를 즐기는 모임도 있었을 것으로 추정된다. 고대 그리스 초기 크레타에는 '안드레이온'이라 불린 그러한 공간이 있었다.

아크로티리 벽화가 시사하는 남성 교육

남성들의 성인식 혹은 남성 교육과 관련해 큰 관심을 받는 유물들은 아크로티리에도 있다. 바로 크세스테3 건물의 「경배자들」 벽화가

있는 방의 서쪽 공간에 그려진 벽화들이다. 여기에는 세 벽에 걸쳐 소
년 3명과 성인 남성이 묘사되어 있었다. 각각「벌거벗은 소년들」과
「성인 남성」으로 불린다.

이 남성상들은 베타 단지의「복싱하는 소년들」, 웨스트 하우스의
「낚시꾼 소년」과 함께 아크로티리, 더 넓게는 미노아 문명권의 남성
성 형성과 관련해 주목받아 왔다. 이 도상들이 소년들을 사회화시키
고, 성인이 되기 위해 필요한 능력을 학습시키는 일종의 프로그램일
수 있기 때문이다. 그런 점에서 이 벽화들은 고대 문명 전체를 통틀어
유례를 찾기 힘든 독보적 가치를 자랑한다.

이 네 프레스코화들에는 아이와 소년, 성인 남성이 모두 등장한다.
가장 어린 경우는「벌거벗은 소년들」의 남자아이로 5세 내외로 추정
된다. 몸이 적황색으로 채색된 이 아이는 의례를 수행하는 소년들, 그
리고 성인 남성과 같은 구도 내에 배치되어 있다. 어린아이도 의례화
된 남성 교육에 일찍부터 참가했던 듯하다.

벽화 속 인물들은 아크로티리 남성들의 활동을 보여준다. 마주 서
서 복싱을 하거나, 잡아 온 생선 꾸러미를 옮기고 있다. 혹은 의례용
그릇을 옮기거나 옷감을 든 채 움직인다. 성인 남성의 경우는 하의만
걸친 채 자리에 앉아 큰 단지를 들고 있다.

아이와 소년들은 모두 다 누드거나 그에 가까운 상태다. 거의 전부
혹은 일부가 삭발된 머리는 그들이 미성년임을 드러낸다. 미노아인
들은 연령 차이를 헤어스타일로 표시했다. 또 지위에 따라서도 헤어
스타일과 장식이 달랐다. 성인 남성들은 대체로 머리를 길게 늘어뜨
렸던 것으로 보인다.

❖「낚시꾼 소년」 프레스코화.

❖「복싱하는 소년들」 프레스코화.

　　　　4장　여성보다 지위가 높은 남성이 없다

❖ 「벌거벗은 소년들」과 「성인 남성」 프레스코화.

폭력도 지배도 없다

앞의 벽화들이 남성 교육과 관련된 것이라면 교육 담당자는 단지를 들고 있는 남성일 것이다. 또 의례적 분위기로 보아 종교적 맥락에서 교육이 진행됐던 것으로 보인다. 복싱도 통과의례적 활동이었을 가능성이 있다고 한다.

앤 채핀은 이 벽화들이 이상적으로 제시하는 특성들을 세 가지로 정리했다. 생계에 대한 책임과 건강하고 민첩한 육체, 그리고 종교적 수행이다. 생선 꾸러미를 들고 있는 두 소년은 어부로서 기술을 익혀 생계의 책임을 지라는 메시지를 전달한다. 아마도 소년들은 바다에 나가 물고기 잡는 법을 통과의례로서 습득했을 수 있다. 권투하는 소년들에게서는 신체 훈련을 통해 건강한 몸을 만들고 싸움의 기술을 익히라는 메시지가 읽힌다. 이는 남자로서 성적 매력을 키우는 일과도 관련되었을 것이다. 마지막으로 의례를 수행하는 남성들은 남성적 정체성이 특정한 의례를 통해 강화되거나 완성되었을 가능성을 보여준다.

그런데 여기서 주목할 점이 하나 있다. 소년들의 활동을 묘사하는 데 폭력성이 보이지 않는다는 사실이다. 무기를 동원한 공격이나 서열의 과시도 없다. 대신 복싱 같은 스포츠 활동, 고기잡이 같은 생산적 일의 수행, 신실한 의례 활동이 묘사되었다. 설사 교육용이 아니라 해도 이 벽화들이 보여주는 남성의 세계는 매우 특별하다.

채핀은 가장 어린아이가 옷감을 들고 가는 소년의 뒤를 따르는 장면에서 그 소년이 아이를 돌봤을 가능성까지 읽어낸다. 그런 보살핌 경험을 통해 미래의 아버지 혹은 양육자 역할을 미리 학습했다는 것이다.

남성 연합과 소프트 파워

아크로티리에는 남성성과 관련해 살펴봐야 할 또 다른 중요한 벽

　　　　4장　여성보다 지위가 높은 남성이 없다

화들이 있다. 웨스트 하우스 방5의 프레스코화들인데 이 중 하나가 앞서 소개한「함대」다. 이 벽화와 이를 마주 보는 북쪽 벽의 벽화에는 당시 생활상을 알려주는 여러 귀중한 정보들이 담겨 있다.

이 두 벽에 그려진 프레스코화의 주인공은 남성이다. 해안가 건물들에는 중요한 여성들도 등장하지만 전체 등장인물의 대부분은 남성이다. 특히 바다 위 선단의 묘사는 남성들의 세계를 구체적으로 보여준다. 행렬을 이룬 크고 화려한 배들에는 선장과 키잡이, 노 젓는 선원들이 보인다. 또 차양막 아래에는 긴 옷을 입은 고위직 남성들이 앉아 있다. 투구가 함께 있는 것으로 보아 대개 전사로 추정되고, 일부는 사제로 여겨진다.

행진하는 여러 척의 배들 중 주인공은 전체 화면의 한가운데 자리한다. 이 배는 규모도 가장 클 뿐 아니라 장식도 단연 화려하다. 몸체에 사자와 돌고래 그리고 해 문양도 장식되어 있다. 선단을 이끄는 왕이나 지도자가 있었다면 이 배에 탔을 것이다. 그런데 흥미롭게도 배타적 존재감을 과시하는 특별한 인물을 찾기 힘들다. 선장은 있으나 다른 배들과 마찬가지로 선미의 작은 선실에 혼자 앉아 있어 별로 두드러지지 않는다.

「함대」는 남성 집단을 묘사하고 있으나 최고 권력자의 모습은 없다. 물론 노 젓는 선원과 차양막 아래 고위직 남성들의 지위 차이는

❖「함대」프레스코화.

분명하다. 하지만 이집트 벽화에서처럼 높은 지위의 인물이 아랫사람들의 활동을 감독하는 식의 장면은 보이지 않는다. 아마도 이것은 크레타에 지배적인 왕의 초상이 없는 상황과도 관련이 있을 것이다. 그리고 무언가 특별한 남성들의 관계를 시사하는 것일 수 있다.

채핀은 이를 남성들의 연합이라는 개념으로 설명했다. 문제의 벽화가 남성들이 조직한 연대적 그룹들을 보여주고 있다는 것이다. 이 그룹들의 성격은 다양하며 위계적이다. 그리고 서로 협력하거나 경쟁하는 관계에 있다. 그룹 내부의 경우 알파메일이 있고 경쟁도 있기는 하나 연대를 위한 협동관계가 작동한다. 채핀은 그림 속 남자들을 움직이는 힘이 1인 권력자의 리더십이 아니라 남성 연합의 멤버십이라고 해석했다. 그녀는 테라 사회 전체가 그러한 연합의 원리로 조직되었을 가능성도 있다고 본다.

남성 집단은 「함대」를 마주보는 북쪽 벽에도 등장한다. 먼저 보이는 것은 마을에서 줄지어 전진하는 전사들이다. 마리나토스는 이들을 크노소스에서 온 크레타인들이라고 추정했다. 그들이 쓴 투구가 미노아 스타일이기 때문이다. 그리고 이 전사들이 주민들을 해적으로부터 보호하기 위해 순찰 중인 것으로 보인다고 주장한다.[6] 에번스가 말한 팍스 미노이카의 맥락에서 그림을 해석하기 때문이다. 이 관점에서는 테라가 크레타의 보호를 받는 관계로 상정된다.

마리나토스는 자신의 주장에 근거를 더하기 위해, 전사들 왼편에 따로 그려진 다른 장면을 소개한다. 여기에는 언덕에 올라 마주 보고 선 두 그룹의 남성들이 있다. 이들은 서로 다른 옷과 헤어스타일로 구분되는데, 한쪽 대표의 옷과 머리는 미노아 스타일이다. 그러니까 미노아 남성들이 상대 집단과 마주하고 있는 장면으로 보인다. 마리나토스는 이를 두 집단 간의 협상 장면이라고 해석했다. 어떤 현안을 놓고 협상이 진행 중이며, 이 또한 팍스 미노이카의 맥락에서 이해할 수 있다는 것이다.

그녀는 이 장면이 크레타인들이 폭력을 최소화하면서 에게해 유역을 지배했을 가능성을 보여준다고 말했다. 미노아인들이 무력 행사보다 협상을 우선했으며, 요즘 말로 하자면 소프트 파워를 중시했다

6　그러나 이 장면을 전사들의 습격 장면으로 보는 학자들도 있다. 이들은 아래쪽의 바다로 떨어지는 듯한 남성들을 습격의 희생자로 인식한다. 그러나 마리나토스는 이들을 전문적인 다이버로 이해한다. 습격 장면이 아니라고 보는 학자들은 전사들 위쪽에 묘사된 목가적인 풍경에 주목한다. 가축을 모는 목동들과 물동이를 머리에 이고 걷는 여성은 무장한 전사들의 행진에 놀라지 않을 뿐 아니라 관심이 없다.

는 것이다.

'미노아 평화' 담론들

미노아 남성성에 대한 탐구는 미노아 평화에 대한 담론과 관련된다. 만약 미노아 남성들이 지배보다 연대, 무력 행사보다 협상을 선택했다면 미노아 사회는 상대적으로 평화로웠을 것이기 때문이다. 무장한 전사들이 등장하는 벽화에서도 공격적 행위가 보이지 않고, 마을의 평화가 유지되고 있는 것은 인상적이다.

미노아 평화는 '팍스 미노이카'란 용어로 표현되는데 이 용어와 관련해 흔한 오해가 있다. 이것이 군사력, 무기, 전쟁 등과 상관없다고 여기는 것이다. 그러나 에번스는 이 용어를 전혀 다른 맥락에서 사용했다. 그가 상상한 크레타는 강한 해군력을 가진 국가였다. 무적의 함대를 보유해 에게해 전역을 통제하며 무역 활동을 보호하고 주변 섬들을 장악했다. 이 때문에 크레타는 방어 요새를 지을 필요가 없었다고 그는 보았다.

에번스는 미노아인들이 위대하고 자애로운 왕의 영도로 외부의 침략도 막고 내부 갈등도 조정하면서 평화로운 사회를 유지했다고 주장했다. 후대의 학자들도 대체로 그의 해석을 따랐다. 예를 들어 플라톤은 팍스 미노이카 시기를 신궁전기에 국한한 에번스에서 더 나아가 원궁전기까지 확장했다. 그리고 미노아 문명이 평등하고 평화로울 수 있었던 이유로 여성의 높은 지위와 위계적 구분이 약했던 사회 체제를 꼽았다. 엘리트 계급의 자애롭고 현명한 통치와 종교의 역할도 '행복한 문명'의 탄생을 가능케 했다고 한다. 종교는 사회적 통합을 이끌었을 뿐 아니라 강력한 사제직을 통해 왕권이 등장하도록 했다는 것이다.

일부 학자들은 미노아 평화주의의 원인을 공동체 중심의 협력과 조화에서 찾았다. 또 그와 관련해 미노아 문화의 여성적 혹은 가모장제적 성격에도 주목했다. 특히 호크스는 여성적 요소의 가치가 미노아 크레타가 유럽 문명에 남긴 주요 유산들 중 하나라면서, 여신을 숭배하고 여성을 존중했던 미노아인들은 전쟁이 아니라 평화와 조화를 찬양했다고 말했다.

의례화된 전쟁?

그런데 '평화로운 미노아 사회'라는 표상은 20세기 마지막 사반세기에 여러 도전들에 직면했다. 동부 크레타에 대한 대대적 조사가 이루어지며 방어 시설과 경비 초소들이 모습을 드러냈고, 이후 비슷한 보고들이 이어졌기 때문이다. 또 청동 칼과 창, 활 등의 무기들도 성소와 무덤 등 여러 곳에서 계속 발굴되었다. 물론 무기류는 오래전부터 익숙한 유물이었지만 점점 더 구조화된 전쟁의 맥락에서 해석되는 흐름이 나타났다.

그러면서 팍스 미노이카에 비판적인 목소리가 높아졌다. 에번스가 체화했던 팍스 브리타니카 세계관이 투영된 결과로서 고고학적 진실은 아니라는 것이었다.

그러나 이런 반전의 흐름에도 불구하고 '미노아 평화'는 기각되지 않고 계속 논쟁 중이다. 1998년 벨기에에서는 팍스 미노이카를 주제로 한 대규모 토론이 있었다. 그러나 결국 합의된 결론은 도출되지 못했다. 일부 학자는 미노아 예술에 전쟁 장면이 없다고 해서 실제 전쟁이 없었다고 볼 수는 없다고 주장했다. 그러나 다른 참가자들은 건축이나 유물 등 여러 측면에서 적대적 갈등의 증거들이 별로 없다고 맞섰다. 또 당시 에게해 지역에 전쟁이 발발했다는 확실한 증거도 없지 않느냐고 물었다.

그러나 미노아 문명을 제대로 이해하려면 전쟁이 있었음을 인정하고 이를 통합해야 한다는 주장은 계속해서 제기되었다. 특히 배리 몰로이는 미노아 크레타에 행정, 종교, 군사 세 영역이 모두 존재하지 않았다면 그처럼 발전한 사회가 형성되고 유지되지 못했을 것이라고 주장했다. 군사 부문은 분명히 존재했고, 다른 두 부문과 상호작용 하며 균형을 이뤘다는 것이다. 달리 말해 미노아 종교도 전쟁과 엮여 움직였을 것이라는 주장이다.

그는 미노아 유물들에 노골적인 군사적 장면은 없지만, 인장이나 인장 자국들에서 폭력적인 장면은 상당히 찾을 수 있다고 강조했다. 또 미노아 남성들에게 전사로서의 정체성은 매우 중요했으며 이것이 사회 전반에 큰 영향을 미쳤다고 보았다. 그 결과 '치프텐' 컵이나 '복서' 리톤 등에 담긴 남성상들이 창조되었다는 것이다. 이들은 전쟁의 세계관 및 실천이 만들어낸 인물상들로 전사로서의 남성성을 표상한다. 심지어 그는 '하베스터' 단지의 나이 든 지도자도 갑옷 같은 의상으로 보아 전사일 가능성이 있다고 주장했다.

다른 한편 크레타에서 미노아 방어 시설을 찾기 힘든 이유가 정착지들이 천연 요새에 의해 보호받았기 때문이라는 주장도 있다. 크레타의 지형은 상당히 힘준해서 전쟁이 있었더라도 인공적 방어 시설을 그다지 필요로 하지 않았을 것이라는 얘기다. 전쟁론을 긍정하는 이들은 미노아 사회의 발전 과정에서도 그 이유를 찾는다. 초기의 소규모 공동체들이 궁전 체제로 발전하는 과정에서 엘리트 계층이 주도한 갈등과 싸움이 없었다고 보기 힘들다는 것이다.

     4장   여성보다 지위가 높은 남성이 없다

전쟁과 관련된 논쟁은 전쟁의 성격에 대한 논의로도 이어졌다. 그 중 주목을 끄는 것은 '의례화된 전쟁'이란 개념이다. 일부 학자들은 미노아 사회에 전쟁이 있었다면 대체로 의례화된 성격이었을 것이라고 추정한다. 파벌 간의 갈등이 있을 경우, 격렬한 스포츠를 통해서 혹은 무기를 상징적으로 사용하며 종교적 해법을 찾았을 것이라는 견해다.[7] 그 때문에 전쟁을 증언하는 분명한 증거가 없는 것 아니냐는 것이다.

평화 지향적 예술혼

크레타는 3개의 산맥과 5개의 주요 지역으로 나뉘어 있다. 청동기 시대 크레타에는 이 자연 지형에 따라 여러 소규모 국가들이 산재했던 것으로 추정된다. 주요 지역들은 궁전이 들어선 중심지와 주변의 작은 도시들, 그리고 마을들을 품고 있었다. 소규모 정치체의 숫자는 시대를 거스를수록 더 많았을 것이다. 그런데 이러한 할거 상황에서도 크레타 내부의 평화는 상당히 잘 유지되었던 것으로 평가되어 왔다.

물론 크레타에 궁전들이 들어선 후 미케네인들의 지배가 시작되기까지 수백 년 동안 내부적 갈등과 싸움이 없었다고 가정하기는 힘들다. 인류의 역사는 오히려 그 반대를 지지한다. 그러나 어느 시기 혹은 특정 지역에서 단발성의 갈등과 싸움이 있었다고 해서 평화로운

---

7 무기의 상징적 사용에서 관심을 끄는 것은 8자형 방패다. 레하크나 마리나토스는 미노아 8자형 방패가 군사 장비라기보다 의례 용구라고 본다. 인장과 반지, 도판 등의 도상들에서 8자형 방패는 주로 여성들과 등장하며 여신의 현시와 관련되었던 것으로 보이기 때문이다.

사회가 아니었다고 할 수는 없다. 평화에 대한 평가 역시 상대적이기 때문이다. 또 만약 미노아인들이 파벌 간 갈등들을 의례화된 전쟁을 통해 해결했다면 그로 인해 '미노아 평화'를 완전히 기각할 수 있을까?

전쟁의 증거를 찾는 학자들이 제시하는 방어 시설과 무기들도 그 자체로 전쟁을 증거하는 것은 아니다. 무기들은 위세품이나 부장품으로도 많이 쓰였다. 방어 시설은 안전과 평화를 위해서도 구축되어 왔고, 사원이나 성지의 보호에 쓰이기도 했다. 전쟁론에 비판적인 학자들은 요새화의 흔적들이 산발적이고 일관적이지 않아 효용성이 의심스럽다고 주장한다. 아마도 상징적 의미가 더 컸을 것이라는 입장이다. 그리고 그것들이 정말 전쟁용이었는지, 언제 어떤 맥락에서 구축된 것인지도 자세히 탐색해야 한다고 말한다.

미노아 전쟁론을 적극적으로 개진하는 학자들에게서는 전쟁을 기본적으로 전제한 후 정황과 증거를 찾는 태도도 두드러진다. 몰로이 같은 경우 모든 남성 관련 유물들이나 사회적 변화들을 과도하게 전쟁과 관련시킨다는 느낌을 준다. 그는 인신공희 논란을 일으킨 아네모스필리아의 발굴 결과도 전투의 맥락에서 해석한다. 칼에 찔려 죽은 소년이 희생 제물이라기보다 치료를 위해 옮겨진 부상당한 전사거나, 장례를 위해 안치된 전사자일 수 있다는 것이다.

'미노아 평화'를 주장하는 이들은 무엇보다 미노아 예술이 일관되게 보여주는 삶의 기쁨과 아름다움, 상대적 비호전성에 주목해야 한다고 강조한다. 그것들이야말로 미노아인들의 삶의 정서를 직접적으로 증언하기 때문이다. 예술에는 정신과 영혼이 담기기 마련이고, 그것들은 사회문화적 산물일 수밖에 없다. 아름답고 평화로운 유물들은 그러한 사회를 필수적으로 전제할 것이다.

미노아인들은 전쟁 장면을 예술에 재현하지 않았고 돋맹한 전쟁왕의 초상도 남기지 않았다. 남성들의 결투 장면은 있지만 그것도 돌 리톤이나 인장의 작은 공간에 국한시켰다. 미케네인들처럼 전투 장면을 벽에 그려 과시하지 않은 것이다. 프레스코화에는 전쟁은커녕 폭력적 장면도 거의 없다. 이 독특한 측면이야말로 미노아 문명의 정체성이다.

한 고고학자는 미노아인들이 전쟁이 있었음에도 그것을 예술로 재현하지 않기로 선택한 것 같다는 해석을 내놓았다. 만약 그렇다면 이것이 전쟁의 유무보다 더 중요한 측면인지도 모른다. 인간 조건의 한계 속에서도 전쟁에 반대하며 평화를 수호하려 했던 그들의 지향을 느낄 수 있기 때문이다.

$$\bullet\ \text{부록} - \text{다시 보는 신라의 여신과 여왕}\ \bullet$$

미노아 문명을 연구하면서 나는 자주 신라의 역사를 떠올리곤 했다. 곳곳에서 신라를 연상시키거나 연결해 볼 수 있는 지점들을 마주쳤기 때문이다. 여신신앙과 여사제, 여왕이 그러했고 새와 뱀, 신성한 나무와 숲, 바위 등의 상징들도 마찬가지였다. 미노아 인장의 새여신을 보면서는 닭의 부리 같은 입술을 달고 태어난 알영과 새 얼굴의 여성상이 새겨진 신라 장경호가 떠올랐고, 미노아 축성의 뿔이나 무덤에서 나온 소뿔을 보면서는 신라의 소뿔을 생각했다. 천마총에서 부장품으로 소뿔 20여 개와 우각형금동기牛角形金銅器가 출토되었는데, 이 용기에 탄화 곡물이 가득 담겨 있어 소뿔이 풍요를 상징했음을 알 수 있다. 신라 최고위 관등이었던 각간角干은 신라에서 뿔 상징이 지녔던 권위를 짐작케 한다.

그런가 하면 '꽃을 사랑하는 미노아인'이라는 표상에서 꽃으로 상징되었던 원화源花와 화랑이 연상되기도 했다. 신라인의 정체성에서 화랑이 차지하는 비중을 고려하면 '꽃을 사랑한 신라인'이란 표현도 어색하지 않아 보인다. 흥미롭게도 미노아 유물 중에는 기원전 2000년대에 제작된 금관도 있다. 모클로스섬의 무덤에서 발굴된 것인데 신라 교동금관과 꽤 유사하다. 관테에는 크레타 염소 세 마리가 점들을 돌출시킨 기법으로 장식되어 있다. 관 장식은 염소의 뿔로 보이고 여성용으로 판단된다. 그런데 신라 금관도 성별 추정이 가능한 경우,

❖ 대부장경호에 새겨진 새여신과 그 스케치.

여성용이 더 많다고 한다.

물론 미노아 크레타와 신라는 지리적·문화적 거리는 물론 시기적으로도 현격히 떨어져 있다. 타당한 맥락이 없는 양자의 단순 비교는 위험하고 무모한 기획일 것이다. 그럼에도 이 책에서 후기의 형식으로 미노아 문명을 통해 신라사를 재조명해 보는 데는 나름의 이유가 있다. 여러 제약과 한계로 인해 그동안 묻혀 있던 신라의 진면목을 드러낼 계기를 만들 수 있지 않을까 해서다. 주장을 한다기보다 새로운 시각을 제시해 보려는 것이다.

인류사는 다양한 차이를 보이기도 하지만 큰 범주에서는 상당한 유사성을 보인다. 삶의 조건이나 생애주기, 희로애락이나 본능과 욕망 등에서 기본적으로 다를 게 없기 때문일 것이다. 선사시대 여신신앙의 경우도 관련된 여러 논쟁이 있지만, 그것이 광범위하게 존재했다는 사실 자체는 부인하기 어렵다. 가이아, 티아마트, 네이트, 샤크티, 여와, 스파이더 우먼 등 세계 곳곳의 원초적 여신들이 이를 증언한다. 한국에도 마고할미, 설문대할망, 개양할미 등 오래된 여신들이 전해져 왔다. 일부 학자들은 고인돌과 관련된 마고할미의 역사를 신석기시대까지 올려 잡아 보기도 한다. 선사시대 한반도 신앙의 중심에도 여신이 있었다면 그 전통은 신라로도 이어졌을 것이다.

미노아 크레타와 신라를 비교하면서 둘 사이의 상보성을 느끼기도 했다. 전자가 유물과 유적은 풍부한데 해독된 문자 기록이 거의 없는 반면, 후자는 여신신앙과 여성 관련 기록들은 있으나 유물과 유적이 희소하다. 그렇다면 이 상반된 상황은 서로의 문제들을 다루는 데 도움이 될 수도 있다. 예를 들어 미노아 여왕의 존재와 관련된 논쟁에서 신라의 여왕들은 무언가 조언을 해줄 수 있지 않을까?

신라의 여신들: 토착신앙의 주신

신라인들이 미노아인들처럼 여신과 여사제를 묘사한 도상들을 남겼으면 어땠을까 상상해 본다. 많이 달랐을까, 아니면 꽤 유사했을까? 잘 알려지지 않았을 뿐 불교가 들어오기 전 신라 토착신앙의 주신도 여신이었다. 그리고 사제도 주로 여성이었던 것으로 추정된다.

여신신앙이 강력했던 고신라(통일신라 이전의 신라) 시기에는 건국 관련 여신이 등장한다. 그녀는 서술성모 혹은 선도성모로 불렸던 신라 최고의 여신으로 성스러운 어머니, 즉 어머니 여신이다. 뱀여신이 크노소스궁의 서쪽에 있었듯 그녀의 방위도 서쪽이었다. 게다가 성모의 상징 중 하나가 용인데, 신화적 차원에서 용은 뱀과 교환 가능한 상징이다. 성모의 호칭인 계룡, 계림, 백마는 그녀가 용이자 말, 숲, 특히 닭으로 상징되었음을 말해준다. 또 신라의 이칭인 **계**림국을 통해 그녀가 나라의 정체성을 대표했음을 알 수 있다.

닭과 용이 합쳐진 '계룡'이라는 호칭에는 성모의 오래된 신성이 담겨 있다. 뱀과 새가 합쳐진 크레타의 신석기 뱀여신상과 같은 경우다. 신라인들의 그녀에 대한 숭배는 인도에까지 알려졌다고 한다.『삼국유사』에는 인도인들이 신라가 "닭의 신을 받들어 존경한다"고 했다는 기록이 있다. 서술성모의 뿌리에는 선사시대 한반도의 위대한 여신이 있을 것이다.

『삼국유사』에는 서술성모뿐 아니라 운제산성모·치술신모·변재천녀 등의 여산신들, 이름은 없으나 곡신穀神이나 출산신으로 해석되는 여인들 등 여러 여신이 등장한다. 3000살 먹은 산신, 2000년 되었다는 동굴신도 등장하는데 선사시대부터 숭배되던 오래된 여신들로 보인다.

신라 산천 제사에서 대사大祀의 대상이었던 세 산, 즉 내림·혈례·골화의 산신들도 여성으로서 호국신이었다. 반면 남신은 드물 뿐 아니라 정황상 후대에 등장했거나 역사적 인물이 신격화한 존재에 불과하다. 동악신이 된 석탈해 같은 경우다.

신라 왕실의 시조신 서술성모, 경주 남산의 여신

서술성모는 건국의 두 주역인 혁거세와 알영 부부의 신화적 어머니다. 그녀의 남편은 아예 없거나 이름도 없이 형식적으로만 겨우 언급된다. 이는 그녀가 신라 왕실의 시조신으로서 왕권의 보증자이자 수여자였을 가능성을 시사한다.『삼국유사』에 의하면 서술성모는 건국 이래 항상 나라 제사를 받았으며 그 서열이 여러 망제望祭(산천 제사)

의 위에 있었다. 또 오랫동안 나라를 지켜온 수호신이었다. 그녀의 대표적 상징이 닭이었기 때문에 딸인 알영이 닭의 부리 같은 입술을 달고 태어났을 것이다.

경주 서술산(현재의 선도산)의 신이었던 성모는 비단을 물들여 관복을 지어 남편에게 주었다. 남편에게 나라의 행정을 맡겼다는 이야기다. 아마도 혁거세는 성모로부터 신성한 관복을 수여받았을 것이다. 이는 크노소스궁에서 나온 '산 어머니' 인장 자국을 떠올리게 한다.

불행하게도 신라 여신신앙을 증언하는 유적은 일부 있으나 유물은 찾기 힘들다. 서술성모도 신상이 있었던 것 같으나 전해지지 않고, 여신의 도상도 알려진 게 없다. 토우 여성상 중 일부가 여신상일 가능성이 커 보이지만 아직 더 연구가 필요하다. 그러나 경주 남산에는 우리가 눈을 뜨고도 제대로 보지 못하는 신비스러운 여신상이 있다. 산 동쪽 기슭에 돌출한 한 신성한 바위에 1미터 깊이의 굴을 파고 부조로 새긴 여성좌상이다. 공식 명칭은 불곡마애여래좌상이지만 누가 봐도 여성상으로 느껴지고, 가부좌 자세 외에는 불상으로 볼 만한 요소가 별로 없다. 오른발에 신은 버선이나 바위에 굴을 파서 신상을 안치한 데서도 여신신앙의 맥락이 드러난다.[1]

최근까지도 마을 사람들은 이 신상을 '할매부처'라고 불러왔으며 여러 학자들도 이를 여신상으로 판단한다. 대표적으로 일본 무사시

---

1 가부좌 자세도 인도 종교 전통에 국한된 것이 아닐 수 있다. 중국 신석기시대 홍산 문화의 우하량 유적지에서 출토된 유명한 여신상도 남산의 여신상과 같은 유형의 자세다. 오른발을 올리고 앉아 손을 맞잡고 있는 게 거의 같다. 일부 학자는 이 우하량의 여신과 단군신화의 웅녀가 연결돼 있다고 주장하기도 한다. 이 여신상이 석굴에 조성된 것도 불상으로 보는 근거로 제시된다. 그러나 남산의 여신이 자리한 바위굴은 불교의 석굴보다 제주 신당의 '궤(바위틈이나 굴)'에 더 가깝다. 그리고 불교의 석굴 자체가 오래된 여신의 성소를 자신들이 차지한 경우가 많다.

❖ 경주 남산 불곡 할매부처.

노 미술대학 박형국 교수는 할매부처가 교토 마츠오타이샤의 목조여신좌상(9세기)과 같은 도상이라고 주장했다. 특히 마츠오타이샤는 신라계 도래인이 세운 신사라고 전해져 왔다고 한다. 약 1400년 전에 모셔진 이 여신상은 '잘못 붙여진 이름' 때문에 후손들과의 진정한 만남을 방해받고 있는 것 같다. 그 밖에 나는 첨성대도 반추상 여신상이자 신전이고, 포석정도 자궁 상징을 품은 여신 성소일 가능성이 크다고 생각한다.[2]

2　자세한 내용은 나의 책『여신을 찾아서』와『여성관음의 탄생』(2019, 이프북스)에 담겨 있다.

지금까지 신라는 불교 국가로 인식되어 왔지만 원래 여신의 나라
였다. 불교가 헤게모니를 잡은 후에도 여신 전통은 부침을 거듭하며
이어진 듯하다. 신라왕들은 마지막까지 토착신앙에 기반한 신궁 제
사를 지냈고, 하대에도 진성여왕이 즉위했다. 여왕의 즉위는 불교나
유교의 통치 패러다임에서는 불가능한 일이다.

신라의 여사제들

신라의 여사제에 대한 기록은 건국 초기부터 등장한다.『삼국사기』
에 의하면 2대 남해왕은 누이인 아로에게 시조묘 제사를 맡겼다. 아
로는 알영의 딸이고, 알영은 서술성모의 딸이다. 모계로 신성성이 이
어진 것이다. 이 신성한 여성 계보는 왕비나 공주를 통해서 오래 계승
된 것으로 보인다. 남해왕의 비인 운제부인이 운제산성모로, 실성왕
의 딸인 박제상의 아내가 치술신모로 신성화된 것은 그러한 맥락에
서 이해할 수 있다.

길쌈내기 축제인 가배를 주관했던 유리왕의 두 딸도 여사제로 여
겨진다. 신라사의 수수께끼 중 하나인 원화 역시 여사제였다고 추정
된다. 원화와 그 후신인 화랑의 종교적 기반은 풍류도[3]였는데, 그 중
심에는 오래된 토착신앙이 있었다. 어쩌면 유리왕의 두 딸이 원화 제
도의 기원일 수도 있는데 원화의 무리도 2명의 여성 리더로 조직되었
기 때문이다.

한편 석탈해를 거둬 보살핀 아진의선, 소지왕에게 비판적 충고를

3　통일신라 말기의 학자 최치원이 전하는 신라 고유의 현묘한 전통사상을 말한
다. 유교, 불교, 도교를 포괄하는 폭넓은 사상체계와 자연 중심적 영성을 담고 있
었던 것으로 이해된다.

　　　부록—다시 보는 신라의 여신과 여왕

한 노구老嫗(할머니), 진지왕 대의 도화랑, 김유신과의 사랑으로 유명한 천관녀 등도 왕실 밖에서 활동했던 여사제들로 해석된다. 왕실의 여사제든, 지역이나 직능에 따라 활동했던 여사제든 그녀들 모두 미노아 여사제들처럼 다양한 의례들을 이끌었을 것이다.

술과 음식을 장만해 가무와 온갖 놀이를 즐겼다는 가배 축제는 당시 의례의 성격을 보여준다. 큰 연회와 함께 황소 재주넘기 등의 행사를 열었던 미노아 의례와 별로 다르지 않았을 것 같다. 「그랜드 스탠드」의 여성들처럼 신라 여성들 역시 축제의 주인공이었을 것이다. 어쩌면 '하늘나라의 선녀들에게 비단을 짜게 했다'는 서술성모가 가배 축제에서 모셔진 신이었을 수도 있다.

신라 여사제들의 활동은 종교 영역에 국한되어 있지 않았다. 원화가 맡았던 임무가 '나라의 인재를 뽑고 교육하는 일'이었다는 사실은 의미심장하다. 미노아 신권정치에 해당하는 제정일치의 맥락을 읽을 수 있다.

우리가 못 보는 신라의 여왕들: 알영과 황남대총의 여왕

여왕이 셋이나 존재했다는 사실은 신라사를 한국사에서 구별 짓는 결정적 요소다. 이 독특한 사실 하나만으로도 신라는 다른 왕조들과 질적으로 다른 고유의 성격을 드러낸다.

신라에서 여왕이 즉위할 수 있었던 정치적·문화적 배경은 여신 중심의 토착신앙이었을 것이다. 이는 우선 선덕여왕과 관련된 기록들을 통해서 유추해 볼 수 있다. 사서들이 전하는 여왕 관련 설화들은 옥문지나 여근곡 등 여성 성기로 상징되는 장소들을 언급하는데, 여성 성기는 자궁처럼 세계적으로 가장 오래된 여신의 상징이다. 사서

들은 또 여왕의 예지력을 상찬하고 있어 일부 학자들은 그녀가 무녀
왕이었을 가능성도 제기했다. 미노아 크레타의 여사제-여왕과 유사
한 존재다. 그녀가 건립한 첨성대의 미스터리한 성격과 용도는 이러
한 맥락에 자리한다. 첨성대의 어두운 내부와 크노소스궁의 어두운
신전들은 상통하는 측면이 있다.

　신라에서는 혁거세왕 때부터 여성의 지위가 예사롭지 않다. 왕비
인 알영은 단순한 왕의 배필이나 내조자가 아니었다.『삼국유사』와
『삼국사기』 모두 알영을 혁거세와 대등한 성인으로 대우해 두 사람
을 '이성二聖'이라고 칭한다.『삼국유사』는 알영을 왕으로 해석할 수 있
는 기록도 남겼다. "왕이 계정鷄井에서 태어났기 때문에 계림국이라고
도 했는데, 계룡이 상서로움을 나타냈기 때문이다."라는 내용이다. 우
물에서 계룡이 나타난 출생 설화의 주인공은 혁거세가 아니라 알영
이다. 따라서 이때 왕은 알영이고 계정은 알영정의 이칭이라고 할 수
있다. 닭우물인 계정에서 태어났으므로 알영이 닭의 부리 같은 입술을
달고 있었을 것이다.[4]

　당시 제정일치 사회에서 이성은 이왕二王과 등치될 수 있으므로 알
영도 왕이라고 불렸을 가능성은 매우 높다.[5] 이 가능성을 받아들인다
면, 계림국은 알영왕과 그녀의 신화적 어머니 서술성모의 모녀관계를
토대로 생겨난 셈이다.『삼국사기』는 혁거세가 알영과 함께 6부를 두

4　알영정이란 이름은 '알'과 관련된 것으로 보이는데 계정은 닭우물이므로 둘의
의미가 상통한다. 알영정의 의미를 한자로 표기한 것이 계정일 것이다. 한편 알영
이후 마립간기 초기까지 왕비들의 이름에는 아로, 아루, 아효, 애례 등 'ar' 계통의
음소가 포함된 경우가 자주 보인다. 이는 재생의 상징인 '알'과 관련된 이름들로서
사제직을 뜻하는 것으로 해석된다.
5　『삼국사기』는 소지왕이 성인으로 불렸다고 전한다. 왕과 성인이 동일시되었
음을 알 수 있다.

루 살폈다고 전하는데, 여기서 부부 공동 통치를 상정해 볼 수 있다. 그런데 이 추정은 신라 최대의 무덤인 황남대총(4~6세기)의 발굴 결과가 뒷받침한다. 무덤 2개가 표주박처럼 붙어 있는 황남대총은 형태 자체가 이성 혹은 이왕 체제를 표상하는 것으로 보인다.

황남대총은 남쪽 묘가 왕의 묘고, 북쪽 묘는 왕비의 묘다. 그런데 왕비 묘에서는 정교하고 화려한 금관이 나온 반면, 왕의 묘에서는 그보다 격이 떨어지는 금동관이 출토되었다. 목에 거는 장식이나 허리띠, 각종 장신구도 왕비 묘의 것이 더 화려하고 풍성하다. 당시 사회에서 장신구가 치장용이 아니라 위세품이었다는 점을 고려하면 왕비가 더 큰 권위를 지녔다는 해석이 가능하다.

동아시아 고고학의 권위자인 세라 넬슨은 출토 유물들의 성격으로 볼 때 왕비가 여왕 같은 통치자였다는 결론을 내렸다. 그녀는 이른 시기 신라에서는 부부가 함께 왕권을 행사했을 것으로 보았다. 남성왕의 역할은 주로 전쟁과 관련되었고, 평화 시의 세속적·종교적 통치권은 우선적으로 여왕에 속했을 것이라고 한다. 그러면서 그녀는 여왕이 오히려 더 중요한 존재였던 것 같다는 인상을 준다. 그렇다면 이는 선덕여왕의 즉위가 전례 없던 돌출적이고 예외적인 사건이 아니었음을 짐작케 한다. 사서의 기록처럼 성골 남자가 없어 부득이하게 여왕을 용인한 것이 아닐 수 있다.

울주 천전리 각석에도 왕으로 불렸던 신라 여성의 자취가 남아 있다. 신성한 바위에 '어사추여랑왕於史鄒女郎王', '매왕妹王'으로 기록된 왕실 여성이다. 진흥왕의 어머니 지소부인의 남편이었던 사부지갈문왕의 누이다. 그녀는 사부지갈문왕과 그곳을 찾아 동물을 제물로 바치며 제사를 올렸다. '성덕광묘聖德光妙', 즉 성스러운 덕이 빛나는 신묘한 존재로 기록된 그녀는 여사제였던 것으로 보이는데, 왕으로도 불린 것이다. 이 '왕'의 의미는 확실치 않으나 어쨌든 사서에는 없는 신라 왕실 여성의 고귀한 지위를 보여준다.[6]

나주 정촌고분이 던진 충격 : 영산강의 여성 수장

수년 전 나주 정촌고분 관련 발표에서 사람들을 깜짝 놀라게 한 뉴스가 있었다. 이 마한의 고분은 공동매장을 위한 거대한 축조물로서 총 14기의 매장 시설을 품고 있었다. 그중 중심은 1호 돌방으로, 이곳에 묻힌 주인공은 영산강 지역의 최고 수장이었을 것으로 추정되었다. 그런데 인골 분석 결과 주인공이 40대 여성으로 밝혀졌다. 발표 내용을 요약하자면, 5세기 후반에서 6세기 초에 영산강 유역을 다스린 수장이 여성이었으며, 금동관과 금동신발을 착용했을 정도로 지위가 높았다는 것이다. 선덕여왕이 즉위하기 100여 년 전 영산강 유역의 상황이다.

정촌고분에서는 나주 지역 고분들에서 자주 발견되는 옹관들도 여럿 출토되었다. 알다시피 이 옹관들은 한국 여신신앙의 중요한 상징인 알을 닮았다. 이와 함께 주목할 것은 같은 시기 축조된 나주 영동리와 복암리 고분들의 피장자들이 모계혈족이라는 사실이다. 당시 영산강 유역이 여성 수장이 이끄는 모계 사회였음을 알 수 있다. 이 지역은 공동매장이 시사하듯 공동체 문화가 강했던 것으로 보인다. 정촌고분을 비롯한 이 지역의 '아파트형 고분'은 미노아 크레타의 대

---

6   천전리 각석에는 진흥왕 대 귀족 여성들의 자취도 남아 있다. 중앙관리의 부인 둘이 단독으로 2년의 시차를 두고 찾아와 자신의 이름을 새겨놓았다. 바로 조덕도와 아도랑녀다. 진골 신분인 아도랑녀는 하급관리를 비롯해 여러 명을 이끌고 큰 행차를 했다.

형 공동무덤들과 상당히 유사하다.

그런데 어떤 역사 기록도 영산강의 여성들을 전하지 않는다. 황남대총의 진실 역시 마찬가지다. 아마도 남성 중심 역사의 서술 과정에서 제외되었을 것이다. 유불 가부장제가 확립되기 이전 한반도 남부의 젠더관계는 남성 중심적 시각으로는 결코 실상을 드러낼 수 없다. 숨겨진 실상의 문을 여는 데 가장 중요한 열쇠는 아마도 토착 여신신앙일 것이다. 제주 신화(토산리 여드렛당)에 의하면 나주 금성산의 신은 거대한 뱀여신이었다.

신라의 엘리트 여성들

신라는 기록된 한국 역사에서 가장 성평등한 사회였다. 여왕들이 있었을 뿐 아니라 몇몇 여사제로 추정되는 인물들의 경우도 정치적 영향력이 컸던 것으로 보인다. 고신라의 경우 미노아 신권정치처럼 제정일치적 성격이 뚜렷했으므로 자연스러운 현상으로 보인다.

아진의선은 바다에 버려진 석탈해를 거둬서 키웠을 뿐 아니라 "학문을 해 공명을 세우도록" 이끌었다. 또 혁거세의 해척지모海尺之母로서 혁거세와도 관련되어 있다. 신라 초기의 왕 2명과 모자관계를 맺고 있는 것이다.[7] 그녀는 『삼국사절요』에 아진포 촌장으로 기록되어 있는데 이름을 뚜렷이 남긴 것으로 보아 매우 큰 권위를 지녔던 인물로 보인다. 크레타가 '바람의 여사제'란 이름을 남겼다면, 신라는 아진의선이란 큰 이름을 우리에게 전하고 있다.

---

7 '해척지모'의 뜻은 정확하지 않다. 통상 '고기잡이 어머니'로 번역되는데 바다 여신의 여사제였을 가능성이 있다. 그녀는 아진포 바다 상황을 잘 알고 있고 배를 잘 다루며 하늘에 기도해 길흉을 물었다.

소지왕 때 지금의 안동에 살았던 노구는 왕이 몰래 궁전을 빠져나와 벽화라는 미녀를 만나자 이를 비판하고 충고했다. 그런데 왕이 비판을 순순히 받아들여 잠행을 멈춘 것을 보면, 그녀가 왕의 행동을 교정할 수 있을 만큼 영향력이 컸음을 알 수 있다. 고신라 시절에는 아진의선이나 노구처럼 정치적 영향력이 컸던 나이 든 여성들이 각지에 존재했던 것으로 보인다.

신라의 젠더관계를 보여주는 유물로는 신라인들의 일상을 담고 있는 토우가 있다. 그런데 이 토우들을 보면 여성이 남성보다 크게 형상화된 경우가 있다. 특히 성행위를 묘사하는 토우들에서 그렇다. 맥락은 다르지만 남성들보다 크게 그려졌던 미노아 여성들과의 상관성을 생각해 보게 한다.

도유나랑과 자초랑댁

신라에는 공적 영역에서 활동한 여성들도 있었다. 『삼국사기』의 「직관지」에는 승관직僧官職이었던 도유나랑이나 여성 담당 궁정내직이 등장한다. 도유나랑은 승관 최고직인 국통 바로 아래의 고위직으로서 남성이 맡았던 대도유나보다 높았다. 비구니 집단을 통솔하는 직책으로 추정되어 당시 비구니들의 숫자가 많았음을 알 수 있다. 아마도 여사제 전통과 관련되어 있을 것이다. 이 밖에 진흥왕과 진평왕 대에 여성에게 관직을 하사했다는 기록도 있다.

신라 여성들은 경제 활동에도 활발히 참여했다. 『신당서』「동이열전」신라조에는 "시장에서 물건을 사고파는 것은 모두 부녀들이 한다."는 기록이 있다. 거래 품목은 다양했겠지만 특히 주목할 것은 직물이다. 직물은 화폐처럼 쓰인 중요한 물품이었고, 주생산자가 여성이었

다. 신라에는 직조 관련 업무를 맡은 관청들이 있었고, 모母 혹은 사모
私母로 기록된 여성들이 각급 관리자로 활동했다. 이러한 기록은 크노
소스궁의 관리하에 직물 생산을 주관했던 미노아 여성들을 떠올리게
한다. 신라에서도 직물 생산은 국가의 주력 사업이었다.

　한편 신라에도 크노소스의 '포-포' 같은 여성이 있었다. 일본에 모
전毛氈(신라산 양탄자)을 수출했던 자초랑댁이다. 그녀가 만든 '자칭모'
라는 모전은 일본 정창원에 소장되어 있는데 정교한 믄양과 세련된
디자인이 시대를 훌쩍 앞서 있다. 자초랑댁은 신라에 국제적으로 직
물 사업을 벌였던 엘리트 여성들이 있었음을 증언한다.

이동의 자유와 성적 자유

　『삼국사기』에 따르면 신라의 여성들은 왕족과 귀족은 물론 민가의
여성들도 말을 탔다. 넬슨은 이 기록을 근거로 신라 여성들이 후대 여
성들보다 더 많은 이동의 자유를 누렸다고 추정했다. 그런데 이동의
자유는 성적인 자유와 높은 상관관계를 갖는다.

　신라 여성들 또한 성적 통제가 적었던 것으로 추정된다. 김유신의
어머니 만명부인의 사례가 그렇다. 그녀는 길에서 만난 서현이란 남
자와 눈이 맞아 바로 야합(野合, 부모의 허락 없이 맺은 관계)했다. 나아가
서현이 멀리 떠나게 되자 그를 따라나서려 했다. 아버지가 이를 알
고 별채에 가두고 지켰으나 그녀는 구멍으로 빠져나가 결국 자신의
사랑을 쟁취했다. 그리하여 유신을 낳은 것이다. 김춘추와 문희 역시
『삼국유사』 기록에 따르면 가문 간의 절차나 혼인 과정을 거치지 않
고 관계를 가졌다.

　고신라에서는 왕도 여성의 성적결정권을 무시하지 않았다. 진지왕

은 도화랑이 아름답다는 소문을 듣고 관계를 갖고자 했으나 남편이 있다며 거부하자 그냥 돌려보냈다. 그리고 죽은 후 혼령이 되어 찾아 와서도 그녀의 허락을 구했다. 도미의 처를 강제로 범하려 하고 도미 까지 처벌한 백제 개루왕의 경우와 확실히 다른 상황이다.

모계 중시 문화와 성평등

기록된 한국 역사에서 여신 숭배가 가장 두드러지는 나라도 신라 다. 정견모주의 가야도 비슷한 상황이었던 듯하나 워낙 사료가 없어 연구가 어렵고, 고구려에도 유화라는 대여신이 있었으나 남아 있는 자료가 신라에 비할 바는 못 된다. 무엇보다 신라에 여왕이 최소 셋이 나 있었다는 사실이 '여신과 여성'이라는 이 책의 주제와 관련해 신라 의 독보적 위상을 말해준다.

신라는 왕비들의 존재감도 고구려나 백제에 비해 훨씬 두드러진 다. 사서들을 보면 고구려와 백제의 경우 왕비에 대한 기록이 드문 반 면, 신라는 왕비들 대부분의 계보가 밝혀져 있다. 때로 구체적 행적도 소개된다. 화랑 이전에 존재했던 원화 제도, 사위나 외손도 왕이 될 수 있었던 왕위 계승 제도도 신라에서만 보이는 특징이다. 학자들은 이러한 독특한 현상들의 배후에 모계제 혹은 양계적 가계가 있을 것 으로 추정해 왔다.

『삼국유사』에는 "경주 호장 거천의 어머니는 아지녀阿之女이고 아 지녀의 어머니는 명주녀明珠女이며 명주녀의 어머니는 적리녀積利女" 라고 모계 계보가 소개되어 있다.[8] 『삼국유사』는 또 박제상을 김제상

8   적리녀는 신라 말, 고려 초의 승려인 광학과 대연의 어머니다. 그러므로 아지

이라고 전하는데, 오기誤記가 아니라 신라의 양계적 가계 체제 때문이라는 해석이 있다. 신라, 특히 고신라는 여신을 숭배했던 모계 사회로서 평등한 젠더관계를 형성했을 가능성이 상당히 높다. 이와 관련해 넬슨은 자신의 책『샤먼, 여왕 그리고 작은 조소상Shamans, Queens, and Figurines』에서 다음과 같이 말했다.

> 일반적으로 고신라에서의 젠더관계는 후대의 유교에 영향받은 체제들에서보다 덜 위계적이었다고 여겨진다. 내가 믿기로는, 고고학적 증거들과 역사적 증거들을 조합해 보면, 고신라의 여성들과 남성들이 사회적 평등을 누렸다고까지 말할 수 있다. 여성들이 집 안에 갇혀 있지 않았고, 소년들이 소녀들보다 선호되지 않았으며, 여성들은 사회적 계급이 허락하는 한 통치권을 포함해 무엇이든 성취할 수 있었다는 증거가 있다. …… 신라에서 통치자들이 남성이었다는 전제는 수정될 필요가 있다. …… 1인 통치자만 있었다는 가정도 그러할 것이다. …… 여성 통치자들은 아마도 후대의 역사가들에 의해 가능한 한 억압되었을 것이다.

고신라는 미노아 크레타처럼 가부장제 이전 사회였을 가능성이 상당하다. 통치권을 가진 여성이나 모계 계보는 원칙적으로 가부장제와 모순관계에 있기 때문이다.

어쩌면 신라의 성골은 여신의 성스러움과 관련된 것인지도 모른다. 알영과 혁거세가 성인으로 불린 것은 어머니가 서술성모였기 때

녀는 고려초의 여성인데 당시에 모계 계보가 기록되었다는 것은 모계 계승의 유습이 고려시대까지 지속되었음을 말해준다.

문이었을 것이다. 왕이 될 남성은 알영처럼 서술성모의 신성을 대리하는 여성과 관계를 맺어야 했을 수 있다. 김춘추가 왕족인데도 불구하고 진골로 취급된 것은 아내가 가야 출신인 문희였기 때문이 아니었을까? 그래서 김춘추가 왕이 된 후 정통성을 얻기 위해 유명한 매몽 설화買夢說話를 전파했던 것은 아닐까? 왜냐하면 문희의 언니가 꿈에서 오줌을 눈 곳이 서술성모의 산인 서술산이기 때문이다. 문희가 그 꿈을 사서 성모의 신성을 획득했으므로 김춘추는 왕으로서 정통성 시비를 어느 정도 모면할 수 있었을 것이다. 하지만 끝내 성골로 인정받지는 못한 것 같다.[9]

우리가 그동안 신라 사회의 비가부장제적 측면들을 제대로 보지 못했던 것은 당대의 사료가 없어 고려시대 중후반에 와서야 쓰인 역사서에 의존할 수밖에 없었기 때문이다. 그나마『삼국유사』는 신라의 여신신앙을 선별적·제한적으로나마 전해주고 있어 다행이지만, 만약 고신라 당대의 사료들이 전해졌다면 신라사는 지금 우리가 알고 있는 것과 매우 다르게 구성되었을 것이다.

"먼저 역사가부터 연구하라"

잘 알다시피『삼국유사』는 일연 스님이,『삼국사기』는 유학자 김부식이 편찬한 것이다. 그래서 그들의 유불 가부장제적 가치와 세계관을 거칠 수밖에 없었다. 에드워드 카는 "역사적 사실들을 연구하기 전

---

9 이 매몽 설화는 얼마나 의미가 컸는지『삼국사기』도 전할 뿐 아니라 뒷날 고려를 세운 왕건 가문의 신성화 작업에도 그대로 차용되었다. 왕의 정통성이 여신에 의해 보장되는 전통이 그만큼 중요했던 것 같다. 자세한 내용은『여신을 찾아서』에 담겨 있다.

에 역사가부터 연구하라"라고 했는데 두 사서의 경우에도 유효한 조언이다. 특히 젠더관계와 관련해서 그렇다. 김부식은 "여자는 비천하며 여왕은 어지러운 세상에서나 있는 존재이니 나라가 망하지 않은게 다행"이라고 논평했던 인물이다. 사정이 이러하니 넬슨이 추정하듯, 신라의 여성 관련 역사는 많이 도외시되고 왜곡되었을 것이다.

일례로 "건국 이래 항상 나라 제사를 받았고 서열도 여러 산천 제사들보다 위에 있었다"는 서술성모에 대한 제사가 『삼국사기』에는 보이지 않는다. 성모가 나라를 지킨 호국신이었다는 사실까지 고려하면 더 이해되지 않는다.

여기서 궁금해지는 게 신궁에서의 제사다. 소지왕 이후 신라왕들은 즉위한 다음 해나 후년 봄에 친히 신궁에서 제사를 지냈는데 이는 신왕의 즉위의례로 해석된다. 그런데 『삼국사기』는 새로운 왕에게 정통성을 부여하는 이 핵심적 성소의 주신이 누구인지 말하지 않는다. 다만 '시조가 탄생한 곳'이라고 장소만 특정하고 있을 뿐이다.

신궁의 주신은 누구였을까? 왜 김부식은 그에 대해 침묵했을까? 의심스러운 침묵 혹은 회피는 기록 못지않은 메시지를 던진다. 이런 의심은 신궁이 탄생과 관련되어 있다는 데서 더 증폭된다. 탄생의 주체는 어머니 혹은 여신이기 때문이다. 일본 이세 신궁의 주신이 황실의 시조신인 아마테라스 여신이란 사실도 중요한 방증이다.

신라사의 인식에서 또 다른 문제는 학계의 가부장제적 편견이다. 가부장제를 위반하는 역사 기록들이나 발굴 결과들을 가부장제의 렌즈로 해석하거나 예외적인 일탈로 주변화시켜 왔기 때문이다. 넬슨은 황남대총 발굴 결과를 분석하면서 왜 이 명백한 '비정상'적 상황에 한국 학자들이 별 관심을 기울이지 않는지 질문을 던진다. 그리고 자답한다. 아마도 그렇게 하면 기본적으로 역사 기록에 도전하는 불편한 질문들을 해야 하기 때문에 혹은 단지 그런 상황에 별 흥미를 느끼지 못해서 침묵하는 것 같다는 것이다.

신궁의 주신은 누구인가?

지금까지 우리는 신라의 여왕들이 발신하는 중요한 메시지들을 제대로 이해하지 못했다. 예를 들어 "남근이 여근 속으로 들어오면 반드시 죽는 법"이라는 선덕여왕의 발언을 보자. 우리는 이 발언을 가벼운 음담의 수준에서 이해해 왔다. 하지만 『삼국유사』는 이를 "성스러운 지혜"라고 전한다. 여왕은 단순히 성행위를 언급한 게 아니라 신성한 여근의 근원적 힘을 말하고 있다. 남근이 여근을 지배하는 게 아니라, 여근이 남근을 품고 남근은 그 안에서 죽는다는 인식이다. 흥미롭게도 고대 근동과 지중해 지역에서 보이는 어머니 여신과 죽는 남신의 관계를 연상시키는 발언이다. 죽은 남근은 봄이 되면 새로운 생명으로 부활할 것이다.[10]

이와 관련해 주목할 것은 경주 나정에서 출토된 '生' 자가 쓰인 기와들이다. 신라 토기에서도 '生' 자가 보인다. 이는 신라인들의 생명 탄생에 대한 기원을 담고 있을 것이다. 나정은 혁거세가 태어난 우물이다. 학계에서는 신궁이 나정에 있었을 것으로 추정한다. 그렇다면 신궁의 성격은 '生' 자가 말해주고 있는 셈이다. 신궁 제사는 또 봄에 거행되었는데 봄은 재생의 계절로 만물이 살아나는 시기다. 신궁이 나

10　천마총에서는 알 모양의 토기에 담긴 달걀들이 발굴되었는데, 이를 통해 죽음 이후 재생을 믿었던 그들의 신앙을 짐작할 수 있다. 혁거세가 알에서 태어난 데서 알 수 있듯 알은 재생을 상징한다. 여신신앙에서 모든 탄생은 재생이다. 천마총의 달걀들은 닭으로 상징되었던 서술성모에 대한 신앙과 관련되었을 것이다.

정에 있었다면 주신은 '生'과 '봄'의 속성을 지녔을 텐데, 이는 세계적으로 여신 전통들이 공유하는 핵심적 측면이다. 그리고 신라에서 우물이나 샘은 여신의 성소였다.

아마도 신라왕들은 즉위 후 신궁에 제사를 올리며 서술성모에게 왕권의 정통성을 구했던 듯하다. 혁거세와 알영이 그녀의 아들과 딸로서 정통성을 얻었던 것이 전범이 되었을 것이다. 왜 신라가 성모의 호칭을 딴 계림국으로 불렸을까? 이런 맥락에서 보면 성골이 서술성모의 신성과 관련되어 있을 가능성은 낮지 않다.[11]

화백과 화랑

신라는 강력했던 여신신앙, 여왕과 여사제, 성평등적 성격 외에도 한국 역사상 유례가 드문 여러 독특한 측면들을 보여준다. 우선 합의적 정치 전통을 알려주는 화백회의가 있었고, 활기차면서도 아름다운 화랑들이 있었다. 화백회의의 만장일치제는 괴트너-아벤트로트가 제시한 가모장제 사회의 정치적 특징이기도 하다.

화백회의와 민주적 협치

화백회의의 원류는 흔히 건국과 관련된 6촌장 회의로 추정된다.

---

11 왕권이나 국가의 정통성 문제에서 여신이 담당했던 본원적 역할은 고려 사회에도 큰 흔적을 남겼다. 고려왕조는 자신의 뿌리를 고구려에서 찾았고 이를 선포하기 위해 유화와 주몽의 사당을 세웠다. 그런데 유화를 모신 동신사는 수도인 개경의 선인문 안에 있었고, 주몽의 사당은 평양에 있었다. 그리고 송나라 사신들이 왔을 때 동신사를 참배했다.

6촌장들이 합의해 혁거세와 알영을 첫 왕과 왕후로 추대했다고 보기 때문이다. 이후 이 원초적 숙의민주주의 체제는 중국에서도 주목하는 신라 정치의 특색이 되었다. 이와 관련해 주목되는 건 신라 초기 왕들이 지배자적 모습을 보이지 않는다는 것이다. 유리와 탈해는 서로 왕위를 양보하다 떡을 깨물어 이 자국이 많은 유리가 왕위에 올랐다. 혁거세는 나라를 알영과 함께 덕으로 다스렸다. 그래서 외적들도 함부로 침입하지 못했다고 한다. 유리왕은 굶주림과 추위로 고생하는 백성을 보고 "이는 나의 죄"라며 대대적인 구휼 작업을 펼쳤다. 이웃나라 백성들이 소문을 듣고 옮겨 올 정도였다.

건국 이후 상고기에 박·석·김 세 성씨가 돌아가며 왕위에 올랐던 사실도 고신라의 협치적 성격을 보여준다. 당시 왕권은 권력 투쟁의 대상이라기보다 합의된 원칙에 기반한 책임 통치의 성격이었던 듯하다. 합의를 중시하는 정치 문화는 6촌이 6부로 바뀌고 왕권이 강화되는 과정에서도 오랫동안 계속됐다. 포항냉수리신라비(6세기 초)에는 재산 관련 분쟁을 6부에 속한 왕과 고위관리 7명이 "함께 논의해" 해결한 내용이 담겨 있다. 이러한 상황에서는 내부 갈등이 많지 않았을 것이다. 미노아 크레타 식으로 말하자면 각 파벌들이 공론을 통해 합의를 도출해 문제를 해결한 셈이다.

협치적 정치 문화는 행정조직의 운영에서도 보인다. 중고기의 경우 각 행정관부를 총괄하는 관부가 없고, 장관직을 비롯해 여러 관직에 2~3명이 임명된 경우가 있는데 이는 독단을 방지하려는 정치 관행으로 해석되기 때문이다. 왕의 통치하에 있던 행정조직도 종래의 합의제적 전통에 기반을 두고 있었던 것 같다.

     부록—다시 보는 신라의 여신과 여왕

풍류도의 여성적 영성

화랑은 "귀족 자제 중 아름다운 이를 택하여 화장을 시키고 곱게 꾸몄다"는 『삼국사기』 기록이 말해주듯 전형적인 무사들이 아니었다. 그들 역시 원화처럼 종교적 성격이 강한 집단이었다. 화랑을 이해하려면 그들을 이끈 영성이자 사상인 풍류도를 알아야 한다. 그런데 풍류 신학의 개척자 유동식은 그의 책 『풍류도와 한국의 종교사상』에서 다음과 같이 말했다.

> 풍류도란 남성적인 무사도와는 대조적인 심미적이며 여성적인 영성이다. 그렇기 때문에 처음부터 여성 원화를 화주花主로 세우도록 했는지도 모른다. 그리고 남성 화랑의 경우에도 그에게 분을 바르고 단장하게 함으로써 민족적 영성의 심미적 성격을 드러내 보이고 있다.

풍류도의 영성이 여성적이라는 견해는 그것과 여신신앙의 긴밀한 관계를 함의한다. 그와 동시에 호크스가 말한 여성적 원리가 신라에서도 작동되었을 가능성을 상상하게 한다. 실제로 풍류도의 핵심은 생명 중심 사상으로 이해된다. 풍류도의 요체인 '접화군생接化群生'의 의미가 생명의 망을 향해 있기 때문이다. '뭇 생명들과 접촉하여 감화(변화)한다' 정도로 해석되는데, 여기서 뭇 생명은 인간은 물론 동식물과 무기물, 우주 만물까지 확장될 수 있다.

풍류도의 생명 미학을 탐구한 연구에 의하면 풍류도가 "생명의 이치를 터득해 미적인 삶, 창조적인 삶을 가능케 하는 철학이자 신앙"이라고 한다. 풍류도의 생명 미학은 꽃을 상징으로 택한 데서도 읽을 수 있다. 그런데 꽃과 생명의 미학은 미노아 예술의 특징이기도 하다. '풍류'라는 단어가 환기하는 이미지 역시 미노아 예술의 즉흥적 생동감과 자유로움을 연상시킨다. '풍류'와 '바람의 여사제'도 잘 어울리는 짝이다. 아진포의 아진의선도 바람의 여신 영등할미를 모셨던 바람의 여사제였던 건 아닐까?

신라의 남성성: 다차원적 변주

화랑 집단은 전국의 산과 물을 찾아 노닐고 음악을 듣고 노래하며 함께 즐겼다고 한다. 아마도 그들은 자연 속에서 여성적 영성을 체화하며 흥을 돋우었을 것이다. 신라의 여신들 역시 자연의 여신이었기 때문이다. 화랑들이 자연 속에서 '노닐고 즐겼다'라는 표현에서는 미노아 예술의 특징인 유희성이 환기되기도 한다. 젊고 날렵하며 치장을 즐겼던 미노아 엘리트 남성들과 활기 넘친 꽃미남이었을 화랑 집단의 거리는 멀지 않아 보인다.[12]

아마 신라 남성들도 화랑 집단에 들어갈 때 입사식을 치렀을 것이다. 이후에는 함께 도의를 연마하며 무武와 예藝를 겸비한 남성성을 체화했던 것 같다. 이들이 연마한 도의에는 화백회의의 포용과 타협, 민주적 가치가 중요한 덕목으로 자리했을 법하다. 이 때문에 최치원은 풍류도가 유불선 삼교를 포함한다고 하지 않았을까?

물론 화랑들은 피바람 날리는 전장을 누빈 용맹한 전사들이기도

---

12 당나라 화가 염립본의 「왕회도王會圖」에는 화랑을 연상시키는 신라 남자가 등장한다. 중국에 파견된 각국 사신들을 그린 그림인데 고구려, 백제, 신라, 왜의 사신들이 눈에 띈다. 그런데 이들 중 신라의 사신은 젊고 아름다운 외모가 두드러진다. 화랑의 뜻 그대로 꽃미남이다. 또 '아버지 남성'이 아니라 '아들 남성'으로 보인다.

했다. 『화랑세기』를 쓴 김대문은 "훌륭한 장수와 용감한 병사가 이로 부터 생겼다"고 전한다. 하지만 이들의 남성성이 호전적이고 가부장 제적이었는가에 대해서는 의문이다. 전체적으로 볼 때 풍류도가 생산한 남성성이 그와 같기는 어렵기 때문이다. 실제로 화랑의 남성성은 다차원적 측면을 보인다.

효소왕 대의 화랑 죽지랑과 낭도 득오곡의 관계를 살펴보자. 『삼국유사』가 전하는 두 사람의 이야기는 서로에 대한 따뜻한 보살핌과 그리움으로 채워져 있다. 죽지랑은 공무로 멀리 떠난 득오곡을 찾아가 떡과 술을 먹인 후 데려오고, 득오곡은 노래를 지어 죽지랑을 그리워하는 절절한 심정을 표현했다. 화랑 집단 내부의 호모 에로틱한 관계가 상상되는 한편, 미노아 남성들의 동성애 관련 논의도 연상된다.[13]

13 호모 에로틱은 호모 섹슈얼과 달리 성적인 접촉은 없으나 동성 간에 끌림을 느끼고 그리워하는 관계를 말한다. 한편 화랑 집단의 동성애 문제는 오래전부터 논쟁거리였다.

신라의 남성성과 관련해 다시 볼 것은 유명한 처용 설화다. 잘 알려졌듯 처용은 아내가 역신疫神과 동침하는 장면을 목격하고도 노래를 부르며 춤을 추다가 물러났다. "빼앗은 것을 어찌하리오" 하는 체념과 수용의 태도다. 고통과 분노를 춤과 노래로 풀어낸다. 그것이 가능했던 것은 아내가 자신의 소유가 아니라는 인식 때문이었을 것이다.

신라의 마당

흥미롭게도 고신라는 미노아 크레타와 여러 측면에서 공명한다. 여신 중심 신앙과 여사제 제도, 종교적·세속적 여성 권력, 성평등과 모계 중시, 협치적 공동체, 생명 중심 문화와 비가부장제적 남성성 등이 큰 틀에서 상통한다. 어쩌면 유쾌하고 즐거운 삶도 비슷했는지 모르겠다. 음악과 춤, 거리낌 없는 성행위를 담아낸 토우들이 그러한 생각을 추동한다. 특히 노래하는 토우는 그 흥겨움이 '하베스터' 단지의 노래하는 남성들을 닮아 있다.

조금 더 욕심을 내자면, 미노아 궁전 건축의 정체성을 이루는 마당도 신라에서 찾아볼 수 있다. 가배 축제 전 한 달간 길쌈내기를 했던 큰 마을의 마당이 그것이다. 이 마당을 '대부지정大部之庭'이라고 표현한 것으로 보아 큰 마을에 공동체의 행사를 위해 넓은 마당이 마련되어 있었음을 알 수 있다. 그런데 이 마당은 신성한 공간으로 여겨진 것으로 보인다. 양부梁部라는 마을에서 부정제部庭祭, 즉 마당 제사를 지냈다는 기록이 『삼국사기』에 등장한다. 일부 학자는 이 부정제를 가배와 관련된 것으로 이해한다.

새벽부터 밤늦게까지 한 달간 길쌈을 하는 큰 행사였고 당시 길쌈이 지녔던 경제사회적 가치를 고려한다면, 당연히 축제의 중심에는 제사가 있었을 것이다. 그리고 앞서 말했듯 제사 대상은 서술성모였을 가능성이 있다. 아마도 행사를 돕기 위한 시설들이 마당 둘레에 들어서 있기도 했을 것이다. 미노아 궁전과 비교할 수준은 아니었겠지만, 공동체의 행사를 위한 공간이라는 성격은 같았을 것이다.

신라에서는 골품제가 계층적 사회질서를 유지했던 것으로 보이지만, 중고기에 들어 왕권이 강화되기 전에는 공동체적 운영 원리가 지배적이었다고 한다. 미노아 크레타 역시 신궁전기 이후 계층적 질서가 강화된 것으로 이해된다. 두 사회 모두 시간을 거슬러 올라갈수록 모계 씨족을 중심으로 한 공동체 사회를 형성했을 가능성이 크다. 『삼국지』「위서」「동이전」이 전하는 5월과 10월의 제사와 놀이는 단편적이나마 신라 초기 공동체 축제의 면모를 보여준다.

신라의 여신 문화: 더 아름다운 신라

미노아 크레타에 비춰 본 신라는 우리에게 신라사를 새로운 눈으로 보라고 요청한다. 그 요청은 심층적 차원의 기본적 틀과 관련되어 있다. 그동안 우리는 신라사에 유독 수수께끼가 많다는 사실을 알면서도 그 의미를 제대로 짚어내지 못했다. 개별적, 단편적으로만 접근한 데다가 가부장제적 시각을 벗어나지 못했기 때문이다.

신라의 수수께끼들을 만들어낸 모체는 여신 문화일 수 있다. 이 문화는 특정 지역에 국한된 것이 아니라 세계적으로 산재했다. 중국의 도가 사상만 보아도 그렇다. 여신 문화의 렌즈를 취할 때 우리는 '새로운 신라', '더 아름답고 매혹적인 신라', '가부장제 이전의 신라'를 만날 수 있게 될 것이다. 미노아 크레타가 계속 변화하는 문화적 구성물이듯 신라 역시 그러하다.

그동안 신라의 문화는 주로 불교와 관련해 이해되어 왔다. 풍류도가 신라 고유의 문화적 정체성이라는 걸 알면서도 구체적 내용을 알기 힘들었던 탓이다. 나는 풍류도의 정체성이 여신 중심적 영성과 문화였을 것이라고 본다. 이미 유동식 등에 의해서도 풍류도의 여성성이 주장된 바 있다. 최치원은 그 여성성을 '현묘玄妙'라는 단어로 표현한 것 같다.[14]

오래전 경주의 관광 안내원들은 왜 첨성대가 선덕여왕의 치맛자락을 닮았다고 설명했을까? 선입견과 편견을 내려놓을수록 진실의 문은 더 열린다.

"무기를 녹여 농기구를 만들었다"

그런데 신라 여신문화론에는 큰 함정이 있다. 바로 전쟁이다. 미노아 문명은 예외적인 평화 지향성으로 사람들을 매혹시켜 왔는데 알다시피 신라는 그렇지 않다. 고신라의 남성왕들이 전쟁시의 지도자라는 넬슨의 해석부터가 그렇다.

하지만 신라의 전쟁은 미노아 크레타와 다른 지정학적·시대적 차이를 고려해야만 한다. 신라는 섬이 아니었고 훨씬 더 진전되고 구조화된 전쟁의 시대에 존재했다. 당시 한반도는 여러 나라로 나뉘어 영토 전쟁이 빈발했고, 일본과 중국의 외침까지 방어해야 했던 상황이었다.

14 '현묘'는 『도덕경』이 말하는 '현빈玄牝'과 통하는 개념일 것이다. 현빈은 도道의 근원적이고 여성적인 창조 원리를 상징하는 도가사상의 핵심개념으로 여성의 성기를 함의한다. '현玄'은 자궁 속 어둠과 관련된 글자다. 필라 크립트의 어둠과도 통한다.

  부록 — 다시 보는 신라의 여신과 여왕

그러나 신라는 고구려나 백제에 비해 호전성이 약했다. 건국 초기에는 평화를 지향하는 태도도 엿보인다. 마한왕이 죽었을 때 신하가 정벌하자고 하자 혁거세는 "다른 이의 재난을 다행이라 여기는 것은 어질지 못한 짓"이라며 거절했다.

한 연구에 의하면 5세기까지 신라에 발생한 전쟁의 80퍼센트는 방어전이었다. 공격 전쟁은 16퍼센트에 불과했다. 초기 신라는 방어전에도 소극적으로 임해 최대한 전쟁을 피했던 것으로 보인다. 물론 진흥왕은 정복 전쟁에도 나섰고, 전쟁이 중요해지면서 원화를 화랑으로 바꾸는 등 일련의 변화를 추구했던 것으로 보인다.[15]

하지만 신라의 상대적 비호전성은 문무왕릉비에서도 읽을 수 있다. 비문을 보면, 왕의 정복자적 면모를 과시한 광개토왕비와 달리 수호자로서의 수사를 담고 있다. 문무왕은 유언에서 전쟁을 "어지러운 운"이라고 규정했다. 인생의 가장 큰 즐거움이 적을 제압하고 "그 아내들이 통곡하는 것을 보는 것"이라고 했다는 칭기즈 칸과 질적으로 다르다. 문무왕은 자신의 업적으로 "무기를 녹여 농기구를 만든" 일을 제시한 지도자였다. 평화를 지향했던 그의 가치는 의심할 바 없다.

유불 가부장제의 등장

넬슨은 상보적이고 평등했던 신라의 젠더관계가 남성 지배로 바뀌기 시작한 때를 5세기로 본다. 가장 큰 원인은 점증하던 중국의 영향력과 유불 가부장제의 도입이었다. 물론 변화는 서서히 이루어져 7세

---

15 원화가 화랑으로 대체된 데는 진흥왕의 정복 전쟁이 큰 배경이었던 것 같다. 동서양을 막론하고 전쟁은 남성 권력의 강화와 깊이 관련되어 있다.

기에도 2명의 여왕이 등장할 수 있었다. 9세기 말에도 진성여왕이 즉위한 것을 보면 여신 문화는 신라사의 마지막까지 일정한 영향력을 유지했던 것 같다.

그러나 일단 시작된 변화는 위협적이었다. 당 태종은 신라 사신에게 "너희 나라는 여왕이 있어 업신여김을 당한다."라며 새로운 왕을 보내겠다고 했다. 선덕여왕이 죽기 몇 달 전에는 "여왕은 나라를 잘 다스릴 수 없다."는 명분 아래 반역이 일어났다.

진덕여왕 사후 김춘추가 즉위하면서 시작된 중대中代는 유불 가부장제가 뚜렷이 뿌리내리기 시작한 시기였다. 이 변화는 태자 제도의 정립 등 왕위의 부자 상속이 확고해진 데서도 알 수 있지만, 한 유명한 설화에도 함축적으로 담겨 있다. 『삼국유사』가 전하는, 원효의 '자루 없는 도끼' 노래와 관련된 설화다. 원효가 이 노래를 통해 아들을 구한 것은 당시의 조화로운(혹은 여성 중심적인) 젠더관계를 남성 우위로 바꾸겠다는 역사적 선언이었을 것이다.

이 선언은 그를 요석 공주에게 인도한 무열왕 김춘추의 주도로 실천되었다.[16] 즉위 전 당나라에 들어가 선덕여왕을 비하한 태종을 만났던 그는 친당외교를 펼치면서 신라 사회 전반을 중국화하는 데 앞장섰다. 당나라에서 접한 유교적 통치 질서를 신라 땅에 구현하기 위해 관제 개혁과 유교 교육 등 다방면의 노력을 기울였다.

크레타 여신 문화가 미케네인에 의해 몰락했다면 신라에서는 유불

16 원효는 거리를 돌아다니며 부른 이 노래에서 "아들을 얻어 새로운 하늘을 열겠다."라고 외쳤다. 여신을 모시며 성평등하게 살아가던 신라 사회에 불교의 남성 우월적 세계를 시작해 보겠다는 사회적 선언이었다. 한국 젠더사에서 획기적 의미를 담고 있는 이 노래와 원효와 김춘추의 동맹에 의한 가부장제의 시작에 대해서는 『여성관음의 탄생』에 자세히 담겨 있다.

가부장제에 의해 내부적 변동이 진행되었다. 부침은 겪었으되 후대
로 갈수록 강력해진 유불 가부장제는 끝내 왕성했던 여신신앙과 여
신 문화의 유산들을 억압하고 주변화시켰다. 그와 함께 역사의 기억
도 희미해지고 말았다.

참고 문헌

강봉원,「삼국사기 신라본기와 영남지역 고고학자료를 통해 본 신라의 국가형성 - 전쟁의 역할을 중심으로」,《선사와고대》25, 2006.

김명숙, 「신라 여신문화 연구」,《페미니즘 연구》19(2), 2019.

김선주, 「신라사회 여성의 정치활동」,《史學研究》77, 2005.

김신명숙, 『여신을 찾아서』, 판미동, 2018.

______ 『여성관음의 탄생』, 이프북스, 2019.

김영하, 「『三國史記』 전쟁기사의 분석」,《史林》16, 2001.

김정숙, 「신라시대 여성의 직조활동과 官職進出」,《민족문화논총》44, 2010.

김흥규,「征服者와 守護者 - 5-7세기 한국사의 왕립금석문과 王權의 修辭」,《古典文學研究》44. 2013.

유동식, 『風流道와 한국의 종교사상』. 연세대학교 출판부. 1997.

윤성재. 「신라 가배(嘉排)와 여성 축제」,《역사와 현실》87, 2013.

조준호, 「신라 풍류도의 생명미학 연구」,《생명연구》51, 2019.

최영성, 「한국사상의 원형과 특질―풍류사상, 민족종교와 관련하여」,《한국철학논집》55, 2017.

Adams, E. (2007). "Approaching Monuments in the Prehistoric Built Environment: New Light on the Minoan Palaces." *Oxford Journal of Archaeology* 26(4).

______ (2017). *Cultural Identity in Minoan Crete: Social Dynamics in the Neopalatial Period.* Cambridge University Press.

Alberti, B. (2001). "Faience Goddesses and Ivory Bull-leapers: The Aesthetics of Sexual Difference at Late Bronze Age Knossos." *World Archaeology* 33(2).

______ (2002). "Gender and the Figurative Art of Late Bronze Age Knossos." J.

Hamilakis (Ed.). *Labyrinth Revisited. Rethinking 'Minoan' Archaeology*. Oxford Books.

Alberti, L. (2009). "Rethinking the Tomb of the Double Axes at Isopata, Knossos." *Hesperia Supplements* 42.

Alexandri, A. (1994). *Gender Symbolism in Late Bronze Age Aegean Glyptic Art*. University of Cambridge.

Alusik, T. (2007). *Defensive Architecture of Prehistoric Crete*. Oxford.

Andreadaki-Vlazaki, M. (2015). "Sacrifices in LM IIIB: Early Kydonia Palatial Centre." *Pasiphae* 9.

Arnott, W. G. (1993). "Bull-leaping as Initiation." *Liverpool Classical Monthly* 18.

Banou, E. (2008). "Minoan 'Horns of Consecration' Revisited: A Symbol of Sun Worship in Palatial and Post-Palatial Crete?" *Mediterranean Archaeology and Archaeometry* 8(1).

Betancourt, P. (1977). "Marine-Life Pottery from the Aegean." *Archaeology* 30(1).

Blakolmer, F. (2010). "A Pantheon without Attributes? Goddesses and Gods in Minoan and Mycenaean Iconography." In J. Mylonopoulos (Ed.). *Divine Images and Human Imaginations in Ancient Greece and Rome*. Brill.

———— (2017). "The Artistic Reception of Minoan Crete in the Period of Art Deco: The Reconstruction of the Palace at Knossos... and Why Arthur Evans was Right." In N. Momigliano & A. Farnoux (Eds.). *Cretomania: Modern Desires for the Minoan Past*. Routledge.

Borowka, D. (2018). "On the Possibility of Internal Conflict on Crete between the Proto- and Neopalatial Period. The Pax Minoica Re-examined." *Acta Archaeologica Lodziensia* 64.

Briault, C. (2005). "Symbols, Spaces and Materiality: A Transmission-based Approach to Aegean Bronze Age Ritual." Ph.D. Dissertation. University of London, University College London.

Burns, B. E. (2017). "Cretomania and Neo-paganism: The Great Mother Goddess and Gay Male Identity in the Minoan Brotherhood." In N. Momigliano & A. Farnoux (Eds.). *Cretomania: Modern Desires for the Minoan Past*. Routledge.

Cameron, M. (1970). "New Restorations of Minoan Frescoes from Knossos." *The Bulletin of the Institute of Classical Studies of the University of London* 17.

______ (1976). "A General Study of Minoan Frescoes with Particular Reference to Unpublished Wall Paintings from Knossos." Doctoral dissertation. University of Newcastle upon Tyne.

Castleden, R. (1990). *The Knossos Labyrinth : A New View of the 'Palace of Minos' at Knossos*. Routledge.

______ (1992). *Minoans: Life in Bronze Age Crete*. Routledge.

Chapin, A. P. (2004). "Power, Privilege, and Landscape in Minoan Art." *Hesperia Supplements* 33.

______ (2007a). "A Man's World? Gender and Male Coalitions in the West House Miniature Frescoes." In P. Betancourt, M. C. Nelson & H. Williams (Eds.). *Krinoi Kai Limenes: Studies in Honor of Joseph and Maria Shaw*. INSTAP Academic Press.

______ (2007b). "Boys Will Be Boys: Youth and Gender Identity in the Theran Frescoes." *Hesperia Supplements* 41.

______ (2011). "Gender and Coalitional Power in the Miniature Frescoes of Crete and the Cycladic Islands." In M. Andreadaki-Vlazaki & E. Papadopoulou (Eds.). Πεπραγμένα Ι' Διεθνούς Κρητολογικού Συνεδρίου, Χανιά, 1-8 Οκτωβρίου 2006. Chania: Philological Society 'O Chrysostomos'.

Cherry, J. F. (1986). "Polities and Palaces: Some Problems in Minoan State Formation." In C. Renfrew & J.F. Cherry (Eds.). *Peer Polity Interaction and Socio-political Change*. Cambridge University Press.

Childe, V. G. (2013). *The Dawn of European Civilization*. Routledge.

Christ, C. P. (1979). "Why Women Need the Goddess-Phenomenological, Psychological, and Political Reflections." In C. P. Christ & J. Plaskow (Eds.).

Womanspirit Rising: A Feminist Reader In Religion. Harper & Row.

———— (1987). *Laughter of Aphrodite: Reflections on a Journey to the Goddess.* Harper & Row San Francisco.

———— (1995). *Odyssey with the Goddess: A Spiritual Quest in Crete.* Continuum New York.

———— (1997). *Rebirth of the Goddess: Finding Meaning in Feminist Spirituality.* Routledge.

———— (2012). "Why Women, Men and Other Living Things Still Need the Goddess: Remembering and Reflecting 35 Years Later." *Feminist Theology: The Journal of the Britain & Ireland School of Feminist Theology* 20(3).

Cichon, J. M. (2022). *Matriarchy in Bronze Age Crete: A Perspective from Archaeomythology and Modern Matriarchal Studies.* Archaeopress Publishing.

Cveček, S. (2023). "Enthrone, Dethrone, Rethrone? The Multiple Lives of Matrilineal Kinship in Aegean prehistory." *Archaeological Dialogues* 30(2).

Damiani-Indelicato, S. (1988). "Were Cretan girls playing at bull-leaping?." *Cretan Studies* 1.

Davaras, C. (1975). "Early Minoan Jewellery from Mochlos." *The Annual of the British School at Athens* 70.

Davis, E. N. (1986). "Youth and Age in the Thera Frescoes." *American Journal of Archaeology* 90(4).

———— (1995). "Art and Politics in the Aegean: The Missing Ruler." In P. Rehak (Ed.). *The Role of the Ruler in the Prehistoric Aegean* (Aegaeum 11). Université de Liège.

Day, J. (2012). "Caught in a Web of a Living World: Tree-human Interaction in Minoan Crete." *PAN: Philosophy Activism Nature* 9.

———— (2018). "Crete, Archaeology of." *Iron Age* 1050.

Day, P. M., L. Joyner, V. Kilikoglou & G. C. Gesell. (2006). "Goddesses, Snake Tubes and Plaques: Analysis of Ceramic Ritual Objects from the LM IIIC Shrine at Kavousi." *Hesperia: The Journal of the American School of Classical Studies at Athens* 75(2).

Dewan, R. (2015). "Bronze Age Flower Power: The Minoan Use and Social Significance of Saffron and Crocus Flowers." *Chronika* V.

Dickinson, O. T. P. K. (1994a). "Comments on a Popular Model of Minoan Religion." *Oxford Journal of Archaeology* 13(2).

―――― (1994b). *The Aegean Bronze Age*. Cambridge University Press.

Downing, C. (1981). *The Goddess: Mythological Images of the Feminine*. Crossroad New York.

Downing, M. (1985). "Prehistoric Goddesses: The Cretan Challenge." *Journal of Feminist Studies in Religion* 1(1).

Driessen, J. (2002). "'The King Must Die.' Some Observations on the Use of Minoan Court Compounds." J. Driessen, I. Schoep & R. Laffineur (Eds.). *Monuments of Minos: Rethinking the Minoan Palaces* (Aegaeum 23). Université de Liège.

―――― (2007). "IIB or Not IIB: On the Beginnings of Minoan Monument Building." In J. Bretschneider, J. Driessen & K. van Lerberghe (Eds.). *Power and Architecture: Monumental Public Architecture in the Bronze Age Near East and Aegean*. Peeters Publishers.

―――― (2009). "Daidalos' Designs and Ariadne's Threads: Minoan Towns as Places of Interaction." In S. Owen & L. Preston (Eds.). *Inside the City in the Greek World: Studies in Urbanism from the Bronze Age to the Hellenistic Period*. Oxbow Books.

―――― (2012). "A Matrilocal House Society in Pre-and Protopalatial Crete." In I. Schoep, J. Driessen & P. D. Tomkins (Eds.). *Back to the Beginning: Reassessing Social and Political Complexity on Crete during the Early and Middle Bronze Age*. Oxbow Books.

―――― (2013). "Chercher La Femme: Identifying Minoan Gender Relations in the Built Environment." In D. Panagiotopoulos & U. Günkel-Maschek (Eds.).

Minoan Realities: Approaches to Images, Architecture, and Society in the Aegean Bronze Age. Presses Universitaires de Louvain.

———— (2015). "The Birth of a God? Cults and Crises on Minoan Crete." In M. Cavalieri, R. Lebrun & N. Meunier (Eds.). *De La Crise Naquirent Les Cultes: Approches Croisées de La Religion, de La Philosophie et des Représentations Antiques.* Brepoels, Turnhout.

———— (2017). "Understanding Minoan In-house Relationships on Late Bronze Age Crete." In Q. Letesson & C. Knappett (Eds.). *Minoan Architecture and Urbanism: New Perspectives on An Ancient Built Environment.* Oxford University Press.

———— (2021). "Revisiting the Minoan Palaces: Ritual Commensality at Sissi." *Antiquity* 95(381).

Driessen, J. & C. Langohr (2014). "Recent Developments in the Archaeology of Minoan Crete." *Pharos* 20(1).

Ehrenberg, M. (1989). *Women in Prehistory.* University of Oklahoma Press.

Eisler, R. T. (1987). *The Chalice and the Blade.* HarperSanFrancisco.

Eller, C. (1995). *Living in the Lap of the Goddess: The Feminist Spirituality Movement in America.* Beacon Press.

———— (2000). *The Myth of Matriarchal Prehistory.* Beacon Press.

———— (2011). *Gentlemen and Amazons: The Myth of Matriarchal Prehistory, 1861–1900.* University of California Press.

Evans, A. J. (1901), "Mycenaean Tree and Pillar Cult and Its Mediterranean Relations." *The Journal of Hellenic Studies* 21.

———— (1903), "The Palace of Knossos: Provisional Report for the Year 1903." *Annual of the British School at Athens* 9.

———— (1912). "The Minoan and Mycenaean Element in Hellenic Life 1." *The Journal of Hellenic Studies* 32.

———— (1921-1935). *The Palace of Minos.* Vol. 1-4. Macmillan and Company, limited.

Evasdaughter, S. (1996). *Crete Reclaimed: A Feminist Exploration of Bronze Age Crete.* Heart of Albion Press.

Farnoux, A. (1996). *Knossos: Unearthing a Legend.* Thames & Hudson.

Ferrence, S. C. & G. Bendersky (2004). "Therapy with Saffron and the Goddess at Thera." *Perspectives in Biology and Medicine* 47(2).

Gere, C. (2009). *Knossos and the Prophets of Modernism.* University of Chicago Press.

Gesell, G. C. (1985). *Town, Palace and House Cult in Minoan Crete.* Paul Åströms Förlag.

———— (1987). "The Minoan Palace and Public Cult." In R. Hägg & N. Marinatos (Eds.). *The Function of the Minoan Palaces.* Stockholm.

———— (2004). "From Knossos to Kavousi: The Popularizing of the Minoan Palace Goddess." *Hesperia Supplements* 33.

Gimbutus, M. (1982). *The Goddesses and Gods of Old Europe.* University of California Press.

———— (1989). *The Language of the Goddess.* Thames & Hudson.

———— (1991). *The Civilization of the Goddess: The World of Old Europe.* HarperSanFrancisco.

———— (1999). *The Living Goddesses.* University of California Press.

Goettner-Abendroth, H. (2008). "Matriarchies as Societies of Peace: Re-thinking Matriarchy". *Off Our Backs* 38(1).

———— (2009). "Introduction". In H. Goettner-Abendroth(Ed.). *Societies of Peace: Matriarchies Past, Present, and Future.* Inanna Publications.

———— (2012). *Matriarchal Societies: Studies on Indigenous Cultures across the Globe.* Peter Lang.

Goodison, L. (1989). *Death, Women and the Sun: Symbolism of Regeneration in Early Aegean Religion.* University of London, Institute of Classical Studies.

———— (1990). *Moving Heaven and Earth: Sexuality, Spirituality and Social Change.* Pandora.

———— (2001). "From Tholos Tomb to Throne Room: Perceptions of the Sun in Minoan Ritual." In R, Laffineur & R. Hägg (Eds.). *Potnia : Deities and Religion in the Aegean Bronze Age* (Aegaeum 22). Universite de Liege; University of Texas at Austin

———— (2009). "Why All This about Oak or Stone?: Trees and Boulders in Minoan Religion." *Hesperia Supplements* 42.

Goodison, L. & C. Morris (1998). "Beyond the "Great Mother": The Sacred World of the Minoans." In L. Goodison & C. Morris (Eds.). *Ancient Goddesses*. British Museum Press.

Guarnera, G., F. Stanco, D. Tanasi & G. Gallo (2010). "Classification of Decorative Patterns in Kamares Pottery." In M. Samuelcik (Ed.). *Proceedings of SCCG 26th Spring Conference on Computer Graphics*. Comenius University.

Gulizio, J. & D. Nakassis (2014). "The Minoan goddess(es): Textual Evidence for Minoan Religion." In D. Nakassis, J.Gulizio & S.A.James (Eds.). *Ke-ra-me-ja: Studies Presented to Cynthia W. Shelmerdine*. INSTAP Academic Press.

Günkel-Maschek, U. (2012). "Spirals, Bulls, and Sacred Landscapes: The Meaningful Appearance of Pictorial Objects within Their Spatial and Social Contexts." In D. Panagiotopoulos & U. Günkel-Maschek (Eds.). *Minoan Realities: Approaches to Images, Architecture and Society in the Aegean Bronze Age*. Presses Universitaires de Louvain.

———— (2024). "The Lilies of the Prince: The Orienation and Gesture of the 'Male Torso with the Lily Collar' from Knossos." *Annual of the British School at Athens* 119.

Hawkes, J. (1968). *Dawn of the Gods*. Chatto & Windus.

Haysom, M. (2010). "The Double-Axe: A Contextual Approach to the Understanding of a Cretan Symbol in the Neopalatial Period." *Oxford Journal of Archaeology* 29(1).

Hägg, R. (1987). "On the Reconstruction of the West Façade of the Palace at

Knossos." In R. Hägg & N. Marinatos (Eds.). *The Function of the Minoan Palaces*. Stockholm.

Herva, V. P. (2006). "Flower Lovers, After All? Rethinking Religion and Human-environment Relations in Minoan Crete." *World Archaeology* 38(4).

Herva, V. P. & J. Rapakko. (2023). "Insides, Outsides and the Labyrinth: Knossos, Palatial Space and Environmental Perception in Minoan Crete." *Journal of Social Archaeology* 23(3).

Hitchcock, L. (2000). "Engendering Ambiguity in Minoan Crete: It's a Drag to be a King." In M. Donald & L. Hurcombe (Eds.). *Representations of Gender from Prehistory to the Present*. Palgrave Macmillan.

———— (2010). "Minoan Architecture." In E. H. Cline (Ed.). *The Oxford Handbook of the Bronze Age Aegean*. Oxford University Press.

———— (2016). "Entangled Threads: Who Owned the West House at Akrotiri?" *Journal of Prehistoric Religion* 25.

Hitchcock, L. & M. Nikolaidou (2013). "Gender in Greek and Aegean Prehistory." In C. D. Bolger (Ed.). *Companion to Gender Prehistory*. Wiley-Blackwell.

Hughey, J. R., et al. (2013). "A European Population in Minoan Bronze Age Crete." *Nature Communications* 4(1).

Immerwahr, S. A. (1990). *Aegean Painting in the Bronze Age*. Pennsylvania State University Press.

Jones, B. (2014). "Revisiting the Figures and Landscapes on the Frescoes from Room 14 at Hagia Triada." In G. Touchais, R. Laffineur & F. Rougemon (Eds.). *PHYSIS*. Peeters.

———— (2016). "The Three Minoan 'Snake Goddesses'." *Studies in Aegean Art and Culture: A New York Aegean Bronze Age Colloquium in Memory of Ellen N. Davis*. INSTAP Academic Press.

Karadimas, N. & N. Momigliano (2004). "On the Term 'Minoan' before Evans's Work in Crete (1894)." *Studi Micenei ed Egeo-anatolici* 46(2).

Keller, M. L. (1988). "The Eleusinian Mysteries of Demeter and Persephone: Fertility, Sexuality and Rebirth." *Journal of Feminist Studies in Religion* 4(1).

_______ (1998). "Crete of the Mother Goddess: Communal Rituals and Sacred Art." *Revision* 20.

King, C. (2012). *The Role of Landscape in Minoan Art*. M.A. Thesis. University of Kansas.

Koehl, R. B. (1986). "The Chieftain Cup and a Minoan Rite of Passage." *The Journal of Hellenic Studies* 106.

_______ (1995). "The Nature of Minoan Kingship." In P. Rehak (Ed.). *The Role of the Ruler in the Prehistoric Aegean* (Aegaeum 11). Université de Liège, University of Texas at Austin.

_______ (2016). "Beyond the 'Chieftain Cup': More Images Relating to Minoan Male 'Rites of Passage.'" *Studies in Aegean Art and Culture: A New York Aegean Bronze Age Colloquium in Memory of Ellen N. Davis*, INSTAP Academic Press.

Kopaka, K. (1997). "'Women's Arts—Men's Crafts'? Towards a Framework for Approaching Gender Skills in the Prehistoric Aegean." In R. Laffineur & P. Betancourt (Eds.). *TEXNH: Craftsmen, Craftswoman and Craftsmanship in the Aegean Bronze Age* (Aegeaum 16). Université de Liège, University of Texas at Austin.

_______ (2001). "A Day in Potnia's Life. Aspects of 'Potnia' and Reflected 'Mistress' Activities in the Aegean Bronze Age." In R. Laffineur & R. Hägg (Eds.). *Potnia, Deities and Religion in the Aegean Bronze Age* (Aegaeum 22). Université de Liège, University of Texas at Austin.

Kopcke, G. & E. Drakaki (1999). "Male Iconography on Some Late Minoan Signets." In R. Laffineur (Ed.). *Polemos: Le Contexte Guerrier en Egée á l'Age du Bronze* (Aegaeum 19). Université de Liège, University of Texas at Austin.

Letesson, Q. (2013). "Minoan Halls: A Syntactical Genealogy." *American Journal of Archaeology* 117(3).

Letesson, Q. & J. Driessen (2020). "'On the House.' A Diachronic Look on the Configuration of Minoan Social Relationships." In M. Relaki & J. Driessen (Eds.). *Oikos: Archaeological Approaches to House Societies in Aegean Prehistory* (Aegis 19). Presses Universitaires Louvain.

Lupack, S. (2010). "Minoan Religion." In E. H. Cline (Ed.). *The Oxford Handbook of the Bronze Age Aegean*. Oxford University Press.

MacGillivray, J. (2009). "The Minoan Double Axe Goddess and Her Astral Realm." In N. C. Stampolidis, A. Kanta & A. Giannikouri (Eds.). *Athanasia: The Earthly, the Celestial and the Underworld in the Mediterranean from the Late Bronze Age and the Early Iron Age*. University of Crete.

Marinatos, N. (1989a). "The Bull as an Adversary: Some Observations on Bull-hunting and Bull-leaping." *Ariadne* 5.

______ (1989b). "The Minoan Harem: The Role of Eminent Women and the Knossos Frescoes." *Dialogues d'histoire ancienne* 15(2).

______ (1993). *Minoan Religion: Ritual, Image and Symbol*. University of South Carolina Press.

______ (1995a). "Divine Kingship in Minoan Crete." In P. Rehak (Ed.). *The Role of the Ruler in the Prehistoric Aegean* (Aegaeum 11). Université de Liège, University of Texas at Austin.

______ (1995b). "Formalism and Gender Roles: A Comparison of Minoan and Egyptian Art." In R. Laffineur & W. D. Niemeier (Eds.). *Politeia: Society and State in the Aegean Bronze Age* (Aegaeum 12). Université de Liège, University of Texas at Austin.

______ (2005). "The Ideals of Manhood in Minoan Crete." *British School at Athens Studies* 13.

______ (2010). *Minoan Kingship and the Solar Goddess: A Near Eastern Koine*. University of Illinois Press.

______ (2014). *Sir Arthur Evans and Minoan Crete: Creating the Vision of Knossos*.

Bloomsbury Publishing.

———— (2015). *Akrotiri, Thera and the East Mediterranean*. Militos editions.

———— (2018). "The Waz Spirals of Xeste 3, Thera: Regeneration and Solar Symbolism." In A. G. Vlachopoulos (Ed.). *Chrostires/Paintbrushes: Wall-Painting and Vase-Painting of the Second Millennium BC in Dialogue*. University of Ioannina, Hellenic Ministry of Culture and Sports-Archaeological Receipts Fund.

McEnroe, J. C. (2010). *Architecture of Minoan Crete : Constructing Identity in the Aegean Bronze Age*. University of Texas Press.

Mieke, P. (2005). *Cretan Sanctuaries and Cults : Continuity and Change from Late Minoan IIIC to the Archaic Period*. Brill.

Miller, H. (1941). *The Colossus of Maroussi*. New Directions.

Mina, M. (2005). "Anthropomorphic Figurines from the Neolithic and Early Bronze Age Aegean: Gender Dynamics and Implications for the Understanding of Aegean Prehistory." Ph.D. Thesis. University College London.

Molloy, B. P. (2012). "Martial Minoans? War as Social Process, Practice and Event in Bronze Age Crete." *Annual of the British School at Athens* 107.

Momigliano, N. (2017). "Introduction: Cretomania–Desiring the Minoan Past in the Present." In N. Momigliano and A. Farnoux (Eds.). *Cretomania: Modern Desires for the Minoan Past*. Routledge.

———— (2020). *In Search of the Labyrinth: The Cultural Legacy of Minoan Crete*. Bloomsbury Publishing.

Morgan, L. (1988). *The Miniature Wall Paintings of Thera: A Study in Aegean Culture and Iconography*. Cambridge University Press.

Morris, C. & A. Peatfield (2004). "Experiencing Ritual: Shamanic Elements in Minoan Religion." In M. Wedde (Ed.). *Celebrations: Sanctuaries and the Vestiges of Cult Activity*. Norwegian Institute at Athens.

Moss, M. (2005). *The Minoan Pantheon: Towards an Understanding of its Nature and*

Extent (BAR International Series 1343). British Archaeological Reports.

Mountjoy, P. (1985). "Ritual Associations for LM IB Marine Style Vases." *Bulletin de Correspondance Hellénique* 11(1).

Müller Celka, S. (2016). "Caring for the Dead in Minoan Crete: A Reassessment of the Evidence from Anemospilia." In E. Alram-Stern, F. Blakolmer, S. Deger-Jalkotzy, R. Laffineur & J. Weilhartner (Eds.). *Metaphysis: Ritual, Myth and Symbolism in the Aegean Bronze Age* (Aegaeum 39). Peeters Publishers.

Navickaitė, R. (2022). *Marija Gimbutas: Transnational Biography, Feminist Reception, and the Controversy of Goddess Archaeology.* Routledge.

Nelson, S. M. (2014). *Shamans, Queens, and Figurines: The Development of Gender Archaeology.* Left Coast Press.

Nikolaïdou, M. (2012). "Looking for Minoan and Mycenaean Women: Paths of Feminist Scholarship towards the Aegean Bronze Age." In S. James & S. Dillon (Eds.). *A Companion to Women in the Ancient World.* Wiley-Blackwell.

Nilsson, M. P. (1971). *The Minoan-Mycenaean Religion and its Survival in Greek Religion.* Biblo & Tannen Publishers.

Olsen, B. A. (1998). "Women, Children and the Family in Late Aegean Bronze Age: Differences in Minoan and Mycenaean Constructions of Gender." *World Archaeology* 29(3).

———— (2004). "Women in the Linear B Tablets of Pylos and Knossos: Gender Construction and Cultural Difference at two Late Bronze Palatial Centers." Ph.D Dissertation. The Graduate School of Duke University

Papadopoulos, J. K. (2005). "Inventing the Minoans: Archaeology, Modernity and the Quest for European Identity." *Journal of Mediterranean Archaeology* 18(1).

Papageorgiou, I. (2021). "Stories of Coming of Age at Prehistoric Akrotiri: Rituals and Iconographic Correlations." *ALS* 8.

Peatfield, A. (1983). "The Topography of Minoan Peak Sanctuaries." *Annual of the British School at Athens* 78.

———— (1987). "Palace and Peak: The Political and Religious Relationship between Palaces and Peak Sanctuaries." In R. Hägg & N. Marinatos (Eds.). *The Function of the Minoan Palaces*. Paul Åström Förlag.

———— (2016). "A Metaphysical History of Minoan Religion." In E. Alram-Stern, F. Blakolmer, S. Deger-Jalkotzy, R. Laffineur & J. Weilhartner (Eds.). *Metaphysis: Ritual, Myth and Symbolism in the Aegean Bronze Age* (Aegaeum 39). Peeters Publishers.

Peatfield, A. & C. Morris, (2012). "Dynamic Spirituality on Minoan Peak Sanctuaries." In K. Rountree, C. Morris, & A. Peatfield(Eds.). *Archaeology of Spiritualities*. Springer.

Preziosi, D. & L. Hitchcock (1999). *Aegean Art and Architecture*. Oxford University Press.

Privitera, S. (2008). "The LM III Frescoes from the Villaggio at Haghia Triada: New Observations on Context and Chronology." *Creta Antica* 9.

Puglisi, D. (2012). "Ritual Performances in Minoan Lustral Basins. New Observations on an Old Hypothesis." *Annuario della Scuola Archeologica di Atene e delle Missioni Italiane in Oriente* XC, serie III, 12.

Rapakko, J. (2023). "Building Social Distances in Neopalatial Crete: A Comparison of Accessibility in Minoan Palaces." *Journal of Mediterranean Archaeology* 36(1).

Rehak, P. (1995a). "The Use and Destruction of Minoan Stone Bull's Head Rhyta." In R. Laffineur & W. D. Niemeier (Eds.). *Politeia: Society and State in the Aegean Bronze Age* (Aegaeum 12). Université de Liège, University of Texas at Austin.

———— (1995b) "Enthroned Figures in Aegean Art and the Function of the Mycenaean Megaron." In P. Rehak (Ed.). *The Role of the Ruler in the Prehistoric Aegean* (Aegaeum 11). Université de Liège, University of Texas at Austin.

———— (1996). "Aegean Breechcloths, Kilts, and the Keftiu Paintings." *American Journal of Archaeology* 100.

———— (1997). "The Role of Religious Painting in the Function of the Minoan Villa:

The Case of Ayia Triadha." In R. Hägg (Ed.). *The Function of the "Minoan Villa"*. Paul Åström Förlag.

______ (1998). "The Construction of Gender in Late Bronze Age Aegean Art: A Prolegomenon." In M. Casey, D. Donlon, J. Hope & S. Wellfare (Eds.). *Redefining Archaeology: Feminist Perspectives*. ANH Publications.

______ (2000). "The Isopata Ring and the Question of Narrative in Neopalatial Glypic." In W. Muller(Ed.). *Minoisch-mykenische Glyptik: Stil, Ikonographie, Funktion*. Gebr. Mann Verlag.

______ (2002). "Imag(in)ing a Woman's World in Bronze Age Greece: The Frescoes from Xeste 3 at Akrotiri, Thera." In N. S. Rabinowitz & L. Auanger (Eds.). *Among Women: From the Homosocial to the Homoerotic in the Ancient World*. University of Texas Press.

______ (2004). "Crocus Costumes in Aegean Art." *Hesperia Supplements* 33.

______ (2009). "Some Unpublished Studies by Paul Rehak on Gender in Aegean Art." In K. Kopaka (Ed.). *Fylo: Engendering Prehistoric 'Stratigraphies' in the Aegean and the Mediterranean*(Aegaeum 30). Université de Liège, University of Texas at Austin.

Rehak, P. & R.R. Snihurowych (1997). "Is Female to Male as Nature Is to Culture? Medicine, Myth and Matriarchy in the Thera Frescoes." *Abstracts of Papers Presented at the One Hundred Twenty-Ninth Annual Meeting*. American Philological Association.

Rehak, P. & J. G. Younger (1998). "Review of Aegean Prehistory VII: Neopalatial, Final Palatial, and Postpalatial Crete." *American Journal of Archaeology* 102(1).

Renfrew, C. (1985), *The Archaeology of Cult. The Sanctuary at Phylakopi*. (The British School of Archaeology at Athens, Suppl. 18.). Thames and Hudson.

Rohrlich-Leavitt, R. (1977). "Women in Transition: Crete and Sumer." In R. Bridenthal & C. Koonz (Eds.). *Becoming Visible: Women in European History*. Houghton Mifflin.

Rubin, D. (1993). "The Development of Scholarly Thinking on the Minoan Religion from Sir Arthur Evans to the Present". M.A. Thesis. Concordia University (Canada).

Sakellarakis, Y. & E. Sapouna-Sakellaraki (1981). "Drama of Death in a Minoan Temple." *National Geographic* 159(2).

Sanday, P. R. (1981). *Female Power and Male Dominance: On the Origins of Sexual Inequality*. Cambridge University Press.

————— (1998). "Matriarchy as a Sociocultural Form: An Old Debate in a New Light." Paper Presented at the 16th Congress of the Indo-Pacific Prehistory Association. Melaka, Malaysia, 1-7 July.

————— (2002). *Women at the Center: Life in a Modern Matriarchy*. Cornell University Press.

Schoep, I. (2018). "Building the Labyrinth. Arthur Evans and the Construction of Minoan Society." *American Journal of Archaeology* 122(1).

Shank, E. (2012). "The Jewelry Worn by the Procession of Mature Women from Xeste 3, Akrotiri." In M-L Nosch & R. Laffineur (Eds.). *Kosmos: Jewellery, Adornment and Textiles in the Aegean Bronze Age* (Aegaeum 30). Peeters.

Shave, M. (2020). "Hatshepsut, Matriarchy and Minoan Crete." *Corvus* 10.

Shaw, J. W. (1978). "Evidence for the Minoan Tripartite Shrine." *American Journal of Archaeology* 82(4).

————— (2015) *Elite Minoan Architecture: Its Development at Knossos, Phaistos, and Malia*. INSTAP Academic Press.

Shaw, M. C. (1993). "The Aegean Garden." *American Journal of Archaeology* 97(4).

————— (2003). "The "Priest-King" Fresco from Knossos: Man, Woman, Priest, King, or Someone Else?" In A. P. Chapin (Ed.). *Charis: Essays in Honor of Sara A. Immerwahr*. American School of Classical Studies at Athens.

Taylor, L. (2019). "The Snake Goddess Dethroned: Deconstructing the Work and Legacy of Sir Arthur Evans." Honors Thesis. University of Maine.

Thomas, C. G. (1973). "Matriarchy in Early Greece: The Bronze and Dark Ages." *Arethusa* 6(2).

Tomkins, P. (2012). "Landscapes of Ritual, Identity, and Memory." In H. Moyes (Ed.). *Sacred Darkness: A Global Perspective on the Ritual Use of Caves.* University Press of Colorado.

Tsikritsis, M. & Theodossiou, E. (2019). "The Minoan Eclipse Calculator and the Minoan Cosmology Model." *Exact Sciences in Greek Antiquity* 237.

Tully, C. J. & S. Crooks (2015). "Dropping Ecstasy? Minoan Cult and the Tropes of Shamanism." *Time and Mind* 8(2).

_______ (2019). "Power Ranges: Identity and Terrain in Minoan Crete." *Journal for the Study of Religion, Nature & Culture* 13(2).

Tyree, L. (2001). "Diachronic Changes in Minoan Cave Cult." In R. Laffineur & R. Hägg (Eds.). *Potnia: Deities and Religion in the Aegean Bronze Age* (Aegaeum 22). Universite de Liege, University of Texas at Austin.

_______ (2017). "Kamares Cave and the Early Ritual Landscape of South Central Crete: Diachronic Changes in Cave Rituals." In D. W. Rupp & J. E. Tomlinson (Eds.). *From Maple to Olive.* Canadian Institute in Greece.

Vasilakis, A. (2001). *Minoan Crete: From Myth to History.* Adams Editions.

Vavouranakis, G. (2013). "Working on a Dream: The 'Palace of Minos' at Knossos in Archaeological Research, Heritage Protection and Daily Life." *Cultural History* 2(2).

Vlachopoulos, A. G. (2008). "The Wall Paintings from the Xeste 3 Building at Akrotiri: Towards an Interpretation of the Iconographic Programme." In N. Brodie, J. Doole, G. Galavas & C. Renfrew (Eds.). *Horizon: A Colloquium on the Prehistory of the Cyclades.* McDonald Institute for Archaeological Research.

Wall, S., J. H. Musgrave & P. M. Warren (1986). "Human Bones from a Late Minoan IB House at Knossos." *The Annual of the British School at Athens* 81.

Warren, P. M. (1988). *Minoan Religion as Ritual Action.* P. Astroms.

_______ (2015). "Human Sacrifice in Minoan (Bronze Age) Crete." *Pasiphae* 9.

Waterhouse, H. (1974). "Priest-kings?" *Bulletin of the Institute of Classical Studies of the University of London* 21.

Weingarten, J. (2010). "Minoan Seals and Sealings." In E. H. Cline (Ed.). *The Oxford Handbook of the Bronze Age Aegean*. Oxford University Press.

_______ (2012). "Review of 'Minoan Kingship and the Solar Goddess; A Near Eastern Koine' by Nanno Marinatos." *Aegean Book Reviews*. Aegeus—Society of Aegean Prehistory.

Wiener, M. H. (1990). "The Isles of Crete? The Minoan Thalassocracy Revisited." In D. A. Hardy, C. G. Doumas, J. A. Sakellarakis & P. M. Warren (Eds.). *Thera and the Aegean World III. Vol.1: Archaeology*. The Thera Foundation.

Willetts, R. F. (1969). *Everyday Life in Ancient Crete*. B.T. Batsford.

_______ (1977). *The Civilization of Ancient Crete*. University of California Press.

Yannopoulos, S., C. Yapijakis, A. Kaiafa-Saropoulou, G. Antoniou & A. N. Angelakis (2017). "History of Sanitation and Hygiene Technologies in the Hellenic World." *Journal of Water, Sanitation and Hygiene for Development* 7(2).

Younger, J. G. (1995). "Bronze Age Representations of Aegean Bull-games," In R. Laffineur & W. D. Niemeier (Eds.). *Politeia: Society and State in the Aegean Bronze Age* (Aegaeum 12). Université de Liège, University of Texas at Austin.

_______ (2009). "Tree Tugging and Omphalos Hugging on Minoan Gold Rings." *Hesperia Supplements* 42.

_______ (2016a). "Minoan Women." In S. L. Budin & J. M. Terfa (Eds.). *Women in Antiquity: Real Women Across the Ancient World*. Routledge.

_______ (2016b). "Identifying Myth in Minoan Art." In E. Alram-Stern, F. Blakolmer, S. Deger-Jalkotzy, R. Laffineur & J. Weilhartner (Eds.). *Metaphysis: Ritual, Myth and Symbolism in the Aegean Bronze Age* (Aegaeum 39). Peeters Publishers.

Younger, J. G. & P. Rehak (2008a). "Minoan Culture: Religion, Burial Customs and

Administration." In C. Shelmerdine (Ed.). *The Cambridge Companion to the Aegean Bronze Age*. Cambridge University Press.

______ (2008b). "The Material Culture of Neopalatial Crete." In C. Shelmerdine (Ed.). *The Cambridge Companion to the Aegean Bronze Age*. Cambridge University Press.

도판 출처

1장 크레타, 여신이 품은 공동체 문명

24쪽 왼쪽) 미노스 칼로카이리노스 | Wikimedia Commons, Public Domain
오른쪽) 아서 에번스 경 | Wikimedia Commons, CC BY 4.0

27쪽 크노소스 미노스왕의 왕좌 | Olaf Tausch | Wikimedia Commons, CC BY 3.0

29쪽 뱀여신상들 | Zde | Wikimedia Commons, CC BY-SA 3.0

31쪽 Fig. 4. Seated figure of the "Snake Goddess." Wilhelm Lübke, *A History of Art*(1904)에서 재촬영 | Flickr (Internet Archive Book Images), Public Domain

44쪽 왼쪽 다리가 부어 있는 흙으로 만든 작은 여성 좌상 | Olaf Tausch | Wikimedia Commons, CC BY 3.0

48쪽 이에라페트라에서 출토된 뱀여신상 | Wikimedia Commons, CC BY 3.0

51쪽 왼쪽) 미르토스의 여신상 | Wikimedia Commons, CC BY 3.0
오른쪽) 모클로스의 묘지에서 출토된 여신상 | Olaf Tausch | Wikimedia Commons, CC BY 3.0

53쪽 위) 두 무리의 춤추는 사람(무용수)들이 있는 과일 받침대(또는 과일 스탠드) | 소장처: 헤라클리온 고고학박물관Archaeological Museum of Heraklion, 저작권 보유 기관: 그리스 문화부–문화자원관리·개발기구Hellenic Ministry of Culture
아래) 내부(바닥)에 춤추는 장면이 있는 대형 반구형 컵(또는 사발) | 소장처: 헤라클리온 고고학박물관, 저작권 보유 기관: 그리스 문화부–문화자원관리·개발기구

57쪽 팔을 들어올린 여신상 | Zde | Wikimedia Commons, CC BY-SA 4.0.

61쪽 위) 봉헌용 양날도끼 | 보스턴 미술관 | Wikimedia Commons, Public Domain
아래) 팔라이카스트로 석제 주조틀로 찍어낸 양날도끼 여신상 | Stephanos A.

3장 미노아 여신 문화 — 자연 사랑, 평화, 현대성

155쪽 '산 어머니' 인장 자국 | Bujomar | Wikimedia Commons, CC BY-SA 4.0

156쪽 이소파타 금반지 속 에피파니 | Zde | Wikimedia Commons, CC BY-SA 4.0

158쪽 그리핀과 여성 형상을 묘사한 황금 인장반지 | Eunostos | Wikimedia Commons, CC BY-SA 4.0

159쪽 크노소스 출토 줄마노 인장의 도상 | Wikimedia Commons, CC BY-SA 3.0

160쪽 미케네 황금 반지 도상 | Wikimedia Commons, Public Domain

162쪽 왼쪽) 모클로스 발굴 금반지 도상 | Richard Berry Seager | Wikimedia Commons, Public Domain

오른쪽) Siegelabdruck CMS II,8 264 | Arachne (DAI), © DAI

163쪽 아르카네스의 금반지 속 에피파니 | Gsimonov | Wikimedia Commons, CC0 1.0

166~167쪽 Reconstruction of Park Fresco, Room 14-Aghia Triadha by Mark Cameron. CAM 1, Mark Cameron Personal Papers, ©British School at Athens

169쪽 Laffineur, R. G. (2014). "The Minoan Epiphany: A Bronze Age Visionary Culture - Archaeological Evidence for Ecstatic Ritual and Altered States of Consciousness in Cretan Prehistory." *Archivum Anatolicum* 1(1), pp. 145–156. (Fig. 1: Reconstruction of Xeste 3 fresco, Akrotiri, after Olga Anastasiadou, p. 13)

170쪽 원숭이, 여신, 그리핀이 그려진 아크로티리 프레스코화 | Zde | Wikimedia Commons, CC BY-SA 4.0

171쪽 「사프란 여신」에서 동쪽으로 이어지는 프레스코화 | Zde | Wikimedia Commons, CC BY-SA 4.0

174쪽 「경배자들」 프레스코화 | Wikimedia Commons, Public Domain

175쪽 Marinatos, N. (2014). *Akrotiri: Thera and the East Mediterranean*. Athens:

Athens Archaeological Society. p. 127. (Digital reconstruction: Archives of the Athens Archaeological Society, Akrotiri Excavations, Marinatos, N. & Toufeklis, M)

177쪽 Ch. Doumas, *Wall Paintings from Thera*, pls. 132. Marinatos, N. (2014). p. 114에서 재인용.

179쪽 © Marino Wallner | https://cycladic.gr/en/toichografia-ton-gynaikon-apo-to-adyto-tou-ktiriou-xesti-3-akrotiri-thiras/

185쪽 「원숭이와 푸른 새」 프레스코화 속 푸른 새 | Olaf Tausch | Wikimedia Commons, CC BY 3.0

188쪽 「봄」 프레스코화 | Wikimedia Commons, Public Domain

189쪽 「푸른 원숭이」 프레스코화 | Zde | Wikimedia Commons, CC BY-SA 4.0

190쪽 「영양」 프레스코화 | Wikimedia Commons, Public Domain

192쪽 위) 「백합」 프레스코화 | Wikimedia Commons, CC BY-SA 2.0
아래) 암니소스 박하와 붓꽃이 그려진 프레스코화 | Olaf Tausch | Wikimedia Commons, CC BY-SA 3.0

196쪽 크노소스궁 대형 항아리들 | Wikimedia Commons, CC BY-SA 3.0

198쪽 위) 한쪽 손잡이가 있는 둥근 컵, 에그셸 웨어 도기 | Wikimedia Commons, CC BY-SA 3.0
아래) 카마레스 웨어 주전자 | Wolfgang Sauber | Wikimedia Commons, CC BY-SA 3.0

200쪽 위) 갈대가 그려진 파이스토스 출토 주전자 | Wikimedia Commons, Public Domain
아래) 파피루스 꽃 문양이 있는 미노스 주전자 | Zde | Wikimedia Commons, CC BY-SA 4.0

201쪽 마린 양식 도자기 | Agon S. Buchholz (asb) | Wikimedia Commons, CC BY-SA 3.0

203쪽 왼쪽) 문어 단지 | Wikimedia Commons, CC BY-SA 3.0
오른쪽) 돌고래 리톤 | Zde | Wikimedia Commons, CC BY-SA 4.0

211쪽 「돌고래」 프레스코화 | Marie-Lan Nguyen | Wikimedia Commons, CC BY 2.5

213쪽 크노소스 북쪽 기둥 | Bernard Gagnon | Wikimedia Commons, CC BY-SA 3.0

4장 여성보다 지위가 높은 남성이 없다

226~227쪽 「그랜드 스탠드」 프레스코화 | ArchaiOptix | Wikimedia Commons, CC BY-SA 3.0

228쪽 「그랜드 스탠드」 속 관람석 앞자리의 여성들 | Wikimedia Commons, CC BY-SA 4.0

230쪽 '파리지엔느'라 불리는 그림 | Wikimedia Commons, Public Domain

234쪽 「황소 재주넘기」 프레스코화 | Wikimedia Commons, CC BY-SA 3.0

240~241쪽 「행진」 프레스코화 | Wikimedia Commons, Public Domain

241쪽 「성스러운 숲과 춤」 프레스코화 | Wikimedia Commons, CC BY-SA 4.0

242쪽 「푸른색 배경의 여주인들」 프레스코화 | Carole Raddato | Wikimedia Commons CC BY-SA 4.0

244쪽 위) 아기아트리아다 석관 | Jebulon | Wikimedia Commons, CC0 1.0
아래) 아기아트리아다 석관 | Olaf Tausch | Wikimedia Commons, CC BY-3.0

246쪽 아기아트리아다 석관 속 그리핀이 *끄는* 수레를 탄 여신들 | Olaf Tausch | Wikimedia Commons, CC BY-3.0

247쪽 아크로티리 웨스트 하우스 벽화 속 여사제 | Wikimedia Commons, CC BY-SA 4.0

248쪽 시리아식 도끼를 들고 있는 제사장 형상이 새겨진 인장석(또는 봉인용 돌) | 소장처: 헤라클리온, 저작권 보유 기관: 그리스 문화부 –문화자원관리·개발기구.

265쪽 「백합 왕자」 프레스코화 | Harrieta171 | Wikimedia Commons, CC BY-SA 3.0

271쪽 「함대」 프레스코화 | Wikimedia Commons, CC BY-SA 4.0

281쪽 선형문자 B가 새겨진 점토판 | vintagedept | Wikimedia Commons, CC BY-2.0

284쪽 복서 리톤 | ArchaiOptix | Wikimedia Commons, CC BY-SA 4.0.

286쪽 아기아트리아다 하베스터 단지 | Wikimedia Commons, CC BY-SA 4.0

286~287쪽 © Alberti's Window

289쪽 아기아트리아다 치프텐 컵 | Wikimedia Commons, Public Domain

292쪽 위)「낚시꾼 소년」 프레스코화 | Zde | Wikimedia Commons, CC BY-SA 4.0
아래)「복싱하는 소년들」 프레스코화 | Wikimedia Commons, Public Domain

293쪽 미노아 문화권의 성인식을 보여주는 프레스코화들 | Zde | Wikimedia Commons,
　　CC BY-SA 4.0
294~295쪽 「함대」 프레스코화 전체 | Wikimedia Commons, Public Domain
296쪽 「함대」 프레스코화 북서쪽 프리즈 | Wikimedia Commons, CC BY-SA 4.0

부록 — 다시 보는 신라의 여신과 여왕

305쪽 대부장경호 문양 일부, 소장품번호 건판21625 | 국립중앙박물관
309쪽 경북경주 남산 불곡 마애여래좌상, 소장품번호 건판22689 | 국립중앙박물관
327쪽 7세기 당나라 그림 속 한국의 삼국 사신들 | Yan Liben | Wikimedia Commons,
　　Public Domain

처음 만나는 미노아 크레타

여신이 이끈 예술과 평화의 문명

초판 1쇄 발행 2025년 12월 22일

지은이 김신명숙

발행인 김희진
편집 조연주, 황혜주
마케팅 장유라
디자인 *Hye.*
제작 제이오
인쇄 민언프린텍
발행처 돌고래

출판등록 2021년 5월 20일
등록번호 제2021-000173호
주소 서울시 강남구 선릉로 704 12층 282호
이메일 info@dolgoraebooks.com

ISBN 979-11-993127-5-3 (93900)
